Jens Reich im Gespräch

mit

Mathias Greffrath

und

Konrad Adam

Carl Hanser Verlag

1 2 3 4 5 98 97 96 95 94

ISBN 3-446-17681-0

Satz: Fotosatz Reinhard Amann, Aichstetten
Druck und Bindung:
Friedrich Pustet, Regensburg
Printed in Germany

Jens Reich (JR), geboren 1939, Studium der Medizin und Biochemie; 1968–1990 Forschung in den Fächern Biomathematik, Genetik, Computermodellierung am Zentralinstitut für Molekularbiologie in der Akademie der Wissenschaften der DDR/Berlin-Buch; seit 1993 Professor am Max-Delbrück-Centrum für Molekulare Medizin in Berlin-Buch.

Konrad Adam (KA), geboren 1942, studierte Geschichte und Alte Sprachen an den Universitäten Tübingen, München und Kiel. Danach Tätigkeit als Redakteur zunächst bei der dpa, seit 1979 im Feuilleton der Frankfurter Allgemeinen Zeitung.

Mathias Greffrath (MG), geboren 1945, Studium der Sozialwissenschaften in Berlin, Redakteur beim Sender Freies Berlin und bei der ZEIT; seit 1991 Chefredakteur der Wochenpost.

MG Herr Reich, warum kandidieren Sie zum Amt des Bundespräsidenten?

JR Weil ich vorgeschlagen worden bin und weil ich diesen Vorschlag für gut hielt.

MG Warum?

JR Das eine ist, ich fühle mich verpflichtet, etwas zu tun, um den schwierigen und unguten Zustand, in den die deutsche Einigung gekommen ist, zu verbessern.
Das zweite ist, ich glaube, daß das nicht allein eine Angelegenheit der Politiker ist, sondern daß Vorschläge und Engagement von den Bürgern kommen müssen. Das dritte ist, ich finde es richtig und wichtig für die Bewältigung der Zukunft, wenn der Bundespräsident aus einem Milieu kommt, in dem Medizin, Naturwissenschaften und Gesellschaft zusammengebracht werden. Die technologische, soziale, ökologische Gestaltung der Zukunft ist eine schwierige Aufgabe. Naturwissenschaftler können da wichtige Impulse geben.

MG Sie waren Mitbegründer des Neuen Forums und Mitglied der frei gewählten Volkskammer. Danach haben Sie sich, für manche überraschend, aus der Politik zurückgezogen. Was war der Grund dafür?

JR Ich dachte, meine Zeit als Politiker sei zu Ende. Das war ein Irrtum.

MG Welche Erfahrungen brächte ein Bundespräsident aus Ostberlin ein?

JR Er hat im Osten gelebt und hat die gleichen Erfahrungen wie die Ostdeutschen und Osteuropäer. Mit Reiseverbot, Mauer, DDR-Geld, FDJ, Jungen Pionieren, Marxismus-Leninismus, daß es keine Dachsparren gab ...

MG Sie sehen sich als ein Präsidentschaftskandidat der Bürger. Der Bürger gegen die Parteien?

JR Nein. Als Weckmittel für die Parteien, daß sie aus ihren U-Booten herausmüssen, sonst kommt es wie in Italien.

MG Ist das nicht naiv, angesichts der wenigen Engagierten, die es – zumal im Osten – gibt?

JR Was heißt naiv? Ich will es positiv wenden: Für mich ist es für die Erneuerung der Politik ganz wichtig, daß man sich zunächst nicht fürchtet, etwas zu sagen, was von den Realisten der Politik als naiv und nicht durchsetzbar gebrandmarkt wird. Diese Fähigkeit, an scheinbar Unmögliches oder Unmachbares zu glauben, gehört ebenso zur Politik. Jeder politische Gedanke, der etwas verändern will, muß zunächst aufs Notwendige gehen, auch wenn es schwer machbar erscheint, weil sonst die Alternative ist, sich umstandslos einzurichten und nur noch um Vorteile zu rangeln, zu kungeln, zu taktieren.

KA Ist das ein Plädoyer für die politische Utopie?

JR Ja, in gewissem Sinn ja.

KA Aber Sie bezeichnen doch gerade die politische Utopie als freudlos.

JR Die Utopien, ja: Sie lassen die Pulse nicht höher schlagen. Von Plato über Campanella bis zu Marx: Ihre gemeinsame Eigenschaft ist, daß sie so bürokratisch, so trocken wirken, an Politseminare oder Parteigruppenversammlungen erinnern. Die Bevölkerung bekommt dann das Ergebnis vorgesetzt und hat mitzugehen. Dieses patronisierende Verhältnis zur Bevölkerung stört mich. Ich glaube, daß ein Teil der Politikverdrossenheit darin besteht, daß Politiker langweilig und grau, flink und schnell in abstrakten Termini formulieren. Dagegen sind viele Menschen bereit, im naiven Glauben an die Vernunft mitzuhandeln, ohne daß sofort an den Kompromiß gedacht wird. Das war ja die Erfahrung der Bürgerbewegung in der DDR. Alle sagten, das ist unmöglich. Und auf einmal war es da. Diese Erfahrung hat mich geprägt.

KA Wie sehen Sie das Verhältnis von Parteien und Bürgerbewegungen?

JR Natürlich brauchen wir Parteien, die politische Prozesse bündeln und in Staatshandeln umsetzen. Aber daneben müssen, wenn die Demokratie nicht erstarren soll, Bürgerbewegungen oder andere Gruppen sich zusammenschließen in freien Verbindungen. Die Verfassungsvorschläge nach der Wende, aus denen nichts wurde, haben ja versucht, solche Elemente einzubringen. Die Frage ist doch, wie kriegen wir spontane Formen der Kreativität und des Engagements in die politische Entscheidung hinein, ohne daß sie chaotisch wird. Ich war immer dafür, daß das spontane Element der Politik ein stärkeres Mitspracherecht haben muß. Nicht allein, das geht natürlich nicht in einem Staat von 80 Millionen, mit den Strukturen, die wir haben. Trotzdem, in dem jetzigen Zustand kommt mir die spontane Energie, sich zu einer politischen Initiative zusammenfinden und etwas zur Sprache bringen und durchsetzen zu wollen, zu kurz. Der Wille der Bürger, aber auch ihre Bereitschaft zur Mitwirkung hat zu große Schwierigkeiten, zu Wort zu kommen. Wird nicht abgefordert.

KA Sie haben in der Übergangszeit, zwischen Fall der Mauer und Einheit, versucht zu bremsen, haben auch die Arbeitslosigkeit vorausgesagt.

JR Ja, aber in dieser Zeit dachten fast alle illusionär, alle wurden auch durch die entsprechenden Phrasen unterstützt, die aus dem Westen tönten. Damals sagten alle: Das ist ein Übergang von einem halben Jahr. Dann gibt es einen Aufschwung sagenhafter Natur. Mittelständische Industrien werden wie Pilze aus dem Boden schießen. Es gebe eine unwahrscheinlich motivierte Bevölkerung, das Kapital giere geradezu danach, nicht nach Portugal zu wandern, sondern in Deutschland zu bleiben. Da sind ein paar kleine Probleme, aber da gibt es dann das soziale Netz für diese kurze Übergangszeit. Es wurde schöngeredet. Aber die Bevölkerung wollte es auch schöngeredet haben. Ich denke, jeder hatte die Vorstellung, mich betreffen die Probleme nicht. Ich habe goldene Hände, ich habe eine tolle Ausbildung. Ich bin zu gut, als daß mir das passieren könnte. Die sollen mal kommen, ich kann arbeiten, da werden sie sehen, was los ist. Ich denke immer wieder an den Arbeiter aus einem Kombinat, ein eindrucksvoller Mensch mittleren Alters, ein Autofachmann. Der kam zum Neuen Forum, hörte sich meine Bedenken an. Und er sagte: Das ist alles Quatsch. Wir müssen nur den ganzen Schrott, mit dem wir uns jetzt beschäftigen, rausschmeißen. Die Halle schön sauber und kalken, uns in Reih und Glied aufstellen. Dann kommen die mit ihren Maschinen und ihrem Kapital, und dann geht es los. Was du da von Reformen und von Strukturen und von einer langsamen Einführung der Marktwirtschaft sagst, ist Unsinn. Mich hat er damals sehr beeindruckt. Ich wußte, wo ich stehe, nämlich am politischen Rande.

MG Die Regierung in Bonn redete ja ähnlich. Das Vertrauen in die Marktwirtschaft war von religiöser Stärke, und nur wenige, Lafontaine in der SPD, Herbert Henzler von McKinsey, haben gewarnt und eine Politik des langsamen Übergangs verlangt. Aber war es mit der knappen Ressource Zeit überhaupt möglich, die Weichen anders zu stellen? Hat man sich irgendwo im Osten abweichende Strategien vorgestellt? Hatten diese irgendwann eine Chance?

JR Ich habe damals alle Stimmen mit Interesse verfolgt, die für eine überlegtere und abgesicherte Übergangsphase sprachen. Bundesbank, Rat der Weisen, Teile der SPD. Schließlich hat ja auch Kohl selber mit dem Zehn-Punkte-Plan angefangen, der für langsame Gangart plädierte. Es wurde ja vor einem Crashkurs gewarnt. Aber das ist durch die Bevölkerung weggespült worden. Da kam nun das emotionale Element, was ich ja gerade immer in der Politik haben möchte. Da hieß es nur: Wir wollen raus aus diesem Käfig von 40 Jahren eingeschränkter Freizügigkeit. Alles andere wird schon werden. Das packen wir an. Wozu jetzt Experimente machen? Es gibt doch ein großartiges Grundgesetz und eine erfolgreiche Gesellschaft. Da waren wir mit unseren Bedenken sofort in der Defensive. Wir konnten nur noch defensiv werben: Leute, vorsichtig, langsam, wählt auch eine Opposi-

tion! Es fehlte ein mitreißendes, positives Konzept. Skeptiker werden nicht gewählt.
Ich will nicht sagen, daß die Bürgerbewegung gar kein Konzept hatte. Um Wolfgang Ullmann herum ist ein Projekt einer neuen marktwirtschaftlichen, sozial besser funktionierenden Gesellschaft entwickelt worden. Das bezog sich auf Ideen des Kreisauer Kreises und auf genossenschaftliche Konzepte. Sie wollten das Volkseigentum verteilen und haben sich die Treuhand ausgedacht. Daraus ist dann allerdings etwas ganz anderes geworden. Es gab eine Reihe von Versuchen, etwas anders zu machen. Aber sie hätten erstens eine Übergangsphase vorausgesetzt, die es nicht gab. Und zweitens war es natürlich alles sehr nationalökonomisch und nichts, womit man vor die LPG-Versammlung treten und Wählerstimmen gewinnen konnte.

MG Das heißt, Sie hatten nicht mehr die Idee, da könnte irgendein dritter Weg gegangen werden?

JR Als mir klar wurde, daß dieser Wunsch nach Wiedervereinigung jede andere Variante wegdrückt, habe ich eigentlich nur noch darüber nachgedacht: Wie kann man den Prozeß so gestalten, daß es nicht zum Crash kommt? Anfang Januar 1990 waren wir in Warschau. Da hat Adam Michnik gesagt: Paßt bloß auf, daß ihr nicht eine Situation bekommt, in der alle sagen, unterm Kommunismus war es besser und wir wollen ihn wiederhaben. Das habe ich damals für völlig absurd gehalten. Aber Michnik hatte recht – für Polen. Dort wollen die Leute plötzlich die alten Zustände in reformierter Form als dritten Weg. Ich habe nicht mehr an einen dritten Weg geglaubt.

KA In Polen hat Lech Walesa auf seine Weise auf die Befürchtungen von Adam Michnik reagiert. Mit einer stärkeren, autoritär ausgerichteten Form von Demokratie. Sehen Sie solche Gefahren bei uns auch?

JR Bei uns müßte man zwischen Ost und West unterscheiden. Für den Westen glaube ich nicht, daß der Ruf nach einem autoritären System durchsetzbar, geschichtsmächtig ist. Die

Regierung soll härter auftreten, die Polizei präsent sein und auch einmal zupacken. Die neue Unsicherheit verstärkt das Schutzbedürfnis. Aber nur in homöopathischer Dosis. Seit den späten fünfziger Jahren hat da ein erheblicher Generations- und Mentalitätswechsel stattgefunden. Autoritäre Regierung würde ja auch Eingriffe in diese individuelle, freiheitliche, freizügige, hedonistische, unabhängige Lebensweise bedeuten. Da würden ganz schnell Widerstände kommen. Im Osten herrscht eine innere Spannung. Da gibt es tatsächlich, sehr weit verbreitet, den Erlösungswunsch: Es soll von oben, vom Staat gerichtet, alles an die Politik, an den Staat delegiert werden. Wirtschaft, Treuhand, Umgestaltung, Austausch der Eliten, Neuberufung, Absetzen von Stasi und politisch Belasteten, Vergangenheitsaufarbeitung – alles soll der Staat machen. Und wenn das nicht läuft, dann heißt es: Der Staat ist ja schwach. Das ist Schafshaltung: Das sollen andere für uns machen. Andererseits gab es ja über die ganzen Jahrzehnte der Diktatur und dann 1989 immer diesen bockigen, sich gegen den Staat und gegen die Bevormundung auflehnenden Widerstand. Ich weiß nicht, was passieren würde, wenn hier ein starker Mann, der Charisma hat, mit einer starken populistischen Bewegung auftreten würde. Sind wir dagegen hinreichend gefeit?

MG Nun sieht es ja im Augenblick nicht so aus, als käme es schlimmer als Schäuble, was Illiberalität angeht.
Aber wie sieht die Spannung in der »Massenseele« (Ost) aus zwischen dem Akzeptieren der kapitalistischen Marktwirtschaft und dem Verhältnis zum Staat? Ist es so, daß der Homo oeconomicus die wirtschaftlichen Werte und Handlungsmuster akzeptiert, auch wenn er ihnen noch nicht genügen kann, während dort, wo es um staatsbürgerliche Tugend und Liberalität geht, rigide Ordnungsvorstellungen einsetzen? In der Wirtschaft, auch wenn es weh tut, wird der Kapitalismus akzeptiert, während die Zukunftsunsicherheit den Wunsch nach einem stärkeren Staat entstehen läßt.

JR Ich habe das Gefühl, daß auch in der Wirtschaftsgesellschaft von uns Ostdeutschen die Werte und die Härten, die damit zusammenhängen, nicht voll akzeptiert werden. Daß auch da noch Reste sozialistischer Erziehung sind. Es ist klar: Den Wohlstand und die schönen Autos und Freizügigkeit, das wollen wir alle haben. Aber wenn es um Privateigentum an Produktionsmitteln und Grund und Boden geht, da leisten wir doch wieder Widerstand. Da gibt es noch diese zähe Gesinnung, daß Eigentum Diebstahl ist. Es kann doch nicht gerecht sein, heißt es dann, daß der ganze schöne See in der Schorfheide Privateigentum ist, daß sich jemand Hirsche und Rehe und Füchse mietet und die dann schießen darf, und wir müssen den Kopf einziehen, daß wir nicht noch etwas abkriegen. Es kann doch nicht wahr sein, wenn ich hier über vierzig Jahre DDR ein Siedlerrecht erworben habe, indem mir das Grundstück zugewiesen worden ist, indem ich die Hütte aufgebaut habe, daß jetzt ein anderer kommt, Anspruch darauf hat, weil sein Vorfahr einmal Eigentümer war.

Diese antibourgeoisen Haltungen sind noch ganz tief vorhanden. Das ist durch die Erziehung in das Unbewußte eingegangen. Das egalitäre Denken in Fragen des Besitzes sitzt tief in uns ehemaligen DDR-Bürgern. Ich darf nur daran erinnern, daß 1989 der eigentliche Sturz des Politbüros Anfang Dezember stattfand, als die »ungeheuerlichen« Privilegien der Herrschenden klar wurden. Das war die größte Empörung: daß die Herrschenden das Egalitätsprinzip wissentlich und heimlich durchbrochen haben.

MG Wie ist das bei Ihnen mit dem Egalitätsprinzip?

JR Bei mir stehen Ratio und Gefühl gegeneinander. Auf der emotionalen Seite sage ich mir: Wir werden nackt geboren und gehen nackt wieder in den Sarg. Und zwischendurch gibt es Leute, die haben eine Milliarde nur deshalb, weil sie in einer bestimmten Familie geboren worden sind. Andere haben nie eine Chance, auch nur in die Nähe von Sicherheit und Wohlstand zu kommen, nur weil sie woanders geboren wurden. Damit fertig zu werden, habe ich Schwierigkeiten. Rational habe ich natürlich auf Schritt und Tritt gesehen, was aus

einer pseudoegalitären Gesellschaft wurde. Was passiert, wenn es kein Eigentum gibt? Ich meine jetzt nicht Eigentum an Eheringen oder Möbeln, sondern an Produktionsmitteln und anderen Reichtümern der Gesellschaft. Wenn sich da keiner verantwortlich fühlt, zerfällt die Gesellschaft langsam, aber sicher. Und Eigentum haben ist eben eine besonders starke, sehr wirksame Form des Sich-darum-Kümmerns. Das führt mich zum Zweifel an Gleichmacherei und Enteignung. Bei allem, was ich da haben möchte, muß ich genau überlegen: Führte es nicht zu größeren Problemen, wenn wir egalitäre, eigentumsfreie Strukturen hätten? Ich bin für das Ideal der Chancengleichheit, aber ich habe gesehen, was mit falscher Gleichheit passiert, wenn überhaupt keiner mehr für den Volksreichtum oder das Sozialprodukt direkt als Eigentümer verantwortlich ist. Dann gibt es eben eine Pseudoaneignung durch ein Politbüro unter Funktionären wie Mittag. Denen fehlte dann die Bindung und deshalb die Verantwortung für die Reichtümer, die er zu vergeuden hatte.
Ich denke, ein Kompromiß und ein Ausgleich kann nur sein, daß man in der Verfassung der Bundesrepublik Deutschland die Sozialbindung des Eigentums stärkt und eine ökologische Verpflichtung der Produzenten einführt.

KA In der Verfassung ist der Anspruch an sich sehr deutlich formuliert worden.

JR Sicher, in der Verfassung steht die Sozialbindung drin. Ich meine, der Grundsatz müßte stärker ausgeführt werden.

MG Ist die letzte Utopie nach dem Scheitern des Sozialismus der sozial gebändigte Kapitalismus? Oder sehen Sie irgendwo auf diesem Planeten ein Ding, das in der Mitte zwischen Ihrem Kopf und Ihrem Fühlen liegt?

JR Man kann die kapitalistischen Gesellschaften des Westens reformieren, die kommunistischen ließen sich nicht liberalisieren.

KA Aber die westlichen Gesellschaften sind ja ihrerseits keineswegs homogen. Im Gegenteil, die Abstände sind ganz beträchtlich. Könnten denn die Bewohner der neuen Bundesländer vielleicht etwas zufriedener mit ihrem Schicksal sein, wenn sie sich nicht ständig mit den wohlhabenden Westdeutschen verglichen, sondern beispielsweise mit den Engländern, mit den Franzosen oder gar mit den Spaniern?

JR Was Komfort und Konsum angeht, da gebe ich Ihnen völlig recht. Es wäre wirklich heilsam, wenn wir mehr Erfahrung hätten, eben nicht nur mit der glanzpolierten Bundesrepublik unmittelbar vor der Nase, sondern mit Irland oder Südfrankreich, wo es bei wesentlich bescheideneren, wahrscheinlich sogar mit Ostdeutschland vergleichbaren Bedingungen fröhliche Menschen gibt, geistreiche Menschen, kreative Menschen. Das wäre sehr heilsam, wenn wir da weniger hinterm breiten Rücken der Bundesrepublik versteckt wären.

Andererseits wäre es auch heilsam, wenn wir sehen könnten, wie es zum Beispiel in Gesellschaften mit einem ausschließlich auf privates Engagement und Sozialfürsorge nur für das Minimum ausgerichteten Gesundheitswesen aussieht, zum Beispiel in den Vereinigten Staaten. Wenn wir das mit dem Zustand in der Bundesrepublik vergleichen könnten, würde sicher mancher Patient weniger empört protestieren, wenn er für ein Rezept zehn Mark dazuzahlen muß, für eine Medizin, die 250 Mark kostet. Da würde ich, bei aller Krise unseres nicht mehr bezahlbaren Gesundheitssystems, sagen: Bevor man da volle Attacke reitet, sollte man sich das mal in anderen Ländern ansehen. Auch die Überbetonung des Sozialstaates in Schweden hat in eine Krise geführt. Wenn wir schwedische Modelle adaptieren wollen, müssen wir auch studieren, warum sie gescheitert sind. Mit einem Wort, es wäre sicher heilsam für den Ausgleich in Deutschland, wenn von Erfurt nicht immer nur nach Eschwege oder Kassel geschaut würde. Wenn wir wirklich schon Europäer wären und uns auch mit Nordfrankreich vergleichen würden. Das würde diese Mißstimmung, die fast alles in der politischen und in der öffentlichen Diskussion färbt, sicher wohltuend beeinflussen.

KA Nun gibt es diese Mißstimmung ja nicht nur im

Osten, sondern auch im Westen. Was könnte man gegen die typisch westdeutschen Ressentiments tun, die sich im Vorwurf äußern: Wir zahlen, und die machen sich ein gutes Leben?

JR Dieses Argument enthält eine starke Beimischung von Nostalgie: Wir hatten es doch in der Bundesrepublik so weit gebracht, und jetzt kommen wir plötzlich in dieses wirtschaftliche Unwetter und haben zu allem Überfluß noch die dazugekriegt, die ihre Wirtschaft zu Boden gewirtschaftet haben. Und die sollen wir nun noch mit durchfüttern. Laßt uns doch zurückkehren in die alte Bundesrepublik. Diese Gefühle kann man ja verstehen, aber wer nur fünf Minuten nachdenkt, der weiß: Diese alte Bundesrepublik gibt es nicht mehr. Auch hier wäre es sinnvoll, uns mit anderen zu vergleichen. Auch für die Bundesrepublik wäre es sinnvoll anzusehen, was aus anderen Wohlstandsinseln wird. Das weiße Südafrika etwa oder Ostküstenamerika mit den reichen Kommunen einerseits, Cambridge, Massachusetts, mit der Harvarduniversität, eine heile Welt, und dann zehn Kilometer weiter Roxbury in Boston, das Elendsviertel, wo der Weiße sich kaum hintraut. Also einfach mal zu vergleichen, was in der Welt los ist: wie Japan und Südkorea aufsteigen und alte kapitalistische Demokratien wie England absinken. Sich klarzumachen, was die Zukunft bringt, auf wessen Kosten der Wohlstand gelaufen ist und daß dieser Komfort nicht zu halten ist. Die Augen aufzumachen und die Realität zur Kenntnis zu nehmen.

MG Wer in dieser Bundesrepublik vor dreißig Jahren geboren wurde, der hat bis vor fünf Jahren die Gewißheit gehabt, daß es ihm nie in seinem Leben am Notwendigen mangeln wird. Diese Gesellschaft war ja so wunderbar, daß sie sogar die Kritik dieses Zustands selbst schon hervorgebracht hat. Ich glaube, für viele der Ostdeutschen ist es nicht nachvollziehbar, was die Erschütterung dieser Gewißheit bedeutet. Ich glaube, der in Erfurt kann sich den in Kassel viel schwerer vorstellen als umgekehrt. Das Elend im Osten liegt irgendwie auf der Hand, und die Dinge bewegen sich. Aber die Ahnung des Landsmannes in Kassel ist ja erst der Anfang seines Abstiegs.

JR Wenn ich mir den westdeutschen wohlhabenden Gesamtmenschen mal vorstelle, dann sehe ich eine gewisse Unfrohheit, eine Glücklosigkeit in diesem Zustand.

MG Der Osten war froher?

JR Nein. Aber die im Westen sind in einer Tretmühle, haben nicht den Überfluß an Zeit, den man wahrscheinlich braucht, um entspannt glücklich zu sein. Der Reichtum an materiellen Mitteln erzeugt offenbar einen Gewöhnungseffekt. Er macht nicht jeden Morgen aufs neue glücklich, sondern wird als Sorge erlebt, er könnte einem entgleiten.

MG Ich stelle mir vor, im Jahre 2300 oder 2500 hält ein Anthropologe eine Vorlesung und sagt: Damals gab es vierzig Jahre in Deutschland den Zustand der Spaltung. Der führte dazu, daß zwei völlig verschiedene Menschentypen entstanden. Die haben unterschiedlich gelebt, geliebt, gearbeitet, ihre sozialen Kontakte gemacht, Musik gehört, sich anders gefreut und anders geweint. Stimmt das?

JR Ja, aber trotzdem waren sie alle miteinander Deutsche, verstanden ihre Sprache gegenseitig bis in die Wurzeln, hatten die gemeinsame historische Sozialisierung, waren also Brüder, waren sich ähnlich. Und waren ein Modell dafür, wie die Lebensbedingungen eigentlich die gleiche Population, den gleichen genetischen Fonds unterschiedlich modellieren.

MG Jetzt meldet sich die Studentin im Jahr 2300 und sagt: Das ist mir zu abstrakt. Können Sie mal ein typisches Exemplar Ost und ein typisches Exemplar West vorstellen? Machen Sie es mal sinnlich, Herr Professor.

JR Ein typisches Exemplar Ost, sagt da der Anthropologe, ist ein Ingenieur für Datenverarbeitung 1985, der während seiner Arbeit an einem Acht-Bit-Computer sitzt, also einem Ding, das 1985 schon längst überholt war. Er weiß, es gibt da schon 32-Bit-Computer im Westen mit ganz anderen Leistungsfähigkeiten. Seine Arbeit besteht darin, daß er versucht, mit geistigen Konstrukten hinsichtlich der Software die Konstruktionsnachteile seines Computers auszugleichen, um einigermaßen auf die Leistungsfähigkeit des westlichen Kollegen zu kommen, der das mit brutaler technischer Kraft bewerkstelligt. Der einfach sagt, was soll ich da lange theoretisch nachdenken? Mein 32-Bitter läuft hundertmal so schnell, das lasse ich halt die Nacht durchlaufen, dann hat der Rechner das abgezählt und nicht kompliziert ausgerechnet. Der Ostler sitzt also an seinem Acht-Bitter und ist frustriert, daß seine Kreativität sinnlos ist. Er weiß aber, daß die im Westen viel weiter sind und ihm gar nicht zuhören würden, wenn er mit ihnen reden könnte. Frust, sagt er, meine Kreativität wird unter Wert gefordert. Er schaltet pünktlich um vier Uhr das Ding aus, fährt nach Hause und begibt sich Freitag mit seiner Familie auf die Datscha, gräbt dort um, macht den Rasen englisch. Und der Müll, der dabei anfällt, den hat er in Honeckers Reich, in die Öffentlichkeit hineingeworfen. Abends kommen Leute, da wird gegrillt, Rauch steigt gen Himmel, die Nachbarn werden karzinogen vergiftet, die Umwelt wird mit CO_2 belastet. Aber sie haben sich ihre Nische gebildet; in der können sie leben, alles andere ist zunächst mal gleichgültig. Montag geht es wieder los. Alle sind sich einig, daß der Staat fürchterlich ist, das Leben langweilig, daß dieser Käfig, in dem wir uns jetzt eingerichtet haben, sinnlos ist. Viel schöner wäre es jetzt in Venedig oder in Neapel, aber das lassen diese Hunde da oben ja nicht zu. Eine unfrohe Situation, aber angepaßt.

Dagegen stellt der Anthropologe dann den Westler, der in einem Klinikum in München als Arzt sitzt. Er will Professor werden und kommt nicht vorbei an denen, die da sind, obwohl er beim Nobelpreisträger am Caltech gearbeitet hat und sich für besser hält. Aber gegen dieses Geflecht von Beziehungen im Bundesministerium und unter den Chefärzten kommt er nicht an. Er ist in ständiger Unruhe und Wut, daß er übergangen wird, und findet genau das nicht, was der andere aus seinem Frust gemacht hatte, nämlich die innere Ruhe am Wochenende. Er kann jederzeit zu jedem Kongreß fahren, er hat den 32-Bit-Computer, um seine medizinische Forschung zu machen. Es gab also damals zwei Sorten von Deutschen, beide unfroh, aber in verschiedener Form an ihr jeweiliges System angepaßt. Und beide verstellten sich den Blick dafür, daß ihre Epoche zu Ende ging.

KA Eine Epoche ist zu Ende. Da fragt man sich, was beginnt jetzt? Wenn man meint, daß das Karo allzu klein war bei denen im Osten und im Westen, wenn auch aus unterschiedlichen Gründen: Wie sähe das größere Karo aus?

MG Wodurch hat sich typischerweise der Ostintellektuelle ablenken lassen vom großen Karo, und wo war die entsprechende Sünde des Westintellektuellen? Sind die als Typus auch deutlich unterscheidbar?

JR Der denkende Ostdeutsche sagt: Ich kann ja doch nichts machen. Und der denkende Westdeutsche sagt: Das ist mir gleichgültig. Dabei ist angesichts der Aufgaben, die vor uns stehen, die deutsche Gesellschaft eigentlich in guter Verfassung: als eine der entwickeltsten und von den Naturzwängen am weitesten befreiten Gesellschaften. Wir haben keine Hungersnöte, alle Leute sitzen warm, wir haben nicht das Problem, jeden Tag Holz heranzuschaffen wie in der Sahelzone. Es gibt nur wenige Gesellschaften, denen es so gut geht. Das gibt eigentlich den Freiraum und die Verpflichtung, in größeren Karos zu denken.
Ich glaube, eine dringende Aufgabe für diese Gesellschaft ist die ökologische Umgestaltung der Gesellschaft. Aber weder mit den Technologien des 20. Jahrhunderts noch mit denen der Steinzeit. Ich glaube, daß die ökologische Rettung unserer Lebensgrundlagen nur möglich ist, wenn wir den Weg der Moderne nicht abbrechen, sondern weitergehen. Wenn wir Techniken entwickeln, die weich sind. Das kann man aber nicht in Feindschaft gegen diesen Modernisierungsprozeß.

KA Glauben Sie denn, daß die Institutionen in Deutschland gerüstet sind, diese Entscheidungen sachkundig zu treffen? Ist in den Parlamenten beispielsweise genug Sachverstand, genug technische Kenntnis vorhanden, um solche Fragen rechtzeitig kompetent zu beantworten?

JR Über den Tageskonflikten vergessen die politischen Institutionen die Zukunft. Die nächste Wahl ist wichtiger als der Untergang der Zivilisation.

KA Uns Deutschen sitzt, unabhängig von allen anderen Aufgaben, die Frage der unvollendeten Einheit im Nacken. Wenn wir uns den Bundespräsidenten als »Blockadebrecher« vorstellen, was wäre seine Aufgabe in bezug auf die Einheit?

MG Richard von Weizsäcker hat noch das Wort »Lastenausgleich« benutzt und gesagt: Es muß doch irgendeine Möglichkeit geben, entgangene Lebenschancen, Berufschancen, Eigentumschancen im Osten auszugleichen. Selbst diese Rhetorik versucht heute keiner mehr. Das heißt, die Sache ist so gelaufen, wie sie gelaufen ist. Der Solidarpakt, über den in diesem Frühjahr gesprochen worden ist, verdiente den Namen nicht, war eine Haushaltssicherungsmaßnahme, mehr nicht. Keine der großen gesellschaftlichen Gruppen ist daran beteiligt worden. Die Situation ist eine unvollkommene Verwestlichung des Ostens Deutschlands mit den entsprechenden Opfern im Westen. In dieser Situation kandidiert ein Ostdeutscher als Bundespräsident. Was kann er denn in bezug auf diese Situation tun?

JR Diese Forderung nach einem Lastenausgleich halte ich weiterhin für berechtigt. Aber ich finde es nicht gerechtfertigt, wenn sie allein materiell gesehen wird. Der Lastenausgleich müßte ein Chancenausgleich für Gegenwart und Zukunft sein.

MG Das scheitert ja vielleicht einfach daran, daß sich keiner richtig vorstellen kann, wie man entgangene Lebenschancen von 36jährigen oder 66jährigen kompensieren können soll. Und auf wessen Kosten?

JR Es gibt keine Kompensation für vergangene Lebenschancen. Etwa dafür, daß ich in der DDR gelebt habe und meine wissenschaftliche Laufbahn deshalb vielleicht nicht an die Möglichkeiten herangekommen ist, die ich in Westdeutschland oder in den Vereinigten Staaten gehabt hätte. Das ist eben Zeit, die vergangen ist, die holt keine Ewigkeit je zurück. Da kann ich nichts einfordern. Wir können nur dafür sorgen, daß für die Zukunft ein wirklicher Chancenausgleich stattfindet. Und zweitens müssen wir uns klarmachen, daß die zukünftige Entwicklung eben nicht im Verteilen von Wohlstand und betonierten Spazierwegen besteht, sondern daß uns ganz andere Aufgaben gemeinsam fordern.

Wie können wir zum Beispiel erreichen, daß Studenten, die im Osten aus ihrem Mief nicht richtig herauskommen, weil die Uni sich noch nicht erholt hat, ein Stipendium für England oder für die Vereinigten Staaten erhalten? Was können wir überhaupt für die Jugend machen, wie gegen die Verdrossenheit bei den jungen Menschen – meine Kindheit ist mir gestohlen worden – wirken?

MG Das löst sich ja im Augenblick naturwüchsig. Die wacheren Eltern schicken ihre Kinder in den Westen. Die sagen: »Hau ab, drüben liegt deine Zukunft!«

JR »Hau ab!« ist ja in Ordnung, aber kann man nicht gleichzeitig sagen: »Komm wieder, wenn du etwas Ordentliches gelernt hast?« Konkret: In unsrem Institut könnten wir natürlich junge Doktoranden für ein Jahr in die Vereinigten Staaten schicken. Es könnte aber so geregelt sein, daß für die ausgebildeten Menschen ein Anreiz da ist, zurückzukommen, damit er hier das, was er gelernt hat, weiterführen kann. Und auch die Berufsausbildung könnte so gestaltet werden, daß die jungen Leute zurückkommen nach Sachsen, nachdem sie in Baden-Württemberg zum Fachmann für neue Werkstoffe oder Computerelektronik ausgebildet worden sind.

MG Was machen wir mit den Mitgliedern der Bürgerbewegung oder jenen Dissidenten, die geblieben sind, die jetzt nicht an der Stelle sitzen, wo sie eigentlich hätten sitzen müssen, wenn alles glücklich gegangen wäre? Kommen wir da nicht in ein furchtbar diffuses Feld?

JR Sind denn die Mitglieder der Bürgerbewegung völlig in den Keller gerutscht? Es gibt doch eine ganze Reihe von

Bürgerbewegten, die ihre Chance erhalten haben. Sind die alle nur Karrieristen oder Anpasser? Friedrich Schorlemmer etwa? Natürlich gibt es andere, die tatsächlich weggerutscht sind. Da wäre dann zu fragen: Erstens, wie groß ist ihr eigener Anteil daran? Haben sie sich nicht selber in eine Isolation begeben? Und zweitens: Wenn nicht, läßt sich ja vielleicht doch etwas für sie unternehmen. Nicht in dem Sinne, daß sie eine Rente kriegen, weil sie früher mal Dissidenten waren, sondern daß sie Entwicklungschancen erhalten. Da kann auch ein Bundespräsident Anregungen geben.

KA Sie sprechen von Leuten, die über Gaben verfügen, die über dem Durchschnitt liegen, die ein außergewöhnliches Schicksal hinter sich gebracht haben. Was macht man denn mit all den anderen? Mit der großen anonymen Masse? Die Lehrlinge, die keinen Ausbildungsplatz finden? Was heißt denn für die: Einheit vollenden? Wie ist es mit einer aktiven Industriepolitik? So daß nicht nur im Osten die Fertigungsstätten stehen, während die strategischen Entscheidungen für die Entwicklung von Industrieanlagen in den alten Bundesländern getroffen werden. Müßte man da nicht was tun, um zu einem wirtschaftlichen Gleichgewicht zu kommen? Hieße das nicht: Einheit vollenden?

JR Ja. Aber was da passieren muß, darf nicht so subventionslastig sein, wie es bis jetzt ist. Es muß in die Zukunft gerichtet sein. Also nicht die Technologien der siebziger und achtziger Jahre, so daß im Osten nun auch noch ein Polo oder so etwas hergestellt wird, sondern zum Beispiel die Förderung neuer Technologie. Selbst wenn es teurer kommt als in Köln oder München, sollten solche Neugründungen im Osten geschehen, damit dort wirklich Neues, Zukunftsweisendes entsteht. Aber da sind jetzt beinharte Verteilungskämpfe im Gange. Hier muß der Staat so lenken, daß der Geldtransfer nicht nur konsumtiv und zum Aufbau nachgelagerter Industrien und Verteilungsapparate genutzt wird. Sonst kommt es nie zu einem sich selbst tragenden Auf-

schwung, und in der Konsequenz zur Mezzogiornoisierung des Ostens.
Bei den Lehrlingen habe ich Bedenken, daß 16jährige zu früh irgendwohin »verlagert« werden, nach Hamburg oder Frankfurt. Junge Leute brauchen eine gute Ausbildung, ohne daß sie gezwungen werden, mit ihrer Heimat und ihrem Freundeskreis und dem Elternhaus und der Freundin und allem zu brechen.

MG Gibt es eigentlich so etwas wie Angst vor dem Westen unter jungen Leuten?

JR Da ist vielfach noch eine Mauer zwischen den Jugendlichen. Da ist Angst, den Anforderungen nicht gerecht zu werden. Die jungen Leute bei uns können leider oft in keiner fremden Sprache mehr als zwei Sätze reden. Das Russisch, das sie gelernt haben, ist nicht verwendbar, weil es im Unterricht nur um abstrakte Dinge wie die Erfüllung der Produktionspläne oder die Gestaltung des Weltfriedens gegangen ist und sie kein Alltagsrussisch gelernt haben. Sie haben also deutliche Defizite gegenüber der Weltläufigkeit ihrer Altersgenossen im Westen, und ihre Lebenserfahrung kommt ihnen wertlos vor. Daraus kommt dann die Sorge, dem Leben im Westen nicht gewachsen zu sein. Deshalb diese ausgesprochene Tendenz, nur an die Uni im Osten zu gehen. Und das stilisiert man dann zur Antiwesthaltung.

MG Mit dem Zusammenbruch der Betriebe ist nicht nur die Lehrlingsausbildung weggebrochen; die Betriebe waren ja zugleich die Träger der Sozialpolitik, von Freizeiteinrichtungen. Die fehlen jetzt also. Muß man daraus nicht die Forderung ableiten, daß zur Herstellung der inneren Einheit in allen lebenswichtigen Bereichen die öffentliche Investition im Westen erst mal für eine Weile Pause zu machen hat? Damit das Geld in den Osten geht, damit dort wenigstens irgendeine Art von gleichartigem sozialen Netz entsteht?

JR Ja, das unterschreibe ich sofort, allerdings mit dem Zusatz: Das muß gar nicht so viel kosten, denn im Westen ist ja eine Verschlankung des öffentlichen Aufwandes nötig. Dort

kann man vieles weniger luxuriös, weniger opulent machen. Aber im Osten muß auch gelernt werden aus der Genügsamkeit, mit der wir früher umgegangen sind, und was wir aufbauen, darf nicht so bombastisch werden wie vieles im Westen. Leider sieht das oft anders aus. Die Büros im Osten müssen nicht doppelt so luxuriös sein wie im Westen. Da gibt es Baumaßnahmen, die wir billiger machen könnten. Da fahren hier Dienstlimousinen, die könnten auch eine Klasse kleiner sein. Es ist doch sehr deutlich, wenn man nach Ostberlin oder nach Dresden kommt, daß da Tendenzen zum Nachholen des Grandiosen sind, von dem wir uns gesamtgesellschaftlich eigentlich schon wieder verabschieden müßten. Also: Transfer in den Osten und gesamtgesellschaftlich alles ein wenig sparsamer, schlanker.
Schlank ist das eine, und das andere ist: Es muß in die Zukunft investiert sein. Wir können keinen Lastenausgleich machen, der in die Vergangenheit hineinreicht und ein schlichtes Umräumen von materiellen Gütern bedeutet. Zum Beispiel wäre es falsch, wenn die große Zahl von Naturreservaten, die im Osten geschaffen worden sind, jetzt aufgeschlossen würden, im Sinne des Tourismus schnell verwurstet würden, nur weil da eine schnellere Rendite winkt und das Kapital lockerer sitzt. Wenn also Rügen zu einer großen Costa Brava umgebaut wird. Das wäre ein völlig falscher Weg: Nachhol- oder Aufholjagd.

KA Eine der ersten Folgen der Wiedervereinigung war ein deutliches Absinken der Geburtenzahlen in den neuen Bundesländern. Was kommt darin zum Ausdruck?

JR Das ist wirklich eines dieser sozialen Rätsel. Die Geburtenrate in der DDR war ja wirklich deutlich höher, und unser Lebensbaum ist immer noch nicht so altersbetont wie der westdeutsche, obwohl schon so viele weggegangen sind. Die jungen Leute haben alle schnell geheiratet und lebten in einer Welt, in der es mehr Spaß machte, akzeptierter war und lustiger, mit Kindern zu sein. Außerdem hat der Staat es gefördert, und die Gesellschaft hat das unterstützt. Da waren natürlich auch Zwänge drin. Eine Wohnung im Hinterhaus Prenzlauer Berg konnte ein junges Paar eben nur kriegen, wenn es heiratete. Vor allem war es leichter, auch mit kleinen Kindern weiterzustudieren oder weiterzuarbeiten. Aber abgesehen von diesen unmittelbar organisatorischen Dingen: das Klima war irgendwie besser für die Familie. Der Betrieb, das Institut bildete eine Gemeinschaft, in der die jungen Paare, die Familien und die Kinder mit hineingehörten. Es war einfacher für die junge Frau, ihr Kind allein zu erziehen, als es im Westen ist. Ich habe im Freundeskreis mehrere alleinerziehende Frauen, denen der Übergang von der DDR nach Deutschland sehr schwerfällt. Ohne daß die das als Unglück empfinden oder daß sie sagen würden, das war nun früher alles besser. Sie sind nur ganz schön gestreßt. Und jemand, der noch nicht in der Situation ist, überlegt es sich natürlich sehr viel gründlicher, Kinder zu kriegen, und oft schiebt er es auf. Das ist dann, global gesehen, die statistische Tendenz, der Gebärstreik.

MG Strukturelles Wachstum in der Infrastruktur des Ostens, überall da, wo es nötig ist, bei gleichzeitiger Verschlankung im Westen, das ist etwas, was Biedenkopf seit Anfang 1991 fordert: nicht alle Fehler wiederholen, die Krise der Vereinigung ist auch eine Chance, hüben wie drüben alles neu zu machen und so weiter. Es gibt wunderbare Gedanken, aber es sind bis jetzt eigentlich nur Gedanken.

JR Es ist ja sogar denkbar, daß wir nicht fähig sind, diese Herausforderung zu meistern. Wo steht denn geschrieben, daß die Einigung gelingen muß? Ich kann auch nur sagen, so sieht diese Herausforderung aus, vor der wir stehen. Und wenn wir davor abdanken, sacken wir eben zurück, werden wir eben ein zweitrangiges Land, mit großen sozialen Problemen und einer zweifelhaften Zukunft. Irgendwie müßte aber doch die negative Aussicht, daß die ganze Vereinigung nicht gelingt, mobilisierende Wirkung haben. Ich kann mich nicht aufgeben.

MG Wenn man auf die Wahlkampfziele der großen Parteien für dieses Jahr blickt, taucht wenig Zukunft auf. Statt dessen innere Sicherheit, Normen und Werte und, vor allem bei der SPD, die Sicherung der Beschäftigung. Es wird nicht von Aufbruch, sondern von Verzicht gesprochen. Und das Kapital meint, wenn es Osten sagt, eher China als Bitterfeld oder Jena.

JR Stimmt, es gibt zwei Möglichkeiten. Entweder wir gehen direkt mit dem Kapital nach Südostasien, weil alles dort besser funktioniert. Oder wir bleiben hier, sehen den Umbau unserer Gesellschaft als nationale Aufgabe, als soziale Aufgabe, als patriotische Aufgabe für die Zukunft. Warum können wir nicht den Osten technologisch so umrüsten, daß wir besser ausgerüstet auf die Weltmärkte gehen können? Erstens gibt es ja nun wirklich noch Technologiebereiche, in denen Deutschland führend ist oder die Chance hat, führend zu bleiben. Und wo wir im Begriff sind, zweitrangig zu werden, müssen wir investieren. Das ist eine gesamtgesellschaftliche Aufgabe. Das tut der Markt nicht von allein. Sicher, im Augenblick ist die Versizilianisierung des Ostens billiger, aber langfristig gesehen könnte sie zur Anglifizierung von ganz Deutschland führen.

MG Jetzt kommt das national denkende deutsche Kapital und sagt: Gut, wir stellen euch in Dresden die modernste Druckerei Europas hin. Aber alles, was ihr jetzt zusätzlich produziert im Osten, müssen wir auf einem engen Markt absetzen. Wir können unsere Konkurrenten nur unterbieten, wenn wir billiger sind. Eure Löhne können nur in dem Maße steigen, in dem die Produktivität steigt. Könnten Sie so eine auf Dauer gestellte Ungleichheit zwischen Ost und West als Voraussetzung für einen forcierten Aufbau der Infrastruktur, der Betriebe akzeptieren? Würden die Leute das akzeptieren?

JR Die Leute würden es ja akzeptieren, wenn wirklich Marktwirtschaft herrschte. Erklären Sie ihnen mal, warum im Osten Bodenpreisspekulation möglich ist, warum Benzin in Angermünde um 15 Pfennige teurer ist als in Frankfurt, warum die gleichen Handelsketten im Dorf in Mecklenburg das gleiche Produkt teurer verkaufen als in Schwaben. Wo bleiben denn die staatlichen Maßnahmen, die der Kapitalschwäche im Osten entgegenwirken? Da kommt ja eben nicht das produktive Kapital, sondern das Boden- und Immobilienkapital und spekuliert auf eine Leistungsfähigkeit, die nicht vorhanden ist. Oder aber wartet ab und sagt, das lassen wir lieber leer stehen. Warum sind denn überall im Osten verwilderte Grundstücke? Wenn man dem nachgeht, dann sind es entweder ungeklärte Eigentumsregelungen oder überhöhte Preise. Im Augenblick kann doch kaum jemand aus dem Osten eins von den Häusern kaufen, die jetzt überall angeboten werden. Wo bleiben denn die staatlichen Maßnahmen, die der Kapitalschwäche im Osten entgegenwirken? Absatzpräferenzen, Umsatzsteuer- und Mehrwertsteuerregelungen? Ich glaube, daß die geringeren Löhne nicht der politische Sprengstoff sind, wenn es eine Perspektive gäbe. Ich kann es ganz auf mich bezogen sagen: Ich lebe hier im Osten und will nicht weg. Die Standortnachteile, die ich erleide, halte ich für erträglich: Ich kriege achtzig Prozent im Bundesangestelltentarif, ich werde auf eine C4-Professur berufen, bei der mir gleich gesagt wird: Du kannst nicht mehr verbeamtet werden. Du bist eben zu alt. Pech! Das ist irgendwie ärgerlich und schmerzlich und sticht ein bißchen. Ich sehe das nicht ein, das ist eine Ungleichbehandlung. Andererseits halte ich es aber für erträglich. Und ich will auch einiges von den alten Lebens- und Arbeitsweisen beibehalten. Meine Forschung zum Beispiel braucht nicht so teuer zu sein wie am Max-Planck-Institut. Auch mit weniger Aufwand kann ich sinnvolle Beiträge liefern. Unsere Gruppe kann billiger forschen als im Westen, allerdings müssen wir eher an längerfristigen Themen arbeiten, die nicht unmittelbar den großen Glanz abwerfen, sondern eher für die Infrastruktur unserer Wissenschaft langfristig wertvoll sind. Und ebenso können Sie auch Arbeiter, Straßenbahnfahrer und Ärzte finden, die auf etwas verzichten können, wenn sie dabei etwas von der ruhigeren und nachdenklicheren Lebensweise bewahren können.

MG Das klingt gut, aber sehen Sie irgendeinen Punkt, wo es geklappt hat? Und wo es zukunftgestaltende Kraft hat?

JR Ich denke, daß die Marktwirtschaft besser funktionieren könnte. Was für Marktmechanismen erzwingen eigentlich, daß die Autobahn von Lastautos mit Mineralwasser oder Bier aus Ostfriesland oder München blockiert wird? Ich jedenfalls kaufe nur Spreequell in der Hoffnung, daß das nicht über Hunderte von Kilometern hierhertransportiert wurde.

MG Da könnte die Gesellschaft reagieren. Das ist eine der wenigen Sachen, wo man mit globalen Maßnahmen etwas erreichen könnte, zum Beispiel über den Benzinpreis.

JR Die Löhne an der Tankstelle in der Uckermark sind schlechter als in Köln. Trotzdem ist der Benzinpreis in der Uckermark höher. Da wird einfach ein Monopol ausgenutzt oder ein Kartell gebildet.

MG Innere Einheit hieße ökonomisch, die wirtschaftliche Besonderheit des Ostens anzuerkennen und entsprechende Gesetze, Steuerprivilegierungen, Übergangsverordnungen zu etablieren, kurz: die Einheit durch Verschiedenheit zu ermöglichen. Wie ist es jetzt mit der Ungleichheit der Eigentumsverteilung? Ist die noch zu korrigieren, im Sinne eines Lastenausgleichs?

JR Ich gebe ein Beispiel: Eigentumswohnungen in Berlin kann sich aus dem Osten niemand leisten. Da fehlt erstens das Einkommen und zweitens die zwanzig oder dreißig Jahre Ansparzeit. Da frage ich mich: Wo bleibt die wirtschaftspolitische Kreativität? Es sieht ja jeder ein, daß Menschen wie die im Osten, die nur Arbeitnehmer sind, ohne Rücklagen, ohne Alterssicherung, ohne Vermögen, auf die Dauer die Gesellschaft destabilisieren. Ich habe nie eingesehen, warum bei uns der volkseigene Boden sofort verkäuflich wurde. Das hat die Bürger in den östlichen Bundesländern mit einem Schlag kreditunwürdig gemacht. In Israel ist aller Boden gesamtgesellschaftlich. Erbbaurechte setzen der Spekulation und dem Kampf um Aneignung regulierende Grenzen. Wo bleiben gezielte Maßnahmen, um Kapitalbildung bei den Einwohnern

Ostdeutschlands zu erleichtern? Mir, einem Professor mit sicherem Einkommen, hat ein Anlageberater dringend abgeraten, eine Eigentumswohnung zu erwerben – das schaffen Sie nicht mehr! Wer, bitte schön, außer einigen Glückspilzen, soll denn hier noch Eigentum erwerben können? Soll die ganze Bevölkerung alimentiert werden?

KA Das ist ja das grundsätzliche Problem, daß man die Chance, etwas neu zu versuchen, überhaupt nicht ergriffen hat. Für das Hochschulwesen, für das gesamte Steuerwesen, für das öffentliche Dienstrecht gilt ja ähnliches. Sehen Sie zum Beispiel bei den Hochschulen noch den Ansatzpunkt, im Grundsatz etwas zu verändern oder die Blockaden, die da zu beobachten sind, zu brechen? Kein Mensch in Deutschland ist mit den Zuständen, wie sie seit zwanzig Jahren an den Universitäten herrschen, zufrieden. Dennoch sind alle wesentlichen Grundsätze dieses völlig verfehlten Hochschulrechtes auch in den neuen Bundesländern eingeführt worden. Sehen Sie die Möglichkeit, da was zu ändern?

JR An der westdeutschen Hochschule gibt es eine riesige Zahl von Studenten, den Massenbetrieb. Die Studenten klagen, daß sie keinen Mentor oder Professor, engagiert und mit Zeit, zur Verfügung haben. Die Professoren, je berühmter, haben desto weniger Zeit für Studenten, desto mehr fahren sie zu Gutachterkommissionen, Kongressen, internationalen Darbietungen oder schotten sich ab und sagen: Ich muß mein nächstes Buch machen, sonst bin ich weg vom Fenster. Der Umgang mit den jungen Leuten ist für viele Professoren eher eine Last als ein Vergnügen.

KA War das bei den Glanzlichtern im Osten anders?

JR In den naturwissenschaftlichen Bereichen kenne ich mich ganz gut aus. Da gab es zwei oder drei Lehrer und zehn oder zwölf Studenten. Da war schon quantitativ ein anderes Verhältnis. Das lag daran, daß auch nur beschränkt zugelassen wurde.

Eine Lösung sehe ich darin, Ausbildungsformen zu schaffen, die weniger kapitalintensiv sind, und die Lehrer zu prämieren, wenn sie sie einführen. Das halte ich im Prinzip für durchsetzbar. Der Nachteil der personalintensiven Ostuniversitäten war, daß ihre Forschung etwas mittelmäßig blieb. Das Ganze drohte in reine Schule zu entarten. Um das zu ändern, hat man zwei Möglichkeiten. Die eine ist, man zerschlägt das Ganze und macht genau denselben Rummel, wie er im Westen gemacht wird, und die andere ist, man korrigiert vorsichtig daran, man verbessert zum Beispiel die materiellen Bedingungen, ohne dieses lehrbezogene Verhältnis völlig auszuhebeln.

KA Sie haben als Wissenschaftler in der UdSSR auf der einen Seite, der USA auf der anderen Seite gearbeitet. Haben Sie da irgendwelche Beobachtungen gemacht, über Verhältnisse, die man möglicherweise auch in Deutschland insgesamt applizieren könnte?

JR In der Sowjetunion bestanden Verhältnisse, in denen aus der materiellen Not der Wissenschaft eine Tugend gemacht wurde. Es wurde in den Naturwissenschaften, die nicht so üppig mit Apparaten ausgestattet waren, mehr nachgedacht. Nicht zufällig gab es brillante Theoretikerschulen in der Physik und Mathematik gerade in der UdSSR. In diesen armseligen Umständen, wo es oft nichts gab, nicht einmal Literatur, gab es Formen der Gestaltung von Wissenschaft und Lehre, die besser ineinandergriffen, wo auch Themen viel langfristiger und gründlicher bearbeitet werden konnten als im Westen. Und diese Schulen sind ja auch im Westen anerkannt worden.

KA Gibt es da institutionelle Voraussetzungen, die man auch bei uns praktizieren könnte?

JR Am westlichen Finanzierungsmodell, den Zuschüssen, die die Deutsche Forschungsgemeinschaft, Bundesministerien und so weiter vergeben, fällt mir auf, daß sie sehr materialluxuriös sind, aber außerordentlich knickrig mit Personen. Es ist ganz schwierig, eine Stelle finanziert zu bekommen. Wenn aber die Stelle bestätigt ist, dann hängt da ein fetter Hunderttausender dran, Meßgeräte und Literaturanschaffungen und Computer, Reisemöglichkeiten usw.

MG Sehen Sie System darin?

JR Ja. Die Forschungsförderung soll auch die Industrie fördern, so daß es also natürlich mit dazugehört, daß ein Computer gekauft wird, denn das bedeutet, daß Computerindustrie und Softwareindustrie entwickelt werden. Das ist wichtig. Trotzdem scheint mir Gehirn unterbewertet zu sein. Der Zustand der Wissenschaften spiegelt das. Viele Daten, wenig Theorie.

MG Es wird ja immer gesagt: Wir brauchen die Geräte, um Weltniveau zu haben. Stimmt das?

JR Zumindest der Automatismus daran stimmt nicht. Daß man an jeden Kopf automatisch Sachmittel dranhängt, ohne daß da viel gefragt wird.

MG Darin steckt die Behauptung, durch intensives Nachdenken könnten ähnlich schöne Resultate erzielt werden wie mit dem Rechner. Haben Sie ein Beispiel im Kopf?

JR In der Sowjetunion hat es bei der Theorie dynamischer Systeme in der Mathematik erstklassige Leistungen gegeben, auch bei der Erforschung chaotisch oszillierender Systeme der Chemie. Da haben die Leute wie in Puschtschino mit ganz einfachen Mitteln, in einer Petri-Schale Versuche angerührt und dabei Grundeigenschaften der chaotischen rhythmischen Reaktionen entdeckt, die nun auf der ganzen Welt Zhabotinsky-Reaktion heißen. Später erst kamen die westlichen Chemiker mit großen Geräten, mit den automatischen Registrierungen. Es gibt einige Beispiele, wo das Prinzip, etwas tiefer geistig zu durchdringen und nicht sofort materiell zu verwursten und durch den Computer zu jagen, eine Rolle spielt. Das würde ich also für die Sowjetunion in Anspruch nehmen. Für die DDR weniger. Wir waren da schon in der DDR-Zeit als Wissenschaftler zu sehr auf das Nachäffen des Westens trainiert, und was wir machten, war dann halber Westen. War nicht wirklich originell. Was ich betonen möchte, ist, daß der Gelehrte alten Typus, in seinem Labor unabhängig arbeitend, eine Form von Wissenschaft, die im Westen ausgestorben ist, im Osten noch Lebenschancen hat.

Und ich glaube, dieser Form der kontemplativen Wissenschaft können wir noch eine Chance geben, wenn wir uns nicht mit Gewalt in diesen Apparatismus hineinzwängen.

MG War diese Neigung zur Theorie nur der Finanznot der Wissenschaft geschuldet? War sie nicht auch eine indirekte Folge des Totalanspruchs auf Welterklärung, den der dialektische Materialismus im Gefolge der deutschen idealistischen Philosophie erwarb?

JR Nach außen gibt sich der sowjetische Physiker genauso stolz neopositivistisch (»Die Welt ist ein System von prüfbaren Aussagen«) wie nur irgendein westlicher Kollege. Aber im Inneren fühlt jeder, der in der russischsprachigen Kultur sozialisiert wurde, den Traditionssturm zur mystischen Gesamtschau – Dostojewski, Berdjajew –, die Neigung zur Theorie sitzt tief in der Seele und wird durch lange Winterabende befördert ...

MG Wie könnten wir das theoretische Denken origineller machen?

JR Es müßte auch kleinere Projekte geben, die weniger Geld kosten, wo auch von den Leuten weniger Präsenz im internationalen Förderungssystem verlangt wird. Sie sollten nicht alle dazu gezwungen sein, Anträge zu schreiben und durch einen unwahrscheinlich schwierigen und bürokratischen Akt der Begutachtung durchzubringen; das führt dazu, daß man das verspricht, was gerade gewollt wird, oder auf Nummer Sicher geht. Es müßte mehr langfristige Stipendien als kurzfristige, aber teure Projekte geben.

KA Also weniger Projektförderung als Personenförderung.

JR Ja. Es würde oft reichen, wenn man kreativen Leuten eine Nische schafft und dann nicht von ihnen verlangt, daß sie im voraus aufschreiben, was sie machen wollen und wohin das führt.

KA Also mehr Freiheit in der Hoffnung auf Originalität?

JR Ja.

MG Bürden wir mit solchen Wünschen nicht der deutschen Einheit etwas auf, was wir ohnehin schon immer gerne gehabt hätten? Wo ist das Interesse, ohne das sich diese schöne Idee blamiert? Wo ist die Lobby für die wunderbare Chance, die wir jetzt haben, alles neu zu bedenken?

JR Ich beziehe die Frage sofort auf mich als Wissenschaftler. Warum mache ich diesen Trubel mit? Es fehlt mir der Mut, störrisch zu sein, ich passe mich letztlich diesen Zwängen an. Ich habe nicht die Kampfkraft, das, was auf Widerstand stoßen wird, wirklich zu versuchen, selbst auf die Gefahr hin, daß ich damit scheitere. Da kommt dann ein starkes Sicherheitsdenken rein. Es fehlt mir die Überzeugungskraft, das mit Gewalt durchzusetzen, was ich für richtig halte. Und ich denke, daß das für den Osten ein generelles Problem ist: das fehlende Selbstbewußtsein und die fehlende Zivilcourage.

KA Diese Zivilcourage haben doch gerade die Ostdeutschen vor drei, vier Jahren in einem ungeheuren Maß bewiesen. Mehr jedenfalls als der durchschnittliche Westdeutsche. Ich hatte in meinem ganzen Leben noch nicht die Chance, soviel Zivilcourage zu beweisen wie die Bürgerrechtler im Osten. Wie kommt das, daß Sie jetzt so skeptisch darüber denken?

JR Ich sehe nur, daß das so ist. Daß allmählich Sicherungsdenken Vorrang gewinnt. Wir haben Zivilcourage nur ein Jahr lang gezeigt, vierzig Jahre haben wir genauso angepaßt und auf Sicherheit hin gelebt . . .

KA Unter ganz anderen Umständen.

JR Das ist klar, ja. Aber das regeneriert sich nun wieder in der Art, daß jeder zuallererst an seine Rentensicherung denkt.

KA Ist das schon die Vollkasko-Mentalität der Westdeutschen?

JR Die haben wir selber, die brauchen wir nicht zu importieren. Aber Vollkasko-Mentalität ist das richtige Wort dafür. Es ist eine Weigerung, entgegen allen Bekenntnissen, wirklich in eine Wettbewerbsgesellschaft zu gehen. Dieses Rückversicherungsdenken.

MG Um solche Strukturen zu ändern, ist möglicherweise etwas erforderlich, was mit dem Wort Zivilcourage nicht mehr ausreichend beschrieben ist. Zivilcourage heißt ja, daß ich auf eigenes Risiko gegen eine politische Struktur, gegen einen Vorgesetzten oder was auch immer, meine Ziele geltend mache. Die Frage ist, ob sich in diesen Großsystemen, ob Wissenschaftssystem oder Wirtschaftssystem, nicht eigentlich an allen Stellen gleichzeitig etwas ändern müßte. Daß Zivilcourage des einzelnen eine viel zu kleine Kraft wäre, um Systeme insgesamt zu kippen. Zivilcourage heißt ja, ich habe den Mut, etwas durchzusetzen, aber die Aufklärung, die man bräuchte, um ein Wirtschaftssystem oder das Wissenschaftssystem zu korrigieren, heißt ja viel eher, daß alle gleichzeitig dieselbe Idee verwirklichen müßten, damit es ohne Blockaden funktioniert. Ob es um die Auflösung von Bürokratien oder um Müllberge geht.

JR Es stimmt schon, daß das einzelne Eisenfeilspänchen sich nicht gegen das Magnetfeld zur Wehr setzen kann. Was hier nötig wäre, wäre die Zivilcourage als gesamtgesellschaftliche Bewegung, was 1989 plötzlich sehr viele zeigten.

KA Aber das setzte wieder voraus, daß es irgendwelche übergeordnete Ziele oder ähnliches gibt. Man kommt da zu so etwas wie Gemeinwohl-Orientierung ...

JR Da war es 1989 einfacher, einen Konsens herzustellen, über das, was das Gemeinwohl verlangte. Wir wußten für eine Weile, daß ohne dieses Engagement für das Gemeinwohl alles andere Stückwerk bleiben wird.

Jens Reich

Notgemeinschaft Deutsche Wissenschaft

Die globale Zivilisationskrise erwischt die deutsche Wirtschaft »auf dem linken Fuß«. Sie ist voll absorbiert durch die strukturelle und personelle Erneuerung auf dem Gebiet der verblichenen DDR. Deren Notwendigkeit wird niemand bestreiten; vielmehr ist unerträglich, daß sie an vielen Orten mit einem Verdrängungskrieg im Kampf um Posten und knappe Mittel vermengt ist. Überdies ist die technische Basis der ostdeutschen Wissenschaft erneuerungs- und modernisierungsbedürftig. Gerätepark und technische Struktur sind veraltet und durch improvisierte Ersatzentwicklungen deformiert. Hinzu kommt die Sanierung von Altlasten als Folge der Vernachlässigung des Sachvermögens in der DDR.

All das hat dazu geführt, daß große Anteile der Forschungskapazität seit der Währungsunion für nunmehr über zwei Jahre leer laufen, auf Entscheidungen harren und bei vollem Kostenanfall nur geringe Resultate bringen. Das Warten auf die Evaluierungsresultate und Strukturentscheidungen hat die Arbeit lange gelähmt. In vielen Instituten dauert die Warterei auch heute noch an, stehen Berufungen aus, sind gegen Entlassungen Klagen anhängig, wurden Förderungsanträge auf Eis gelegt. Erschwerend für eine sinnvolle Fluktuation von Mitarbeitern zwischen West und Ost wirkt sich auch die Gehaltsschranke aus. Sie schreckt viele westliche Kollegen ab, oder sie schafft zwei Klassen von Wissenschaftlern mit entsprechenden sozialen Spannungen.

Auch dort, wo richtungsweisende Entscheidungen gefallen sind, ist die Situation kritisch. Zugesagte Investitionsmittel müssen für Sanierung, teilweise zur reinen Bestandserhaltung, zur Rettung von Gebäuden eingesetzt werden anstatt für den Neuaufbau von Forschung. Das gesamtstaatliche Mißverhältnis zwischen Mittelverwendung für reparative Zwecke zuungunsten von innovativem Einsatz wiederholt sich auf dem Gebiet der Wissenschaft.

Der Aufbau der Grundlagenwissenschaft im Osten Deutschlands gerät dabei in eine ungute doppelte Frontstellung. Zum einen tritt er in Konkurrenz zur Wissenschaftsförderung in den alten Bundesländern, da der Haushalt die Belastung ohne proportionale Aufstokkung mittragen muß. Andererseits kollidiert er als Kostenfaktor mit dringenden sozialen Absicherungen und der Infrastruktursanierung der Wirtschaft. Beide Male steht die Wissenschaft als unwillkommener Verbraucher da.

Die ostdeutsche Wissenschaft ist in einer Notsituation, die in manchen Aspekten der Lage nach dem Ersten Weltkrieg vergleichbar ist. Auch damals gefährdete wirtschaftliche Not die Weiterführung langfristiger Forschungsprojekte (wie zum Beispiel des Grimmschen Wörterbuchs), auch damals drohte ein ernstzunehmender Abfall des Entwicklungstempos der Wissenschaft. Der akademische Nachwuchs konnte seinen Lebensunterhalt nicht mehr bestreiten und wanderte in andere Berufe ab. Viele wurden arbeitslos oder verloren ihr erspartes Vermögen. Bibliotheken konnten die Fachlitera-

tur nicht mehr bezahlen, die experimentelle Ausstattung der Naturwissenschaften vermochte mit der internationalen Entwicklung nicht mehr Schritt zu halten.
Damals wurde eine »Notgemeinschaft Deutsche Wissenschaft« ins Leben gerufen, die sich an die Öffentlichkeit wandte, um Unterstützung einzuwerben. Sie konstituierte sich als Verein, der mit staatlichen und privatwirtschaftlichen Mitteln in kritischen Situationen einsprang und in den Jahren zwischen 1920 und 1934 dazu beitrug, die internationale Geltung der deutschen Wissenschaft zu retten. Leider wurde in der Hitlerzeit alles wieder verspielt, aber das steht auf einem anderen Blatt. Unsere heutige Situation ist nicht ernsthaft mit der von 1920 vergleichbar. Es geht nicht um akute materielle Not nach einem verlorenen Krieg. Aber die Reparatur und Neugestaltung der Wissenschaft im Osten ist ebensowenig wie damals allein aus öffentlichen Mitteln zu bezahlen.
Mit der Wissenschaftsstruktur einer Region muß man behutsam umgehen. Sie ist wie eine empfindliche Pflanze, die keine lange Trockenzeit verträgt. Es dauert Jahrzehnte, eine Infrastruktur und Tradition zu entwickeln. Um so einfacher ist es, eine wissenschaftliche Schule brandzuroden. Zerschlägt man sie, dann wandern die jungen Adepten ab, und die alten ziehen sich zurück. Schon nach wenigen Jahren ist wissenschaftliches Ödland dort, wo früher ein dicht verflochtenes Netzwerk von technisch-methodischem Wissen und Informationsbeziehungen vorhanden war. Wissenschaft läßt sich nicht wie eine Pommesbude in einer Nacht wieder aufstellen.
Mir erscheint die Lage der Universitäten und Institute in den neuen Bundesländern so kritisch, daß ich eine Notgemeinschaft der ostdeutschen Wissenschaft für notwendig halte. Das müßte so etwas wie eine gemeinnützige Stiftung sein, die private Mittel einwirbt, um durch gezielte Fördermaßnahmen helfend einzugreifen. Das kann kein Ersatz für die staatliche Förderung sein und darf auch nicht zur privaten Nutzung öffentlich geförderter Forschung führen. Die Notgemeinschaft der zwanziger Jahre hat diese beiden Klippen sehr sorgfältig umschifft. Mir ist bekannt, daß es Industrie- und Wirtschaftsverbände gibt, die die Sorgen teilen und bereit wären, aus sozusagen patriotischer Einsicht zu helfen.
Vielleicht sollte ich aus meinem Erfahrungsbereich Beispiele beibringen, was eine solche Notgemeinschaft leisten könnte. Ich selbst habe im Jahr 1990 eines schönen Tages vom Fonds Chemischer Industrie in Frankfurt ein Angebot erhalten, im Rahmen der Hilfe für die Noch-DDR ein wichtiges Gerät unserer Wahl anzuschaffen. Ohne

inhaltliche Bedingungen, nur eine Summe war genannt! Und ein »Kuckuck« des Spenders war auf dem dauerausgeliehenen Laborcomputer (workstation) anzubringen, mit dem seither eine Arbeitsgruppe für genetische Informatik rechnen und die schwierige Zeit bis zur Eingliederung in das neue Finanzierungssystem überbrücken kann. Frei von jahrelangem Antragspapierkrieg eine großzügige Spende!
Ich kenne mehrere Kolleginnen und Kollegen im Alter zwischen 25 und 35 Jahren, die im Rahmen einer Doktorarbeit in der Tarifgruppe BAT-Ost II 1/2 bezahlt werden. Der Eingeweihte weiß, daß das der niedrigste Tarif für einen Mitarbeiter mit Hochschulabschluß ist, wobei 1/2 bedeutet, daß es nur eine halbe Planstelle ist (für einen Doktoranden nicht anders möglich), und Ost heißt, daß davon (1991/92) im Osten nur sechzig Prozent als Bruttoeinkommen gegeben werden. Da hat ein junger Mensch, unter Umständen mit Familie, dann weniger als tausend Mark als Lohn für eine hochqualifizierte Arbeit mit Zwölf-Stunden-Tag, für die er vielleicht in zwanzig Jahren den Nobelpreis erhalten könnte. Ich denke, wir behandeln unsern Nachwuchs, unser überlebenswichtiges *human capital* (fürchterliches Wort!), stiefmütterlich, und meine, daß eine Stiftung in solchen Notfällen eingreifen muß.
In den USA wird ein gewichtiger Teil der akademischen Gebäude von privaten Stiftern gebaut oder erneuert. Man erkennt sie daran, daß sie den Namen des Spenders tragen. Im Osten gibt es in den Universitäten Gebäude von hohem kulturhistorischen Wert, die vom Verfall bedroht sind. Bei uns in Berlin-Buch ist so ein Haus, das die Baupolizei zu sperren im Begriff ist. Wer rettet das Gebäude des alten Kaiser-Wilhelm-Instituts für Hirnforschung?
Noch eine andere Idee: Ich könnte hier Namen von Wissenschaftlern im Ruhestand nennen, die durch die Pensionsregelung mit dem Einigungsvertrag auf 1500 Mark monatlich heruntergestuft wurden. Das hängt damit zusammen, daß ihre DDR-Pensionen sich nur zum Teil aus Rentenumlagen finanzierten und zum Teil als Staatspension gezahlt wurden. Diese Einkünfte »staatsnaher Kader« wurden auf ein Maximum von 2000 Mark gedeckelt, was sich vor allem gegen Stasi-Generäle und Parteifunktionäre richtete, nebenbei aber auch einen mir bekannten Professor trifft, der nicht in der Partei und nie staatsnah war und für sein Lebenswerk zu den oft zitierten Klassikern seines Fachs zählt. Da bestrafen wir eine Generation, die in der Not und den Wirren der Nachkriegszeit ihre Arbeitskraft für die geliebte Wissenschaft verausgabt hat, oft Hervorragendes geleistet, für

Deutschland gearbeitet hat und jetzt, mit achtzig, erfährt, was es heißt, zum alten Eisen zu gehören. Erneut der Zielkonflikt: Vom Staat will ich nicht verlangen, daß er ihnen mehr bezahlt, solange es noch Rentnerinnen mit nur 800 Mark Rente gibt. Wäre das nicht eine Aufgabe, hier privat helfend einzugreifen?
All das mag den Anschein erwecken, als trommle ich für eine Lobby. Angesichts von Hunderttausenden Arbeitslosen, Pendlern und unfreiwilligen Vorruheständlern müßte ich Skrupel haben, wenn es nur um persönliche Schicksale ginge. Aber es geht um mehr. Mit Investitionen in Kultur und Wissenschaft handeln wir in einem sehr nüchternen Sinne für unsere Zukunft in Deutschland. Wir erkennen die Aufgaben, die das neue Jahrhundert an uns stellen wird, und wir sollten auch sehen, daß ein Osten, der den Transformationsschock nicht gemeistert hat, ein verkümmertes Glied für das ganze Land und damit eine schwere Belastung für den Wissenschafts- und Wirtschaftsstandort Deutschland bedeuten würde. Deshalb muß Hilfe kommen. Was 1920 möglich war, muß auch 1992 wiederholbar sein!

(1992)

KA Nach dem Ende des kalten Krieges und der Bipolarität muß Deutschland sich neu in die Völkergemeinschaft hineinfinden. Gibt es deutsche Interessen, und wie sehen die aus?

JR Das vordringlichste deutsche Interesse ist, Deutschland zum Funktionieren zu bringen. Die Chancen dafür sind eigentlich nicht schlecht. Wir haben eine deutsche Gesellschaft, die historisch gesehen die besten Voraussetzungen dafür hat, als Bürgergesellschaft zu funktionieren: die individuellen Freiheiten und Rechte zu achten; die materiellen Lebensbedingungen so zu gestalten, daß niemand – wie bei allen vergangenen Gesellschaften – in Not und Hunger und Krankheit und Angst um die Kinder leben muß. Wir haben ideale Voraussetzungen wie noch nie in Deutschland, das wirklich Wichtige zu tun. Ich sage bewußt: wir. Denn mit der Nation ist es wie in einer Familie: die Chancen, die eine Familie hat, muß jeder, der darin ist, nutzen, auch wenn er gewisse Dinge nicht für richtig hält und kein besonders gutes Verhältnis zu den Eltern oder Geschwistern oder Onkeln hat. Genau das gilt auch für den Staat oder die Nation, in der wir leben. Und die ganzen großartigen Symbole – unsere Fahnen und Hymnen, die Traditionen sehe ich ohne Herzklopfen und ohne Tränen in den Augen, als nützliche Symbole dieser Gemeinschaft, die es geben muß. Ich hätte gern ein natürliches Verhältnis dazu, wie es die Dänen zu ihrer Fahne, ihrer Nationalhymne, ihrem Land, ihrer Nation, Kultur, Literatur haben. Bei den Dänen habe ich weder den Eindruck, daß sie es kleinreden, noch, daß sie stolzgeschwellt rufen: Ich bin stolz, ein Däne zu sein, und das als Losung vor sich hertragen. Man hat doch den Eindruck: Das ist ein Land, das mit seiner Nationalität in sich ruht. Ich glaube, daß wir diese Nüchternheit im Sinne von Verfassungspatriotismus kultureller Einheit – zu der ja auch die Nachbarn gehören, die eine andere Fahne, eine andere Nationalhymne haben – erst entwickeln müssen.

MG Die einen fragen sich: Wer sind wir? Die anderen verurteilen schon diese Frage als nationalen Exzeß. Aber die nationalistischen Exzesse der Gesellschaft insgesamt, vor denen Günter Grass Ende 1989 Angst hatte, sind ja nicht eingetroffen. Der Bundesbürger denkt nicht national, sondern ökonomisch. Das beruhigt politisch, aber die Kehrseite ist offensichtlich die Unfähigkeit, nationale Aufgaben als solche zu begreifen. Dieses fröhlich Unideologische an der alten BRD setzt gleichzeitig ihre Institutionen und ihre Individuen außerstande, den brüderlichen und schwesterlichen Ruf aus dem Osten: »Nun sind wir doch Deutsche und müssen was zusammen machen, damit wir nicht insgesamt ins zweite Dutzend der Industrienationen rutschen«, überhaupt zu hören. Der Osten denkt national, der Westen hat längst begriffen, daß es so nicht läuft.

KA Was heißt: So läuft's nicht mehr? Ist der Westen denn mit dem Versuch, den Staat als eine GmbH aufzuziehen, besser gelaufen?

MG Vierzig Jahre lang ja.

KA In diesem Punkte würde ich das westdeutsche Modell nicht unbedingt empfehlen. Im Gegenteil – jetzt zeigen sich die Kosten.

JR Das erwischt mich an einer Stelle, wo ich keine blanke Antwort bereit habe. Ich bringe ein Beispiel: Halberstadt, wo ich aufgewachsen bin, wurde ja durch den Krieg grausig zugerichtet. Die schöne mittelalterliche Stadt ganz kaputtgeschlagen. Eine einzige Wunde. Ein großer Teil der Bevölkerung hatte ein emotionales Verhältnis zu ihrer Heimatstadt. Das wurde zu DDR-Zeiten systematisch kaputtgemacht: Es hat in Halberstadt keinen Kreisparteisekretär gegeben, der aus Halberstadt stammte. Resultat: Es wurden ganze Areale abgerissen und Neues draufgebaut, es wurden schöne, alte Grundstücke verunstaltet. Das war möglich, weil die Machtträger nicht mit der Stadt verbunden waren, sondern kamen und gingen. Bis dann die Unterstadt so weit verrottet war, daß man Mitte der achtziger Jahre anfing, sie mit der Abrißbirne zu »sanieren«.

Nach 1989 engagierte sich eine Bürgerbewegung und bekam daraufhin eine Förderung aus Bonn. Jetzt wird versucht, diese Abrißpolitik zu stoppen und die alte Stadt mit ihrer Identität zu retten. Trotzdem soll Halberstadt nicht zu einem Museum gemacht werden. Und alle, die sich da engagiert haben, haben eine naiv-begeisterte Identität mit diesem Ganzen, ohne die es nicht geht. Dieses Engagement ist ohne jede Arroganz, sie ist in diesen Leuten gewachsen und kommt jetzt wieder zum Vorschein. So ähnlich müßte das mit Deutschland sein: als reine GmbH mit Interessenlagen, Kapital und Förderung können wir weder Halberstadt noch Deutschland retten.

KA Es hat ja nun in Westdeutschland einen Ministerpräsidenten gegeben, der stolz darauf war und das auch bekannt hat, als Vorstandsvorsitzender einer baden-württembergischen GmbH betrachtet und begrüßt zu werden. Es ist auch bezeichnend, unter welchen Umständen dieser Ministerpräsident aus dem Amt scheiden mußte. Mit anderen Worten: Wenn man den Staat nur noch als Wirtschaftsunternehmen betrachtet – und das war ja über Jahrzehnte hinaus in Westdeutschland der Fall –, kommt man in die

Versuchung, Dinge zu tun, die dem Staat nicht zuträglich sind.

JR Das kann sich der Osten nicht leisten. Wir sind gezwungen, anders zu denken. Nur mit Betriebswirtschaft kann der Osten nicht gerettet werden. Die natürliche Dynamik geht dahin, daß der Osten etwas zwischen Irland, Sizilien und Schottland sein wird. Jedenfalls, wenn sie alles dem Selbstlauf überlassen. Hier müssen also konstruktive »andere Identitäten« gefunden werden. Ich glaube, das Wiederfinden dieser Identitäten kann über den fehlenden Reichtum hinweghelfen, und aus ihnen heraus kann, im Tourismus etwa, auch an vielen Stellen ein Neuanfang gemacht werden.
So könnte man über die Schorfheide, über Rügen, über Quedlinburg mit Dom und Stiftskirche, über die Dresdner Galerie reden. In der ehemaligen DDR ist ein solcher kultureller, Identität gebender Reichtum vorhanden, den man so nutzen könnte, daß nicht immer nur die neueste Tariföffnungsklausel in den Mittelpunkt käme. Nun sagen sie, vermeintlich realistisch, das sind nur die törichten Intellektuellen, die so reden. Ich bin dagegen der Überzeugung, daß sich das psychologisch und lebensweltlich übermitteln läßt. Es gibt einfach zu viele Leute im Osten, die in ihrem Kahn im Spreewald oder in ihrem Häuschen in der Schorfheide oder in Mecklenburg in ihrem alten Kätnerdorf leben und darin Bindung und Identität haben.

KA An diese Gefühle zu appellieren ist natürlich nicht mehr nüchtern.

JR Das ist nicht nüchtern, es muß nur nüchtern damit umgegangen werden. Sobald man das pathetisch formuliert, als Festredner, bekommt es einen schalen Geschmack. Man muß wissen, daß es Dinge gibt wie Heimat, Landschaft, Herkunft. Nur, sobald man sie Werte nennt, wird es schon fragwürdig. Die Menschen leben darin, reden nicht geschwollen daher.

MG Aber ist so noch ein »Nationalgefühl« zu erzeugen? Es ist ja nicht die schiere Herzlosigkeit der Westdeutschen, die sie an Halberstadt desinteressiert sein läßt. Ich denke jetzt an den Eifelwirt, der einen Schäferhund hat und aussieht wie ein alter Nazi, der am Wochenende immer nach Amsterdam auf den Markt fährt, weil es dort so schön international zuginge, weil es dort Tamilen, Schwarze und Lesben gäbe. Warum soll dem, er ist 42 Jahre alt, Halberstadt näher sein als Holland? Das Desinteresse der Westdeutschen an den Ostdeutschen ist auch ein Stück europäische Integration, die dazu führt, daß das arme Thüringen genauso weit weg ist wie das verarmende Lothringen. Ich finde es auch nicht schlimm, wenn die Frankfurter Kulturdezernentin sagt: Mailand ist mir näher als Leipzig.

JR Das ist ihr gutes Recht. Wenn alles richtig läuft, geht die nationale Lebenskultur und Gemeinschaft unmittelbar ins Europäische über. Europa mit seinen Differenzen in der gemeinsamen Geschichte ermöglicht es, zur eigenen Nationalität ein reflektiertes Verhältnis zu bekommen. Da sehe ich keinen Widerspruch. Aber ich glaube nicht, daß man das Deutsche deshalb schon hinter sich lassen kann. Man kann nur als Deutscher wirklich überzeugend Europäer sein. Europa konstituiert sich doch aus den einzelnen Zugehörigkeiten und Kulturen.

KA Und vor allem entscheidet man nicht selbst darüber, ob man Deutscher ist oder nicht. Die Wahrnehmung der anderen ist mindestens genauso wichtig.

JR Ich brauche doch bloß in die Toskana nach Siena zu gehen, dann bin ich doch sofort geradezu lächerlich deutsch, insbesondere wenn ich versuche, das zu unterdrücken. In Siena kann ich doch nur anerkannt werden, wenn ich zurückgenommen, ohne Arroganz, ohne übertriebenes explodierendes Sich-selbst-Darstellen Deutscher bin, was mir jeder an der Nase, an der Sprache und an meinem sonstigen Gehabe auch sofort ansieht.

MG Die DDR-Bürger haben in ihrer Mehrzahl das ganze Deutschland gedacht, während es in der BRD viele gegeben hat, für die »Deutschland« immer das Westdeutschland von

1949 war. Die sich von den Ostdeutschen abgekoppelt haben. Vielleicht ist ja 1945 die Seele der Deutschen, die Verbindung zwischen ihnen und ihrer Nation stärker zerhackt worden, als man das wahrhaben will.

JR Ich habe mich auch immer gewundert, daß es möglich war, nach dem Krieg die Deutschen zu spalten, während uns die Polen erzählten, daß das bei ihnen nicht möglich gewesen wäre.
Ist das, was deutsche Zusammengehörigkeit konstituierte, entweder nicht entwickelt oder vorher schon deformiert gewesen? 1989 jedenfalls wurde die Trennung nicht mehr akzeptiert. Da war es plötzlich eine geschichtsmächtige Gewalt, daß die »Ossis« und die »Wessis« wieder zusammenwollten, ohne im Moment an die Folgen zu denken. Ich kritisiere ja als Pragmatiker, daß die Einheit aus diesem emotionalen Hinweggespültsein vollzogen wurde, ohne an die Folgen zu denken. Da muß vorher schon einiges nicht rund und unbefriedigt gewesen sein.
Das führt mich zurück auf das Zustandekommen der Reichsgründung von 1871 und welche Entwicklung die deutsche Nation bis 1945 genommen hat. Dafür, ein Achtzig-Millionen-Volk für zwei Generationen zu trennen, reicht die Kraft von zwei Supermächten eigentlich nicht aus. Da muß auch eine innere Schwäche dabeigewesen sein. Darüber sind wir uns doch im klaren: Wir haben uns in unserem Getrenntsein geistig, kulturell und in Erziehungsfragen von anderen gegeneinander aufrüsten lassen und leiden heute noch unter den Folgen.

MG Ich glaube, es kam nicht nur von außen. Ich setze bis heute das Wort »deutsch« in innere Anführungszeichen. Zumindest die 68er haben in einem so tiefen Maße unter der Besudelung, Entehrung Deutschlands gelitten, daß sie lange Zeit antideutsch fühlten, bevor sie die deutschen Gegentraditionen gesucht und auf ihre Weise wieder in die Geschichte der BRD integriert haben. Aber es ist kein neues Deutschland daraus geworden, ebensowenig wie aus 1989. Ist diese

Chance zu einer zweiten Konstituierung Deutschlands nach 1945 nun abermals vertan?

JR Nein. Wir verkennen, daß die Geschichte der Deutschen immer spannungsreich war. Die Nation war eine Erfahrung des 19. Jahrhunderts. Probleme etwa mit Ostelbien haben wir ja weder seit fünf Jahren noch seit 45 Jahren, sondern seit Jahrhunderten; wir haben unseren Nord-Süd-Konflikt im Moment überdeckt, aber auch den kennen wir seit Jahrhunderten. Wenn ich in die Geschichte zurücksehe, waren wir immer prächtig »deutsch«, aber nicht der einige Nationalstaat, der in Frankreich mit Blut, Schweiß und Tränen hergestellt wurde und dann eben über Jahrhunderte funktionierte. Ich habe keine Anführungsstriche für Deutschland. Die Anführungsstriche haben mich immer gewundert. Ich denke doch – gegen diese These gesetzt –, daß wir in der DDR mit allen Nachteilen und Schwächen, aber auch Vorteilen und liebenswürdigen Eigenschaften hundertprozentig, einwandfrei und ohne jeden Abstrich in all diesen Jahren Deutsche, Deutschland gewesen sind. Und heute werden wir ständig mit dieser Haltung konfrontiert: Ihr seid in der DDR entfremdete, entartete Deutsche gewesen und habt jetzt zurückzukehren und euch zu besinnen.

MG Ich glaube, es ist genau anders.

JR Eben. Das ist genau anders: Wir sind total, ohne jeden Abstrich Deutsche gewesen. Das habe ich auch empfunden und gelebt. Heute bekomme ich dauernd gesagt: Du kannst doch als Ostdeutscher Deutschland gar nicht vertreten. Bei Rau und Genscher fragt man das nicht. Und hier kommt nun einer, dem traut man das nicht zu. Und zwar nicht, »weil er eine Brille aufhat« oder »weil er promoviert hat und im deutschen Sachsen nicht so populär ist«, sondern es kommt von diesem Vorurteil: »Ihr seid doch alle keine richtigen Deutschen und müßt es erst werden«.

MG These: Einer aus dem Osten, auch Jens Reich, kann uns nicht repräsentieren, weil er die ganze Geschichte der Westintegration, der Europäisierung, der Internationalisierung nicht miterlebt hat; weil er das neue, europäische, atlantische Deutschland mit seinem aufgeklärten Konsumismus, mit seiner Fähigkeit, die Spannung zwischen Moral und Wirtschaft auszuhalten, nicht repräsentieren kann. Diese Kompliziertheit beherrscht er noch nicht. Der moralisiert da, wo es nicht hingehört, der ist institutionell und der sagt deutsche Töne da, wo Mitterrand es als unangenehm empfinden wird. So lautet doch der Einwand.

JR Bei einigen dieser Sachen ist klar, daß auf mich genauer gezielt und getroffen wird. Da gibt es Einwände der fehlenden Einbindung ins Amerikanische, Angelsächsische und die Versöhnung mit Frankreich – was ich mitbringe, ist eine genauso lange Sozialisierung in Richtung auf Rußland, Polen, die Tschechische Republik, Slowakei und Ungarn.

KA Die auch seit alters deutsche Nachbarn sind.

JR Die auch dazugehören. So wichtig es ist, auf der einen Seite weiterzumachen und Maastricht zum Beispiel in Ordnung zu bringen und gut zu machen, so ist auf der anderen Seite, nach Osten hin, noch mehr zu tun. So wie die Verweltbürgerlichung im Westen nur teilweise gelungen ist, in Amorbach nicht so deutlich wie in Frankfurt, so ist das in der DDR auch. Wir haben zwar eine unglaubliche Zahl an Absolventen, die in Moskau oder in Brünn oder in Budapest studiert haben, es hat eine riesige Vergesellschaftung auch des östlichen Europa stattgefunden, die aber ist im Moment weggebrochen und unterdrückt. Wer nicht anerkennt, daß diese Ostbindungen auch für das zukünftige Deutschland wichtig sind, der reagiert arrogant und einseitig aus westlicher Sicht. Wer bei uns nun sagt, wir seien nur Deutsche geblieben, im altdeutschen Sinn Bildungsbürger und seien nicht DDR-Bürger gewesen, der schneidet damit seine letzten vierzig Jahre ab. Stolz darauf zu sein, kein Wort Russisch zu können, ist der falsche Weg, wenn das Ziel unserer Reintegration die Nation sein soll.

KA Die Verwestlichung ist ja nicht – wie das immer behauptet wird – vorbehaltlos geschehen, sie geschah im Gegenteil unter starken Vorbehalten. Wie stark die Vorbehalte waren, das sieht man gerade jetzt in der Debatte um die UNO-Einsätze. Zumindest in den Außenbeziehungen stand die westdeutsche Politik immer unter der stillen Devise, im Windschatten der großen Mächte mitzusegeln. Dafür gab es ja auch Gründe: Wenn es außenpolitisch ernst wurde, standen die Westmächte dafür ein, nicht die BRD. Das konnte sie nicht, und das wollte sie nicht. Dafür stehen die von Ihnen eben genannten Politiker, Rau und Genscher; sie symbolisieren die alte BRD, jene Epoche, die jetzt vorbei ist. Das ist das niedrige Profil, das sich jetzt sicher nicht mehr fortsetzen läßt. Die öffentlichen Debatten über die Frage, wie agiert Deutschland im Rahmen der UNO, machen das ja auch deutlich. Hier kommen neue Aufgaben auf das gesamte Deutschland zu, und diese neuen Aufgaben fordern auch neue Leute.

JR Auch neue Konzepte. Dies ist ein ganz wunder, kritischer, nervender Punkt. Über die innere Situation in Deutschland wird man sich viel leichter einig, die Situation ist bei weitem nicht so katastrophal, wie sie immer hochgespielt wird. Wir haben schon immer mit Mentalitätsbrüchen gelebt. Die Frage ist, was soll dieses Land außenpolitisch tun in dieser Wachstumskrise? Eine Option wäre, Schweiz oder Schweden zu spielen. Wir könnten jetzt sagen: Schluß! Wir haben mit uns intern genug zu tun, laßt uns in Ruhe mit allem anderen. Das andere Extrem ist: Wir sind jetzt eine Großmacht, und wir haben ein wirtschaftliches, politisches und militärisches Potential, wir haben also Pflichten und müssen dabeisein. Wo, ist nicht ganz klar, jedenfalls müssen wir aktiv sein und überall vorne stehen. Ein Platz an der Sonne und innerliche Uneinigkeit – wie bei Wilhelm II. sollte es nicht sein. In den Prozeß der innerlichen Einigung müßte gleichzeitig die Herstellung internationaler Geltung und Wirksamkeit integriert sein. Das ist wirklich ein ganz schwieriges Problem: Ständig sehe ich Fußangeln. Zumal ja die Anforderungen, die international an Deutschland gestellt werden, moralischer

und pragmatischer Natur sind. Die moralischen: Da wir selbst aus dem gesellschaftlichen Bürgerkrieg heraus sind, können wir nicht zulassen, daß blutiger Bürgerkrieg und Vernichtung von Menschenrechten überall in der Welt stattfindet. Wir können nicht länger sagen: Laßt doch die Türken aufeinander einschlagen, uns ist das nicht den Knochen eines preußischen pommerschen Grenadiers wert. Andererseits können wir mit unserer Vergangenheit nicht mit dem Colt im Halfter als Polizist auftreten. Als Polizisten werden wir weder anerkannt werden noch Erfolg haben. Das zweite ist der pragmatische Aspekt: Welchen Porzellanladen kann man zerhauen, um vordergründig moralische Überzeugungen durchzusetzen? An welchen Stellen ist es überhaupt sinnvoll, moralische Überzeugungen durchzusetzen? Man kann doch nicht in dem denkbaren Konflikt zwischen fünfzig Millionen Muslimen und hundert Millionen Hindus in Indien unsere Menschenrechtsforderungen »gewaltsam« durchsetzen. Wir können auch in China nichts erzwingen, dazu sind wir zu schwach. Was Deutschland im Balkan durchgesetzt und mitgestaltet hat, hat jetzt verheerende Auswirkungen. Wir haben uns in unserer Vereinigungseuphorie und Selbstbestimmungsmentalität für die Verselbständigung Kroatiens und Sloweniens engagiert und haben jetzt keine Handhabe, Bosnien zu helfen. Der Fehler liegt darin, zu spät zu reagieren. So wie die Amerikaner in aller Härte hatten klarmachen müssen, daß Kuwait unantastbar ist, haben die Europäer, und wir dabei, den Jugoslawen nicht gezeigt, was nicht toleriert wird. Dieser Fehler wird immer noch gemacht. Denn wollte man in Kosovo und Mazedonien verhindern, daß es dort losgeht, müßte die UN dort jetzt präventiv wirken.
Die Frage ist: Wie können wir den Konflikt zwischen dem, was wir für richtig halten, und dem, was wir durchsetzen können, austragen?

KA Unbegrenzte Ansprüche und begrenzte Kräfte?

MG Zum ersten Mal kommen wir in die klassischen Dilemmata klassischer Außenpolitik, die es in den letzten fünfundvierzig Jahren aus den bekannten Gründen für uns nicht gegeben hat. Was unsere Kommentatoren an den Amerikanern immer belächelt haben, das haltlose Hin und Her zwischen dem Universalismus der Menschenrechte und ihrer Neigung zum Isolationismus, zum Nichteinmischen in der Außenpolitik, genau das finden wir jetzt bei uns. Solange der Vorhang da war, war klar: Hier die Guten, da die Bösen. Das war praktisch: Jedes außenpolitische Problem konnte auf ein innenpolitisches abgebildet werden, der innere Feind war immer der äußere. Diese Situation ist jetzt aufgelöst. Damit haben wir eben mehr zu tun als die anderen, weil wir klassische Außenpolitik vierzig Jahre nicht gemacht haben. Hier muß um alles neu gestritten werden.

JR Es gibt doch aber Dinge, über die man sich einigen kann. Zum Beispiel haben wir die Pflicht, den militärischen Aspekt so niedrig wie irgend möglich zu halten. Unsere Hauptaufgabe ist, Frieden zu gestalten, mitzuhelfen, daß keine Krise, kein Krieg, kein Bürgerkrieg ausbricht, und dabei keine Kanonenbootpolitik zu betreiben. Über dieses Prinzip kann man einen Konsens in allen politischen Lagern herstellen.

Zweitens: Der Schwerpunkt unseres außenpolitischen Interesses ist regional auf Europa begrenzt, ist West- und Osteuropa. Da sind die friedlichen Wirkungsmöglichkeiten von Deutschland: wirtschaftlich und kulturell. Da sind auch die größten Interessen vorhanden, weil es auf uns zurückwirkt.

Drittens können wir uns darüber einigen, daß die Dialektik zwischen langfristigem Grundprinzip außenpolitischen Handelns und pragmatischer Machbar- und Durchsetzbarkeit und dem Beachten der Nebenfolgen eine erstklassige, hochgradig spezialisierte, kompetente Außenpolitik erfordert. Für Auswärtiges Amt, Parlament, auswärtige Ausschüsse stellt sich die dringende Aufgabe, wirklich Bescheid zu wissen, was los ist, und nicht sich irgendwelche Phrasen oder Cable News Network Bits zuzurufen und sich damit innenpolitisch zu streiten. Wir müssen, um den Windschatten zu verlassen, in dem wir mitgesegelt sind, den im Osten, aber auch im Westen vorhandenen Dilettantismus in internationalen Fragen überwinden. Dazu gehört, über die Krisen- oder Widerspruchsherde dieser Welt – besonders dort, wo wir betroffen sind – so gut Bescheid zu wissen, daß man das außenpolitische Know-how parteiübergreifend abrufen kann, daß das Wissen über fremde Länder nicht über Bürokraten und Diplomaten vermittelt wird, sondern daß man das volle politische Spektrum in diesen Ländern versteht. Dieses technische Können ist nicht vorhanden, es ist nicht ideologiefrei und auch in den Medien nicht repräsentiert. Wir haben die Aufgabe, die dortigen Konflikte zu kennen, ohne sie sofort auf unsere Konflikte abzubilden und zu instrumentalisieren. Nur so können wir entscheiden, ob es überhaupt Zweck hat, sich irgendwo die Finger zu verbrennen oder vermittelnd und helfend zu wirken.

KA Das heißt aber, daß hier eine neue Dimension in der außenpolitischen Verantwortung aufgetaucht ist und daß man der billigen Versuchung widerstehen muß, außenpolitische Fragen vom Bundesverfassungsgericht entscheiden zu lassen?

JR Ja. Es wird doch wohl niemand bestreiten, daß das Grundgesetz für diese neue Situation nicht mehr paßt. Das Grundgesetz sagt nichts darüber, ob die AWACS-Flieger oder die Helfer in Somalia sein dürfen oder nicht. Das sind neuartige politische Entscheidungen. Es gehören wohl neue Prinzipien in das Grundgesetz. Etwa folgendes: Wir bekennen uns dazu, daß unerträgliche Menschenrechtsverletzungen nicht hingenommen werden können. Wir haben eine Aufgabe, dort zu wirken. Das kann in der Verfassung stehen. Aber die Entscheidung, ob man eine Division dorthin schickt, muß an das Parlament gebunden werden, und zwar mit hohen qualifizierten Mehrheiten, damit nicht diejenigen, die diese Aufgaben dort übernehmen und ihre Haut zu Markte tragen, innerlich zerspalten sind, weil die Hälfte des Volkes sagt: Es ist ja unmöglich, dorthin zu gehen.

MG Das heißt, die Frage »Blauhelme« gehört nicht in die Verfassung?

JR Nein, die Verfassung muß politisches Handeln ermöglichen, indem sie Prinzipien setzt, die die überwältigende Mehrheit der Bevölkerung für richtig hält. Wir müssen jetzt überlegen: Was sind unsere Grundprinzipien? Ich habe den Eindruck, darüber kann man sich einigen. Letzten Endes muß in allen Interventionsfällen das Parlament, das die Entscheidungen trifft, die Exekutive ermächtigen. Dabei muß es Stufen des Handelns geben. Bei humanitären Einsätzen, die ja prinzipiell von der Verfassung vorgesehen sind, reicht dann eine Mehrheit des Parlaments, aber nicht nur ein Kanzlerbeschluß. So hat das Verfassungsgericht es ja auch gesagt. Und wenn es um Kriegshandlungen geht, um Massenmord zu beenden, muß das Parlament mit einer hohen Mehrheit einvernehmlich darüber beschließen. Sechzig, siebzig oder achtzig Prozent, ich weiß es jetzt nicht. Jedenfalls eine so deutliche Mehrheit, daß nicht die Handelnden, in erster Linie dann die Soldaten, in ernste politische und moralische Konflikte geraten.
Diese Stufen müssen sich definieren lassen. Darin liegt politische Kreativität: bestimmte Fälle bestimmten Verfahren zuzuordnen. Zu sagen: Wichtige Entscheidungen müssen alle verantworten, relativ harmlose Sachen, über die Einigkeit besteht, kann der Verteidigungsminister entscheiden.
Politik besteht doch darin, exekutive Aufgaben von legislativen, mehrheitserforderlichen von grundsätzlichen Aufgaben, die einvernehmlich vom ganzen Volk getragen werden müssen, zu unterscheiden.

MG Gibt es so etwas wie ein deutsches nationales Interesse?

JR Der Schwerpunkt der Deutschen liegt in Europa und zwischen Ost und West, vermittelt und vermittelnd nach beiden Seiten. Die Interessenlage – wirtschaftliche, kulturelle Lebensinteressen – soll richtig austariert sein. Zentraleuropäisch mit starker Bindung, weit ausstrahlend bis in den benachbarten Osten, bis zum Ural, aber eben doch mit Schwerpunkt in der geographischen und historischen Mitte von Europa.

Jens Reich

Osteuropa als Herausforderung und Chance

Das nächste Jahrhundert steht vor der Tür, nicht nur als Datum. Überbevölkerung der Erde, Hunger und Dürre, Erschöpfung der Ressourcen, Gefährdung der Biosphäre, drohender Klimakollaps – diese und weitere Krisen werden vorhergesagt. Ich weiß nicht, ob, wann und in welcher Abfolge sie eintreffen werden, aber einer Sache bin ich mir sicher: Wir werden auf unserer Insel der Seligen nicht mehr einfach weiterleben können wie bisher. Wir werden unsere Lebensweise ändern, andere Ziele ins Auge fassen, von der wohligen Vorstellung von Konsum und stetigem Wachstum als Lebenssinn Abschied nehmen müssen. Die Umstände werden uns zwingen, wir werden aber auch spontan die Ansprüche ändern.

Irgendwann einmal wird es der Mehrheit klarwerden, daß ein Osterfest im Autostau ein zu hoher Preis, mit Lebenszeit bezahlt, für das angenehme Gefühl von mitgeführter Privatsphäre und selbstbestimmter Mobilität ist. Dann werden auch die notwendigen Schwerpunktverschiebungen in der Werteskala folgen. Wir sind nicht die ersten, die solche Umstellungen bewältigen. Noch um 1900 hielten viele wohlsituierte Bürger ein Leben ohne Bedienstete und Hausmädchen für undurchführbar. Auch ohne die Katastrophen des 20. Jahrhunderts hätten sie sich auf eine andere Lebensweise umstellen müssen.

Auch das Westeuropa des ausgehenden Jahrhunderts, das geographisch nunmehr bis zur Oder und zum Böhmerwald reicht, kann nicht die Festung abschließen und die Zugbrücken hochziehen. Unsere eigenen Lebensbedürfnisse verhindern das. Wir können die Grenzen nicht für Import, Export, Kapital- und Geldtransfer, Vermögensanlagen und Rohstoffeinfuhr offenhalten und gleichzeitig beim Personenverkehr eine nur für bestimmte Ausweise einseitig durchlässige Grenze errichten.

Ebensowenig wie der Ladenbesitzer die lästigen Kunden draußen halten und dabei gleichzeitig seine Waren verkaufen kann, werden wir ohne visafreien Besuchsverkehr mit Polen und anderen ost- und südosteuropäischen Ländern auskommen, auch wenn manche den Polenmarkt für ärgerlich halten. Übrigens hängt solches Ärgernis auch von den Rahmenbedingungen ab, und nach dem Wegfall der Mauer, der Ostmark und des wirtschaftlich unsinnigen staatlich fixierten Zlotykurses wird wahrscheinlich der Schwarzhandel sich in kontrollierbaren Grenzen halten.

Überlegungen dieser Art sind mir jedoch zu defensiv. Sie vermitteln den Eindruck, als müßten wir zähneknirschend die ungebetenen Gäste aus dem Nachbardorf ertragen. Aus solcher widerwilligen Einladung kann keine fröhliche Kirmesfeier werden. Unsere Grundeinstellung muß sich ändern. Wir müssen die Nähe zu Osteuropa nicht als Last erdulden, sondern als Chance ergreifen und kreativ nutzen. Ostelbien, das Umland von Berlin, die weitere Umgebung, die man »fünf neue Länder« nennt oder auch »Beitrittsgebiet«, neuerdings noch humorvoller »Erstreckungsgebiet«, die alte DDR also, vereinigt mit ihrer »Hauptstadt« und der zugehörigen »Frontstadt«, dem »Schaufenster«, fürchten um das, was sie Identität nennen, haben Sorge, daß sie geographisch und ökonomisch an den Rand geraten, vergessen werden, strukturschwach bleiben. Wie soll die erstrebte Weltstadtgeltung zusammengehen mit einer an die Mauer gelehnten dumpfen Gemüsebeetmentalität, als hätten wir das Motto: Betreten der Kleingartenanlage nur für Vereinsmitglieder und ihre Angehörigen?

Nein, Osteuropa ist die Herausforderung und unsere Chance, das nächste Jahrhundert zu meistern. Ich bin fest überzeugt, daß der soziale und politische Nord-Süd-Gegensatz unsere Zukunft bestimmen wird, hoffentlich auf friedliche Weise. Obwohl der gerade quasibeendete Golfkonflikt solche Hoffnungen eher altmodisch aussehen läßt – trotzdem! Als hautnahen, hautfarbennahen Gegensatz werden diesen Gegensatz vor allem Rom, London oder Paris erleben. Aber auch wir haben die Vertreter der Mittelmeervölker unter uns und werden lernen, mit ihnen zu leben.

In der Hauptsache allerdings werden wir den Konflikt zwischen Arm und Reich als Ost-West-Problem erleben. Die Völker Osteuropas werden um Freiheit und Demokratie ringen, sie werden schwere wirtschaftliche und Umweltkrisen durchleben. Sie werden unsere Partnerschaft brauchen, nicht gönnerhafte Belehrung und Almosen. Noch niemals in der Geschichte war die politische Voraussetzung für eine gedeihliche Nachbarschaft so günstig. In tausend Jahren nicht, nicht zur Zeit der Entstehung der polnischen und böhmischen Königreiche, nicht zur Zeit der Ostkolonisation und der Kreuzritter-

züge, nicht als die wüsten Hussitenscharen durch Deutschland zogen, nicht als Preußen und Österreich bei der dreimaligen Teilung Polens und seiner Zerstückelung als Nation mittaten, nicht zu Zeiten der beiden Weltkriege und der mit ihnen einhergehenden Verbrechen und auch nicht nach der Aussiedlung und gewaltsamen Vertreibung der Deutschen.
Wir haben uns von territorialen Ansprüchen feierlich verabschiedet, haben überwiegend mehrheitlich erkannt, daß der Wohlstand einer Nation nicht mehr wie vor Zeiten vom Landerwerb abhängt. Im Gegenteil: Die letzte Gebietsveränderung von 1990 hat eher wohlstandsgefährdende Reibungen gebracht!
Auch die Nachbarvölker sind geneigt, ihr altes Mißtrauen zurückzustellen, wenigstens versuchsweise. Sie warten auf unsere Partnerschaft und sind bereit zur wirtschaftlichen und kulturellen Kooperation. Es wäre verhängnisvoll, wenn das neuvereinigte Deutschland diese Chance verstreichen ließe.
»Was denn, so nah ist Polen?« fragte der Sohn Westberliner Freunde, als wir zusammen einige Dutzend Kilometer nach Osten gefahren waren und das Odertal erreichten. Eine verständliche Frage: Bisher waren Eifel, die Alpen und die Provence die näheren Ferienziele, und Osteuropa war weit weg. Auch für den DDR-Bewohner waren in den letzten zehn Jahren bürokratische Hindernisse hoch und die Westblickrichtung fest einjustiert. Honecker hatte die Gelegenheit 1981 für günstig befunden, den freien Grenzverkehr der siebziger Jahre mit Polen wieder einzuschränken: Das hat seine Untertanen vor dem Solidarność-Bazillus bewahrt, dafür allerdings ihre Westanfälligkeit verstärkt.
Auch Prag ist knapp hundert Kilometer von Dresden entfernt. Wir sind also Tür-an-Tür-Nachbarn mit Polen und Tschechen. Und die anderen Kollegen aus der ehemaligen sozialistischen »Barackensiedlung«, die Ungarn, Rumänen, Bulgaren, auch Balten, Ukrainer und Russen, sie alle sind uns nah und werden Gäste, Handelspartner und Durchreisende bleiben. Es wäre absurd, jetzt an Oder, Neiße und Erzgebirge eine neue Mauer errichten zu wollen, um diese Nachbarn mit all ihren Problemen draußen zu halten. Absurd, und ein kräftiger Beilhieb ins eigene Schienbein obendrein.
Nicht nur die geographische Nähe bindet uns an diese Völker und ihre Kulturen. Es gibt auch das gemeinsame Erlebnis der Barackenzeit. Jahrzehntelang war Ostmitteleuropa unsere Ferienkoppel, war es der Fensterspalt zur Welt außerhalb unseres Käfigs DDR, Freundschaften wurden geschlossen, Ehen gestiftet, Kirchengemeinden

tauschten Ferienkinder oder Besuchergruppen aus, offiziell und inoffiziell wurde Bruderschaft gefeiert, die zwar verordnet wurde (»Küßt Euch!«), aber doch als Ausweg aus der eigenen Enge dankbar angenommen wurde. Wir lügen, wenn wir das jetzt verleugnen. Noch 1988 gab es fast eine Revolution, als die DDR versuchte, den Umtausch von ČSSR-Kronen zu begrenzen. Wir sollten auch nicht vergessen, wie viele Familienbindungen und Freundschaften nur deshalb nicht austrocknen mußten, weil man sich in Krakau, Prag, Budapest und auf zahllosen Bergzeltplätzen treffen konnte. Auch nicht vergessen werden wir die Öffnung der Grenze zu Österreich im Sommer 1989.

Es gab auch die mannigfachen beruflichen Bindungen und die Handelsbeziehungen in diese Länder. Zehntausende von Studenten wurden dort ausgebildet und haben die Sprachen erlernt. All das ist jetzt in die Hartgeldkrise geraten; aber die wird auf mittlere Frist ebenso vorübergehen wie die Krise der fünf neuen Länder.

Wir »Ostgoten« haben die besten Voraussetzungen für den Brückenschlag. Es gibt bei uns die freundliche Bereitschaft, sich auf den Osten einzulassen, auch wenn sie gegenwärtig nicht im Vordergrund ist. Ich schreibe das ausdrücklich, gerade weil die Medien hervorgehoben über Polenfeindschaft und Russenhaß berichten. Solche Emotionen hat es immer gegeben. Im Sozialismus wurden sie von den Machthabern teils geschürt, teils gedämpft, stets jedoch unter ein verklemmtes Tabu gestellt.

Es sind Minderheiten, die rabiat ausländerfeindlich denken, und ihre Stimmung ist auch nicht stabil. Hier wie sonst auch schweigt die Mehrheit, und die Menschen geben ihre neutrale bis freundliche Haltung nur negativ zu erkennen, indem sie Ostgäste unauffällig, teils sachlich korrekt, teils höflich, teils herzlich behandeln, vielleicht mit einer leisen Ironie wegen der so verschiedenen Mentalität. Mit einem Wort: so selbstverständlich und ohne Feindseligkeit, wie der Westdeutsche längst mit Franzosen oder Italienern umzugehen gelernt hat. Ich lasse mir nicht einreden, daß wir für ein solches Verhältnis zum Osten noch nicht reif seien. Es kommt darauf an, zu beginnen und Geduld zu zeigen und Randerscheinungen nicht aufzubauschen.

Man fragt sich, wie zu handeln sei. Die meisten Richtungsfahnen zeigen eher in die andere Richtung. Unsere schmerzhafte deutsche Vereinigung und die Entdeckung Westeuropas und der weiten Welt setzen andere Prioritäten. Es ist ähnlich wie bei der eingangs beschriebenen Umbaukrise unserer Zivilisation: Langfristig müssen

wir umkehren, aber jetzt schnell noch einmal Vollgas auf der geraden Piste. Der Geschwindigkeitsrausch ist so schön!
Mich betrübt zum Beispiel, daß der Russisch-Pflichtunterricht ersatzlos wegbricht, daß das Know-how in den Ausguß geworfen wird. Selbstverständlich müssen unsere Kinder Englisch lernen, der Sprachenanalphabetismus der DDR war unerträglich, und Russisch eignet sich nicht als Weltsprache. Außerdem war die Didaktik so hoffnungslos ungeschickt, daß die meisten Kinder zwar die russischen Buchstaben lernten und etwas papierene Grammatik, aber die Kenntnisse nicht wirklich einsetzen konnten.
Und trotzdem: In Sofia, Belgrad, Moskau, Jalta, Wladiwostok, sogar Ulan-Bator konnte jeder DDR-Zögling die Ladenschilder lesen, konnte die Aufschriften in allen slawischen Ländern entziffern, sich wenigstens notdürftig verständlich machen. Hoffentlich wird Kompensation gebildet. Die Osteuropäer werden auf uns zukommen. Deutsch wird eine wichtige Lern- und Verkehrssprache sein. Die Goethe-Institute werden unaufdringliche Angebote machen, das erwarten wir von ihnen. Englisch wird bei allen einspringen, die die Welt gesehen haben, Pidgin-Englisch zumindest. Und vielleicht gibt es in ein, zwei Jahren doch noch einen kleinen »Markt« für ein intensiveres Studium der slawischen Kulturen und Sprachen.
Ein Zweites betrifft den Abbau von Vorurteilen. Ich kann schon verstehen, daß das Polenbild des Westberliners etwas schief ist, wenn er nur den Polenmarkt auf der Kantstraße gesehen hat. Wir müssen hinfahren! Beim Abenteuer-Urlaub mit Paddelboot oder Fahrrad und Zelt merkt man, daß dieses Volk nicht aus Schiebern und Betrügern besteht, sondern aus gastfreundlichen, hilfsbereiten Menschen, die bereit sind, uns Vertrauen entgegenzubringen. Wer die Sprachbarriere scheut, sollte die Angebote von Freunden, von Kirchen, von Gewerkschaften, Jugendorganisationen usw. nutzen.
Ein entfernter Verwandter von mir, der im tiefsten Schwabenland wohnt, hat sich im vorigen Herbst seiner Kirchengemeinde zu einer gut vorbereiteten Autobusreise angeschlossen. Er kam begeistert zurück und wird kaum mehr bereit sein, sich einreden zu lassen, daß der visafreie Touristenverkehr eine Landplage wird.
Ähnliches gilt für die anderen osteuropäischen Länder. Wir dürfen nicht verklemmt auf Distanz bleiben, sondern müssen nach Wegen suchen, in ihre Innenwelt eingelassen zu werden. Ich habe mehrere Jahre als wissenschaftlicher Mitarbeiter in der Nähe von Moskau arbeiten können. Für meine Familie und mich waren das tief prägende Jahre, die schönsten von den vierzig Jahren DDR, und zwar wegen

der menschlichen Begegnungen. Die materiellen Bedingungen waren ärmlich genug. In all diesen Ländern haben wir Freunde, laden uns gegenseitig ein, erinnern uns gern an gemeinsam verbrachte Lebenszeit.
Meine Kinder drängen jetzt auch nach dem Westen, wollen Griechenland oder England sehen. Das ist verständlich. Aber die »ostische« Prägung ist vorhanden, sie haben akzentfrei Russisch gelernt (im Gegensatz zu mir!), und ich wünsche mir von ihnen, daß sie mit dabei sind, wenn es um die Integration Osteuropas in unsere gemeinsame Zukunft geht. Das ist kein technokratisches Problem, sondern vor allem eine menschliche Aufgabe.
Den Ost-West-Gegensatz im eigenen Lande auszuhalten, ihn im Verhältnis zu Osteuropa kreativ zu machen – das müßte die Vorschule sein für uns Deutsche, die eingangs skizzierten Herausforderungen und Krisen zu bestehen, die unsere Kinder im 21. Jahrhundert erleben werden.

(1991)

MG Deutschland zwischen Ost und West mit Bindungen nach Frankreich und Polen. Was bringen die ehemaligen DDR-Bürger da ein?

JR Sie weigern sich, etwas mitzubringen. Wir haben vierzig Jahre lang sehr ost-mitteleuropäisch gelebt. Man muß sich vorstellen, daß das »Projekt Mitteleuropa«, das eine Zeitlang bei Westintellektuellen so modern war – die Tschechoslowakei, Österreich, das ehemalige K. u. K-Österreich, Polen, Wilna, das Ganze an Westeuropa kulturell angebunden, aber abgesetzt –, daß die einzigen, die dieses ganze Projekt, das jetzt als obsolet, als intellektuelle Spielerei der achtziger Jahre belächelt wird, wirklich gelebt haben, die DDR-Deutschen waren. Wir haben in der deutschen Sprache, in der deutschen Kultur, im Deutschen Fernsehen gelebt, und gleichzeitig haben wir uns mit unseren deutschen Verwandten aus dem Westen auf der Karlsbrücke oder in Krakau und Budapest getroffen. Wir haben es natürlich nicht geschafft, die Sprach- und die Mentalitätsbarrieren zu überbrücken. Aber es ist doch schon eine ganze Menge, wenn Millionen jedes Jahr gereist sind, wenn die Jugend das als die schöne Abwechslung, als das Begeisternde, das Abenteuerliche in diesen Ländern gesehen hat. Außerdem wurden viele Leute in diesen Ländern ausgebildet, haben dort studiert. Es gibt zum Beispiel zwei erstklassige Mitarbeiter in meinem Institut in Buch, die in der Sowjetunion ausgebildet sind, geheiratet haben, Familienbindung haben, ein Russisch sprechen, das man vom idiomatischen Sprachgebrauch, Grammatik und geistiger Entwicklung von Russen kaum unterscheiden kann. Die hätten Mittler sein können. Nur jetzt sind sie in Heidelberg und in Boston. Es wäre schade, wenn das alles verlorenginge, was sie in fünfzehn Jahren gelernt haben, nur weil sie in der Partei waren und abgewickelt worden sind. Ich habe gerade einen Artikel gelesen über »entfrustete« Ossis, die wieder gern nach Prag oder Budapest fahren. Sie müssen nicht mehr dauernd im Portemonnaie nachgucken, ob man sich noch eine Wurst leisten kann oder ob das Benzin nicht mehr reicht, um zum Zeltplatz zurückzufahren. Da scheinen hoffentlich auf nicht chauvinistische und nationalistische Art viele doch noch mit einer Art Heimatgefühl sich immer noch zurechtzufinden. Nur fehlt eben die kulturelle Wirksamkeit. Auch bei mir selbst. Meine Verbindungen in diese Länder sind ziemlich gedehnt. Ich sehe die Freunde selten, habe keine Gelegenheit, dorthin zu fahren, und habe immer nur den Willen, daß das nicht so bleibt. Wir tun zu wenig im Osten. Wir machen zu wenig aus unserer Kompetenz.

MG Manchmal denkt man, die vierzig Jahre Bruderschaft oder Nachbarschaft zumindest zu Osteuropa seien ohne Spuren in der Volksseele geblieben. Ich könnte ziemlich genau sagen, was die Amerikaner bei uns hinterlassen und bewirkt haben. Ist das überhaupt ähnlich tief gegangen?

JR Ja, doch. Früher gab's das abfällige Wort »Russifizierung«. Die Alltagskultur im Osten war so stark von der osteuropäischen Mentalität geprägt, daß das durch ein paar eingerückte Plakate aus dem Westen nicht einfach weg sein kann. Im schlechten, faulen Sinne wie im lebensweltlich angenehmen, freundlichen Sinn haben wir eine hohe Dosis

Osteuropa bekommen. Das hält sogar über die bestehenden Animositäten hinweg. Im Augenblick spielt sich eine deutsch-polnische Annäherung in den Grenzgebieten ab. Seit der gegenseitige Vorwurf weggefallen ist, sich gegenseitig die Waren wegzukaufen, seit der Handel gesunde marktwirtschaftliche Formen angenommen hat, fahren Tausende jeden Samstag bei Hohensaaten hinüber nach Polen zum Markt, wo das angeboten wird, was die schwerfälligen Mecklenburger nicht selbst organisieren können. Über den ganzen Markt klingt dann der Schlager »Hasi, du warst doch sicher bei der Stasi, du weißt doch sicher, wie das war«, und es ist ein stilles, friedliches, unbeobachtetes Zusammenleben. Es wird immer nur über die Animositäten zwischen Polen und Deutschen berichtet, aber wenn die alten Spannungen vergessen sind, dann kann genauso wie bei Frankreich und Westdeutschland nicht gerade eine Herzensfreundschaft und innige Liebe, aber doch ein freundschaftliches nachbarliches Zusammenleben möglich werden.

KA Die Freundschaften bestehen doch sowieso nicht zwischen den Nationen, sondern zwischen einzelnen.

JR Für die Mehrheit ist das sicher kein Lebensangebot, ganz tief mit jemandem aus Polen befreundet zu sein. Ich finde es angenehm, wenn Grenzverkehr entspannt stattfindet. In DDR-Zeiten hat es ja viel kulturelle Vermischung gegeben. Wie viele Mischehen allein in verschiedenen Nationalitäten es gibt. Russische Männer, die hier verheiratet sind, oder Russinen, die hier ihre Familien haben. Da gibt es Beziehungen kirchlicher Gruppen, Kirchenvereinigungen, Beziehungen über die Charta 77, Hüttenvermietungen im Erzgebirge oder in der Hohen Tatra, das sind doch alles vorhandene, aber nicht publike Beziehungen. Diese Beziehungen sind besser geworden, seit die finanzielle Verklemmtheit nicht mehr da ist und der Comeconhaß, den es gab. Wenn die russische Literatur in der neuen Epoche Tritt gewinnt, und das wird meiner Überzeugung nach kommen, dann wird das im Osten leichter verstanden und sortiert werden. Im

»Tacheles« (Ostberliner Kulturzentrum) war zum Beispiel neulich eine experimentelle Theatergruppe aus Moskau, da paßte das schlampig-künstlerische des »Tacheles« zum schlampig-künstlerischen der Moskauer, und sie gaben eine wunderbare Aufführung von Danijl Charms, eine junge Gruppe, die ihre Jugendlichkeit, die ihre körperliche Vitalität hervorragend mit in das Spiel hineingebracht hat und dabei voller Anspielungen auf politische und gesellschaftliche Zustände, die auch ohne Worte oder ohne Übersetzung jedem verständlich waren, voller Witze, die im Ansatz verstanden wurden, bei denen das Publikum gleich mitging und die Schauspieler damit bewegte und in Laune versetzte. Es gibt so viele Chancen aus alter Vertrautheit. Beklagenswert ist nur, daß sie so wenig wahrgenommen werden. Einschließlich der Selbstvorwürfe über die Vergangenheit, die auch überall andere sind.

MG Bei Oblomow und bis heute kommt für den Osten das Gute aus dem Westen. Was haben denn dieses Rußland, dieses Polen, dieser Osten uns Westeuropäern kulturell zu sagen? Sie haben selbst einmal die Überschrift »Vom Osten lernen« über einen Text gesetzt. Was eigentlich?

JR Ich habe festgestellt, daß die doch osteuropäisch geprägten Formen der Geselligkeit aus der DDR-Zeit nicht katastrophal zusammengebrochen sind. Ich hätte damals gedacht, das ist nun alles aus. Wir sind raus aus der miefigen Nische, in der wir uns damit getröstet haben. Ich habe kein soziologisches Unterfutter, um das zu beweisen, aber ich habe den Eindruck, daß wir im Osten die Form der zeithabenden Geselligkeit, die nicht auf die Uhr sieht, die bis zwei Uhr nachts dauert, wo man Tee kocht, herumphilosophiert, Späße macht und Politik diskutiert am vollen Tisch – da muß auch gekocht werden, aber nicht elitär, einfach eine Suppe, Borschtsch meinetwegen – daß wir diese Lebensform im Osten nicht mehr aufgeben. Das wird als Teilkultur in Deutschland weiterexistieren. Es gibt eine ganze Reihe von Dingen, bei denen sich die Tatsache auswirkt, daß wir zwei

Generationen lang mit allem, was dazugehört, in Osteuropa gelebt haben.

KA Und umgekehrt? Havel hat einmal gesagt, zur Zeit des Umbruchs in Prag, Ost- und Mitteleuropa will nicht nur an den Segnungen der Marktwirtschaft teilhaben, sondern auch an dem geistigen, moralischen Kapital des Westens. Ist es hier nicht zur Ernüchterung gekommen? Haben nicht die Schattenseiten, mit denen speziell die Marktwirtschaft verbunden ist, viele Leute hierzulande irritiert? Die exzessive Freiheit, das ungeschminkte Auftreten von Phänomenen wie Pornographie, die Kriminalität usw.

JR Es fällt mir schwer, zu antworten. Genaugenommen strömen die letzten vier Jahrzehnte liberaler Kultur aus dem Westen, mit ihren Schattenseiten, in den Osten hinein, werden übernommen und – auch übertrieben – nachgeahmt und setzen sich durch. Wie man Zeitschriften macht, wie ein Theaternetzwerk aufgebaut wird, wie Serien in den Verlagen hergestellt werden, was alles in diesen osteuropäischen Ländern nachübersetzt werden muß. In Rußland wird es eine Kant-Rezeption geben, es wird eine Heidegger-Rezeption geben, es wird über den Historikerstreit nachverhandelt werden. Adorno wird übersetzt werden, Horkheimer, sie werden Einfluß haben, und man weiß nicht, welche Auswirkung das haben wird. Es muß alles noch mal und anders gelesen werden, was bei uns alles schon ein alter Hut ist. Das ist auch so ein Mißverhältnis. Während wir – und dies »wir« reicht von Berlin bis zum Baikalsee – allbegierig lasen, was aus dem Westen kam, wurde, was bei uns geistig und kulturell vor sich ging, im Westen wenig, und wenn, dann nur journalistisch aufgearbeitet, bekannt. Aus der russischen Kultur- und Literaturgeschichte, der Sprachphilosophie und -theorie, sind einige moderne Entwicklungen durch die Emigrationen in den Westen gekommen, Roman Jacobson zum Beispiel. Es blieb aber dort ein Kern zurück, in dem sehr tiefliegende und schwierige Probleme angefaßt worden sind, der im Westen überhaupt nicht bekannt wurde. Andere Dinge hatten es in der russischen Kultur einfacher. Selbst die politische Dissidentenszene ist einseitig aufgefaßt worden mit Schwerpunkt auf Sacharow und Solschenizyn.

MG Und das hauptsächlich mit dem antisowjetischen, antitotalitären Inhalt. Dabei gibt es bei Solschenizyn, aber auch bei den Jüngeren noch etwas Antiliberales, vielleicht Russisches, etwas, das sich auf spröde Weise dem Westen entgegenstellt.

JR Das sehen wir deutlich an Solschenizyn. Er wurde im Westen falsch aufgefaßt, als ein Verbündeter westeuropäischer oder amerikanischer Zivilisation. Das hat er aber deutlich dementiert. Der alte Widerspruch im Russischen, zwischen Westlern und Slawophilen, der ist immer dagewesen und bricht jetzt auch wieder heraus. Es gibt ja bei uns eine Neigung, die (Oktober)-Revolution und den Bürgerkrieg, die Stalinzeit als »asiatisch« zu bezeichnen wegen der asiatischen Herrschaftsweise, die sich dann durchgesetzt hat. Dabei wird übersehen, daß die Kultivierung und Zivilisierung nach der Revolution nach westlichem Muster verlief. Stalin drückte ein gigantisches Crashprogramm zur Herstellung einer westlichen Industrie in einem asiatischen Land durch, unter Opferung von zehn oder zwanzig Millionen (wieviel, das weiß man ja nur aus den demographischen Schätzungen) – ein Westprogramm, ein Importprogramm, es ist fast unglaublich. Ich habe noch Leute gekannt, die das miterlebt haben und darüber berichten konnten.
Man kann sich gar nicht vorstellen, was in den zwanziger, dreißiger Jahren an totalem, ungefiltertem, unkritischem, hundertprozentigem Westen – Amerika besonders – nach Rußland geholt wurde. Das sehen wir heute noch an den Bauten in Moskau, Le Corbusier und anderen, vor allen Dingen wurden damals Maschinen, Bedienungsanleitungen, Patente, Verfahren und Lizenzen importiert. Als Mähdrescher für ein 200-Millionen-Volk angeschafft wurden, gab es nur das englische Wort dafür: Combines. Das Westliche am Sozialismus, das der Leninismus gebracht hat, wird unterschätzt.

KA Verwestlichung heißt in Ihrem Sprachgebrauch Industrialisierung?

JR Ja, forcierte Industrialisierung, Vertreibung der Landbevölkerung in die Stadt, moderne bis hypermoderne Formen des Zusammenlebens, Riesenhochhäuser, ganze Metropolen, die nach dem Prinzip des Märkischen Viertels konstruiert wurden, die Einrichtung einer hypermodernen U-Bahn als Hauptverkehrsmittel. Uns fällt immer nur die Samowarkultur auf.

MG Die Plattenbauweise als pervertierter Transfer von Le Corbusier.

JR Das Ideal der totalen Standardisierung einer Gesellschaft als Rationalisierungsprogramm ist in der Sowjetunion bis ins letzte, bis ins Lächerliche durchgeführt worden. Mit allen Folgen. Wenn eine Kennziffernummer auslief, gab es keine Sicherheitsnadeln mehr in dem Land. Das ohnehin schwach entwickelte Handwerk wurde abgebaut mit dem Erfolg, daß es in der Sowjetunion der sechziger Jahre wie im Deutschland der neunziger Jahre zuging: Sie können keine Kaffeemaschine repariert bekommen. Es wurde alles weggeschmissen. Das Ideal der Wegwerfgesellschaft wurde um Jahrzehnte vorweggenommen. Da muß man aufpassen, daß man nicht nur die Hälfte von dem, was passiert ist, übernimmt, sondern das Ganze.

MG Sie haben vom Widerständigen, Eigenen der russischen Literatur und Kultur geredet, von dieser Restwiderständigkeit, vorkapitalistischer, vorrationaler, vorbürgerlicher Welt. Könnten Derivate davon im Gegenzug den zu schnell gewachsenen Kapitalismus »zurückzivilisieren«?

JR Das hängt davon ab, ob der Abbau der Identitätsmuster in der Kultur bis auf Null heruntergeht oder sich irgendwann umkehrt. Welche Einstellung wir zur Literatur dieser Zeit gewinnen werden, sagen wir: ob der DDR-Film »Casablanca«-fähig wird. Es sind schon Tendenzen da. Der Ostdeutsche Rundfunk Brandenburg zeigt laufend irgendwelche Schinken aus der DDR-Zeit, und alle, die das einschalten, sitzen mit einer Mischung aus sentimentaler Nostalgie und unwahrscheinlich amüsiertem Miterleben vor diesen Filmen. Da lachten wir uns kaputt über verdrehte und verlogene DDR-Filme. Beispiel: Eine junge Regisseurin kommt in einen Betrieb, macht dort eine Betriebstheatertruppe auf, in der die Arbeitergestalten in klassischer Weise verfremdet werden, das Herz auf dem rechten Fleck und so weiter – mit Schnauze rebellieren die Arbeiter gegen die vergeblichen Versuche der Theaterleute, aber letzten Endes klappt es doch, daß sich die Arbeiter Majakowski anhörten. Dieses völlig Absurde, dies Künstliche und diese DDR-Figuren mit ihren Fellmützen und Anoraks und Interieurs – schon nach fünf Jahren sehen wir das mit allen Anzeichen homerischen Gelächters, höchstem Vergnügen. Gleichzeitig sind das wir selbst.

MG Ich habe neulich erlebt, daß eine Bande von 19jährigen in Ostberlin fasziniert den Film »Paul und Paula« von 1972 ansahen.

JR Paul und Paula sind ihre Eltern. Da ist er, der »Casablanca«-Effekt. Man lacht darüber, findet es komisch und verdreht, und trotzdem findet man sich, indirekt dialektisch gesehen, wieder. Von solchen Erlebnissen hängt ab, ob diese Kultur, die da entstanden ist, die ja nun tot ist und nicht mehr existiert, wieder einen Wert für uns bekommt. Das gilt auch für den sozialistischen Realismus und was aus dieser Zeit aus Rußland gekommen ist. Ich halte es für noch nicht entschieden.

MG Könnte es sein, daß unterm Strich so etwas bleibt wie ein einfacheres, moralischeres – ich denke auch an Franz Fühmann und Brigitte Reimann – Verhältnis zur Welt? Eine Wiederaufhebung der postmodernen, zementierten Spaltung zwischen Moral, Politik und Wirklichkeit. Trauen Sie der DDR-Literatur nach dem Ende der DDR noch eine Wirkung zu?

JR Das ist als Tendenz richtig. Im Osten weit verbreitet ist ein direkter, unzynischer Zusammenhang zwischen Moral und Politik und zwischen Literatur, Kunst und Politik. Augenblicklich jedenfalls noch akzeptiert im Osten jeder aus langer Erfahrung, daß Kunst eine direkte politische Aussage machen darf und kann und sogar soll und daß diese Aussage mit moralischem Anspruch gesehen werden soll. »Der fremde Freund« – der im Westen »Drachenblut« hieß – von Christoph Heim als Beispiel ist ein Stück DDR-Literatur, das damals Hunderttausende faszinierte, über diese Frau und ihre Lebensauffassung nachzudenken. Da hatte Literatur einen direkten, lebenskundlichen Aussagewert. Das wurde auch von ihr verlangt, nur so wurde sie akzeptiert, frei von allem formal Hochgestochenen – das wurde nicht wahrgenommen – und frei von allem indirekt Ironischen, Zynischen, so wie es für den Westen bei Gabriele Wohmann und Martin Walser vermittelt ist. Die starken Beschreibungen bei »Franziska Linkerhand« gelten für eine bestimmte Schicht, die Intellektuellen, die sich da wiederfinden. Als Beschreibung des Lebensgefühls im Osten ist für mich Uwe Johnsons »Mutmaßungen über Jakob« unübertroffen.

MG Johnson hat den Moralismus ja nur formal raffiniert und dadurch für Westler akzeptierbar gemacht. Verschwunden ist er ja nicht. Im Osten war Literatur Lebenshilfe. Ist der Untergang dieses »lebenskundlichen« Umgangs mit Literatur ein Verlust für Sie?

JR Ja. Es fehlt ein engagiertes, begeistertes Gespräch mit Gleichdenkenden, aber nicht literaturinteressierten Intellektuellen. Mit Leuten rings um uns. Das ist über Literatur möglich gewesen, über den »Fremden Freund« oder Juri Trifonow, dessen Romane und Erzählungen aus dem sowjetischen Alltag moralisch außerordentlich provozierend sind: Ob es richtig ist, wie die Leute miteinander umgehen; ob man so leben darf. Jeder, der das gelesen hatte, hatte eine Meinung dazu. Man las Romane wie Legenden – wie die Bibel, die Schöpfungsgeschichte im Mittelalter – unmittelbar, sinnlich, als Realität, völlig unverfremdet. So wurde Literatur von vielen gelesen, Christa Wolf ..., selbst so verstiegene, kompliziert gebaute Literatur wie von Volker Braun – die »Übergangsgesellschaft« –, das waren wir direkt, da hätte man mit auf der Bühne sein können.

MG Wie berührt Sie das westdeutsche Feuilleton?

JR Ich habe mit vielen Feuilletons im Westen Schwierigkeiten. Am besten gefallen mir die, die gar keine richtigen Feuilletons sind. In der Tiefdruckbeilage der FAZ sind oft Artikel, die ich deshalb gut finde. Völlig herausgenommen aus dem Diskurs der Gegenwart beschreibt jemand Warschau vor vierzig Jahren, oder über Arthur Koestler wird berichtet. Das sind Artikel, in denen unmittelbar – zumindest im Jargon – ein Stück Teilkultur vermittelt wird.

Aber der Westen ist nicht homogen. Was auf uns zukommt, ist so vielfältig und so vielgestaltig, daß man es nicht über einen Leisten scheren kann. Trotz der ökonomischen Einheit der Kultur zwischen Ostdeutschland und Westdeutschland gibt es zwei Zeitungs-, zwei Zeitschriftenlandschaften. Jetzt beginnt eine Tendenz zu zwei Film- und TV-Landschaften. Eine Kinorezension in der ZEIT ist für den Durchschnittsbürger im Osten nicht lesbar, unverständlich. Das hat ganz vordergründige Ursachen: Der Ostleser ist darauf angewiesen, etwas Bildungsgut, etwas Information vermittelt zu bekommen. Er kennt die Zusammenhänge, auf die angespielt wird, nicht. Er will klipp und klar wissen, wie der Regisseur heißt, was für Filme er schon gemacht hat, was man sich unter ihm vorstellen soll, wie das im Zusammenhang mit der neuen Produktion steht. Der Ostleser will eine ganz traditionelle Rezension, eine, die nicht modernistisch überhöht ist. Das bedeutet den Rückgriff auf längerwirkende Traditionen in der Kultur, in der Sprache. Da entsteht über das Informationsdefizit und über den Nachholbedarf ganz von selbst etwas Altmodisches im Osten. Für den Westen sind andersherum natürlich viele Anspielungen auf die DDR-Vergangenheit schwer nachzuvollziehen. Die zwei Kulturen sieht man auch auf weniger gehobenem Niveau bei Plakaten, in der Werbung. Die hochgestochene Werbung des Westens geht im Osten nicht.

KA Wie wirkt denn die deutsche Kultur im Ausland? Hat da nicht die DDR – und zwar auch dann, wenn man die speziellen Verhältnisse, die hier geherrscht haben, nicht in Rechnung stellt – mit ihren Schriftstellern und Malern kulturell viel mehr ins Ausland gewirkt, als das dem gesamten Westen in den vierzig Jahren möglich war?

JR Wenn Sie literarisch, musikalisch, malerisch, bildnerisch, schauspielerisch interessierte Menschen aus dem Ausland fragen, nennen Ihnen die drei, vier vielleicht ein halbes Dutzend Namen. Da sind in einem überproportionalen Ausmaß Ostdeutsche dabei.

KA Wie erklären Sie das? Gehört das zu den wenigen Dingen, die von dem Erbe der DDR doch noch zu bewahren sind?

MG Kleine Nebenbemerkung: Auch bei uns hieß es ja früher schon DDR-Literatur. Das war eine Gattungsbezeichnung, keine geographische.

KA Das gleiche gilt für die Malerei: die Leipziger Schule. Da wurden Traditionen fortgeführt, die bei uns völlig abgerissen sind, die durch andere Traditionen ersetzt worden sind, die nun gegeneinanderstehen.

JR Das darf nicht einfach der Abwicklung anheimfallen. Dazu müssen wir einiges tun. Mir fällt das Beispiel Brecht ein. Brecht wurde in der DDR totgeritten durch die von den Erben festgeschriebenen Inszenierungsmuster, die so einschränkend waren, daß kein Mensch ernsthaft Brecht inszenieren konnte. Dann blieb nur noch das Berliner Ensemble, das aufs unerträglichste in den Manierismus entartete, bis es völlig tot war. Bis das Berliner Ensemble nur noch eine Besuchsstätte für Touristen mit Tagesvisum war. Neulich sah ich wieder, im Film, die alte »Mutter Courage«-Inszenierung des Berliner Ensembles, und siehe da: diese Art, Theater aufzufassen und zu machen, ist nicht tot. Nach der üblichen Zeit, die nach einem Umbruch vergeht, wird sie wieder dasein und ein wesentlicher Beitrag für das Welttheater sein. Ich kann nicht formulieren, was so anrührend daran ist, Krieg als

Greuel darzustellen durch eine Marketenderin, die am Krieg verdient und während des ganzen Stückes versucht, dem Publikum klarzumachen, wie wichtig Krieg ist. Dabei verliert sie durch diesen Krieg ihre Kinder, eines nach dem anderen, und singt ein einfaches Couplet, ein Volkslied – zyklisch wiederkehrend durch die Rollbühne mit ihrem Wagen vorbeiziehend –, singt: »Das Frühjahr kommt, wach auf du Christ! Der Schnee schmilzt weg. Die Toten ruhn. Und was noch nicht gestorben ist, das macht sich auf die Socken nun.« Das ist unsterbliches Theater. Das wird immer ein Angebot sein und wird sich hoffentlich auch im Osten regenerieren, wenn endlich die dummen Beschränkungen der Erben wegfallen. Brecht wird wiederkommen.

MG Im Augenblick ist er im Westen – im Osten sowieso – ein toter Hund. Jürgen Manthey hat ihn in der »Zeit« exekutiert: als Mischung aus totalitär und infantil. Die Frage ist: Was ist da passiert im Westen, daß man der Moral nichts mehr zutraut?

JR Das wird kein Dauerzustand sein. Im Augenblick hat allerdings anderes Vorrang: Mir wurde erzählt, in Moskau gäbe es ein Stück in einem Off-Theater, in dem Stalin und Berija die Hauptrollen spielen, in einer Groteske, zum Brüllen komisch, schneidend bis ins Herz. Das ist grimmiger Spott über das eigene Leben, das der im Lager umgekommenen Eltern, auf die zynische Spitze getrieben. Das einzige, das die Leute heute ins Theater bringt.
Mit ihrer Klassik ist den Russen über Generationen dasselbe wie hier mit Brecht passiert. Manieriert bis ins letzte und dabei versoffen, so war das späte, stagnierende Theater, das Staatstheater in Rußland.

MG Sie sind in Halberstadt groß geworden. Welche kulturellen Erfahrungen haben Sie dort nach Kriegsende machen können?

JR Herta Rennebaum hatte eine Schule um sich versammelt von jungen Menschen, die nichts anderes im Sinn hatten, als Klavier zu spielen. Da lernten wir Partituren zu lesen, die Struktur der Sonaten, die Entwicklung, die Beethoven durchgemacht hat, durchzunehmen. Es war so, daß man praktisch bei ihr lebte. Sie hatte ihre Wohnung mit drei Flügeln darin, dorthin kamen ständig junge Leute nach der Schule und blieben bis zum Abend, und sie turnte mit unglaublicher Energie mit uns herum. Sie war für mein ganzes Leben Vorbild einer enthusiastischen Pädagogin, weitab von der Schule und der Routine, in der sonst Lehre stattfindet. Einerseits die altmodischste Form von Hausmusik und Trivialmusik, aber die Frau verstand es, sie auf ein hohes Niveau zu bringen, und trotzdem allgemeinverständlich für jeden.

MG Es gab also in Halberstadt ein noch regelrecht funktionierendes Bildungsbürgertum?

JR Ja, bis einige Jahre nach dem Krieg. Herta Rennebaum hat das noch bis in die Gegenwart durchgehalten, aber mehr als das Leitfossil einer untergegangenen Zeit. Einige Jahre gab es auch noch die bürgerlichen Hausmusikkreise, wo Streichquartette geschabt wurden, das löste sich aber langsam mit der Bildung der DDR. Ab 1955 waren dann die alten Halberstädter Familien weg. Das war das Bürgertum, die geistig führende Schicht der Kleinstadt, die die Nazizeit und einige Jahre der Nachkriegszeit überdauert hatte. Die waren altdeutsch eingerichtet, altmodisch, hatten Haushalte, in denen so etwas Seltsames wie ein Kammermusikabend familiär stattfinden konnte.

MG Wie alt waren Sie, als die DDR anfing?

JR Zehn Jahre.

MG Ihr Vater war ein Bürger und Sozialdemokrat?

JR Mein Vater ist eigentlich reaktionärer angesiedelt, er war Burschenschaftler in Jena bei den »Germanen«, er studierte dort und bekam eine kräftige Dosis Fuchsentum und Fechterei und nationales Liedergut und Vorurteile eingeimpft. Mit der späten Weimarer Zeit kam er wie viele nicht zurecht, er mußte dann seinen eigentlichen Plan, an der Universität Halle eine Laufbahn als Arzt anzutreten, aufgeben. Davon konnte er sich nicht ernähren. Um sein Auskommen zu haben, wurde er Militärarzt, dann Internist, machte mit der Sanitätskompanie im Osten wie im Westen diesen furchtbaren Krieg mit. Nach 1945 wurde er dann Sozialdemokrat. Das war seine Verarbeitungsweise all dessen, was er gesehen hatte, mit dem Effekt, daß er ein Jahr später in der SED war und dort nicht mehr herausgekommen ist. Sein ganzes Leben ist er in der Kirche geblieben, das wurde »oben« aus taktischen Gründen geduldet, um nicht den Arzt zu verlieren. Gleichzeitig blieb er bis zur Rente SED-Genosse, er hat preußisch weiterfunktioniert, sein Krankenhaus geleitet, das sein Lebensinhalt war.

KA Was hat Sie dann dazu bewogen, ein naturwissenschaftliches Fach zu studieren?

JR Camouflage. Es ging politisch nicht anders.

KA Wenn Sie die Freiheit gehabt hätten, hätten Sie sich anders entschieden?

JR Ja. Musik ging nicht, da wäre unter Rennebaums Ägide nur das Klavierstudium in Frage gekommen, dazu reichten aber meine motorischen Fähigkeiten nicht aus. Das wußte ich, das hatte sie mir klar gesagt. Geisteswissenschaftliche oder gesellschaftswissenschaftliche Berufe schieden aus, weil ich politisch schon so bürgerlich festgelegt war, das wäre nicht möglich gewesen. Dadurch war ich nicht in der Lage, Ägyptologie oder Germanistik oder etwas in der Art zu studieren und mich in das marxistische Kategoriensystem hineinzudenken. Nur kritisch konnte ich mich damit auseinandersetzen. Da wäre ich untergegangen, hätte entweder schreckliche Anpassungsqualen gehabt oder wäre schnell in Konflikte gekommen. In der typischen Anpassungshaltung dieser Zeit hat mir der Vater nicht etwa gesagt, ich solle doch in den Westen gehen, sondern mir geraten, Medizin zu machen. Das hat seine geistigen Gehalte, man kann Psychiatrie machen, und es ist ein leidlich unpolitischer Brotberuf, man könne auch noch Wissenschaftler werden. Das war eine für die fünfziger Jahre typische Empfehlung.

KA Hat sich Ihre Erwartung dann bestätigt?

JR Natürlich. Wissenschaftler oder Mediziner zu werden ging für mich. Was ich da an ideologischen und politischen Bekenntnissen abzugeben hatte, war zu leisten.

KA Zum Schluß hatten Sie aber auch Schwierigkeiten, und zwar beträchtliche?

JR Die hätte ich früher schon bekommen müssen. Ich habe dann lange Zeit in der Schale, versteckt und angepaßt in der Nische gelebt. In dieser Art von Beruf ging das.

KA Sind Sie gemustert und aufgefordert worden, Wehrdienst zu leisten?

JR Ich bin gemustert worden, als die Wehrpflicht eingeführt wurde, und hatte damals nachträglich gesehen das große Glück, daß ich vorher einen schweren Sturz vom Fahrrad hatte und infolgedessen einen Schädelbruch. Da wurde ich geröntgt und ausgemustert. Wobei das letzten Endes eine Fehldiagnose war. Ich bin gesund geworden und geblieben.

MG Wegzugehen stand für Sie nie zur Diskussion?

JR Doch, in der Studienzeit habe ich öfters darüber nachgedacht. Es war ja ein alltägliches Erlebnis in der Charité, daß sich nach Semesterschluß eine gewisser Prozentsatz an der Freien Universität wiederfand. Das war eine ständige Überlegung und Aufforderung. Ich hatte eigentlich die Absicht, nach Beendigung des Studiums zu gehen, und wollte mir dann eine Ausbildung oder ein Stipendium in den USA suchen. Da ist dann die Mauer dazwischengekommen. In der Studentenzeit wäre ich nur gegangen, wenn ich nicht durch das Marxismus-Leninismus-Examen gekommen wäre. Das war ja die Art, jemandem nachzuweisen, daß er sich nicht dazu bekennt, ihm dann eine Fünf zu geben, und dann war er draußen. Wenn mir das passiert wäre, hätte ich in den Westen gehen müssen. Aber das passierte mir nicht, ich habe halt so referiert, was Marx und Engels gelehrt haben und wie die Auffassungen und Kategorien sind, und bekam dann für diese Wissensreproduktion meine Zwei, stand nicht auf der Abschußliste, wie es anderen mit demselben Wissensstand so gegangen ist. Das war eine Sortierung.

MG Der Sozialismus war's ja nicht und der in der DDR schon gar nicht. Was war es dann, weswegen Sie geblieben sind? Schiere Heimatliebe?

JR Ein Grund war die familiäre Bindung bis hin zum Druck durch die Eltern; meine Mutter machte stark emotionalen Druck, sie hat mir zu erkennen gegeben, daß sie den Verlust ihres Sohnes schwer verwinden würde. Das hat die Entscheidungskriterien eindeutig so verschoben, daß ich nur im Ernstfall gegangen wäre. Obwohl wir es später immer wieder bereut haben, daß wir nicht weggegangen sind – das war die Mauerkrankheit der sechziger und siebziger Jahre. Es hätte danach ein sehr harter politischer Konflikt sein müssen. Da habe ich dasselbe Argumentmuster wie mein Vater, der sagte: »Das ist Deutschland hier, und da geht man nicht weg, wenn man nicht rausgejagt wird. Und was soll denn sein, wenn alle weglaufen.« So war das Nationalbewußtsein bei ihm verankert.

Er hatte auch Angebote von Krankenhäusern im Westen, wo eine Stelle als Internist frei war und jemand schrieb oder anrief, er solle sich doch bewerben, er käme groß raus. Das hat er immer böse, vehement abgelehnt und sich auf seine Patienten berufen, die ihn mochten und Angst davor hatten, daß ihnen der Arzt wegläuft, und sagten: »Herr Doktor, Sie werden doch wiederkommen, wenn Sie jetzt zu Besuch in den Westen fahren?« Da war auch ein moralischer und emotionaler Zwang und Druck. Das hat er verinnerlicht und mit preußischer Pflichterfüllung – das Krankenhaus, die Station, den Neubau – bis zum 65. Lebensjahr durchgehalten. So etwas hat mich letzten Endes auch bewogen zu bleiben. In den sechziger, siebziger Jahren war das Weggehen nur nach einem schweren Konflikt und gleichzeitiger Ausgrenzung aus der Gesellschaft möglich. Entweder hätte ich es illegal versuchen müssen, im Kofferraum eines Autos, oder ich hätte den Ausreiseantrag stellen müssen, mit der Folge völliger Ausgrenzung über Jahre, und die Kinder der Diskriminierung in der Schule auszusetzen. Das war eine hohe Schwelle.

MG Sicher für viele andere auch.

JR Ich hätte den Antrag nur gestellt, wenn die Daumenschraube so stark angezogen hätte, daß das nicht mehr anders gegangen wäre.

MG Wäre ein erzwungener oder erpreßter Parteieintritt schon ausreichend gewesen?

JR Ich wurde nur in Kadergesprächen aufgefordert. Wenn die gesagt hätten, du mußt in die Partei, sonst kannst du hier nicht mehr länger arbeiten, das wäre hinreichend gewesen. Dann hätte ich geantwortet: Dann gehe ich.

MG Eintreten mit innerem Vorbehalt, wie so viele, wollten Sie?

JR Die Leute, die eintraten, haben immer gesagt, sie blieben dieselben, sie hätten bis jetzt angepaßt gelebt und lebten auch dort angepaßt, müßten es halt um der Karriere willen machen. Was aber falsch war: In dem Moment, in dem man eintrat, programmierte man einen völligen Wechsel seiner Lebensumstände, seines Freundeskreises. Man wußte, es gab kein ehrliches Leben von Parteigenossen unter dem übrigen Rest, der wir waren. Entweder hätte es geheißen, sich in den Gesprächen – über Deutschland, DDR, Rußland, Weltkrieg usw. – total zynisch der Parteizugehörigkeit gegenüber zu verhalten oder aber anzufangen, sich den Glauben an den Sozialismus einzureden. Das haben viele gemacht. Langsam haben sie dann den Kreis gewechselt, weil es ihnen unbehaglich wurde unter den Kontratypen, denen es immer um Westpässe, Ausreise und Reisekader ging und die über Wolf Biermann redeten. Das wurde auch gefährlich, und es lebte sich dann eben in den anderen Kreisen doch besser. Dort wurden diese Themen totgeschwiegen. Ich habe in einigen staatstreuen Intellektuellen- oder Genossenkreisen verkehrt, aber nur oberflächlich. Die Gesellschaft war sehr stark zweigeteilt.

MG Heißt das, der Graben lief entlang der institutionellen Grenzen: wer ein Genosse war oder als Journalist beim »Sonntag« arbeitete, kam schon nicht mehr in Frage?

KA Was hat Sie denn veranlaßt, Ihre Nische – von der wir vorher sprachen – zu verlassen und tatsächlich im Neuen Forum oder einem Vorgängerkreis politisch, wenn nicht aktiv zu werden, so doch etwas deutlicher Farbe zu bekennen?

JR Meine Hauptmotive waren Rußland und die Kinder. Der moralische Niedergang der Sowjetunion, dieses Schwerkranken, aber eigentlich so vitalen, begabten, intelligenten Volkes, daß es nun so langsam materiell und geistig dem Untergang entgegenstrebte. Wir waren mehrere Male längere Zeit in der Sowjetunion und konnten diese Tendenz aus eigenem Beobachten sehen. Ich war Ende der siebziger Jahre überzeugt, daß es nicht die geringste Chance mehr gibt, ich hatte nur Angst, mit welchem Crash das wohl endet.

KA Das war in der Schlußphase der Breschnew-Ära.

JR Ab Afghanistan war völlig klar, das ist das absolute Ende. Da war uns klar, die Gesellschaft ist nicht nur schwerkrank, sondern lebt in Agonie. Wir wußten bloß nicht, wo das hinführt. Politisch haben wir nicht so viel mitbekommen, da wir nicht in solchen Kreisen verkehrten, sondern lebensweltlich im Alltag, mit den Menschen – ihr Leben, ihre Anpassungsweise, das Klima. Der Geruch, der vom Leben in dieser Gesellschaft ausging, war Leichengeruch. Zu der Zeit begann ich ernsthaft mich damit zu beschäftigen, Beschreibungsformen zu suchen, es anderen mitzuteilen, Essays zu schreiben. Ich analysierte, woran das liegt, von welchen sinnlichen Eindrücken das gespeist wird – die besoffenen Leichen im Zug, auf dem Bahnhof, die völlig heruntergekommene Infrastruktur, die Müllplätze, die Saufbrüder im Wald, die sich mit ein, zwei Flaschen irgendeines Giftzeugs totsoffen und dann abtransportiert wurden – und wie die Bürokratie wölfisch über die Gesellschaft herrschte. Bei uns war zwar alles nicht so schlimm, aber das ganze Leben in der Nische, das Bestreben, den Beruf zu polieren, zivilisiert zu bleiben und Umgebung zu bilden für andere, kam mir plötzlich zweitrangig vor. Und ich dachte: Das ist alles wertlos. Das ist ein ver-

ronnenes Leben, wenn hier nicht etwas Grundsätzliches passiert. Es muß irgendwas passieren, es ist egal, ob du Karriere machst oder nicht. Es ist sowieso alles verdorben. Es hat keinen Zweck mehr, das zu verteidigen.
Das ist das eine, und andererseits haben die Kinder das massiv beeinflußt. Sie gaben zu verstehen, ohne es zu sagen: Dieses Leben, das du hier 25 Jahre mit uns geführt hast, werden wir so nicht weiterleben. Da traten erst mal große Schwierigkeiten mit der ältesten Tochter auf, die ihr Studium zwar in Halle begann, dann aber völlig quer stand zu allen Verhaltensweisen, die ihr ein Leben in der DDR ermöglicht hätten. Schließlich wurde ihr Verlobter mit einem Fußtritt in den Westen befördert, weil er am Prenzlberg eine politische Rolle spielte. Dann versuchte sie hinterherzugehen. Nach einer gewissen Inkubationszeit hielt sie die Trennung nicht mehr aus. Sie fingen an, sich in Prag oder Budapest zu treffen, wurden an der Grenze gefilzt, und sie wurde verhaftet. Da habe ich Proteste bei der Stasi eingelassen, habe gefordert, mir die Gründe der Verhaftung meiner Tochter mitzuteilen. Die Stasi kam dann zu mir und knetete mich. So eskalierte das. Und mit dem zweiten Sohn begann es dann ähnlich. Mir wurde klar, daß ich alle drei Kinder verliere und hier einsam alt werde, wenn das so weitergeht. Die ältere Tochter ist dann in den Westen gegangen, die anderen beiden bereiteten sich darauf vor. Wir hatten auch noch Angst, daß ihnen dabei etwas passierte, daß sie erwischt würden, in den Knast kämen oder abgeschossen würden, wenn sie über die Mauer wollten. Wir hatten keinen Einfluß mehr, wir konnten ihnen nur sagen, sie sollten bloß aufpassen, daß ihnen nichts passiere. Und dann war die Tochter weg. Sie bekam keine Einreiseerlaubnis zu Feiertagen, heulte am Telefon, weil ihr Opi gestorben war und sie nicht zur Beerdigung durfte. Der zweite Sohn hatte eine Freundin, die schwarz in den Westen gegangen war, und er wollte hinterher. Das war 1988. Die Tochter war 1987 endgültig weg, nachdem sie wegen des Antrags sofort von der Uni geflogen war und zwei, drei Jahre sich durchgeschlagen hatte, in Kom-

munen lebte und arbeiten ging als Näherin in der Industrie. Sie kam politisch durch die Stasi immer mehr unter Druck. Alles entwickelte sich in den achtziger Jahren zur Katastrophe.

KA In dem Gesprächskreis, der dem Neuen Forum vorausging, worüber haben Sie da gesprochen? Worüber haben Sie sich da Gedanken gemacht? War das eher im Stil des Kreisauer Kreises, oder wurde es konkreter?

JR Alles, was diskutiert wurde, und wenn das die Rezension eines Buches von Lévi-Strauss war, alles endete immer in der DDR und der Sowjetunion und daß wir etwas unternehmen müssen. Das konnte nicht mehr so weitergehen. Das führte zu einem endlosen Diskutieren dieser Dinge. Dann wurde es auch konkret: Ich habe einmal eine Vorlesung gehalten über das Schicksal der Sowjetunion, auch aufgeschrieben. Das sprach sich dann herum, da kamen vielleicht dreißig Leute in unsere Wohnung, und draußen stand ein Auto mit Richtmikrophon von der Stasi, die das mitschnitt und das Publikum photographierte. Ich habe die Bilder jetzt gesehen. Das haben die als verfassungsfeindlichen Zusammenschluß bewertet mit entsprechendem Untersuchungsverfahren gemäß Paragraph 90 bzw. 99. Das war Anfang der achtziger Jahre. Da waren wir dann ein verfassungsfeindlicher, gefährlicher Zusammenschluß.

MG Aber Sie waren im Grunde immer noch auf Selbstverständigung ausgerichtet?

JR Das war ein Teeabend, an dem vorgetragen und anschließend diskutiert wurde.

KA Haben Sie da, was Sie dort lesen wollten, auch lesen können – also Kant, Hegel, Marx, vermute ich, war er jederzeit greifbar? Wie war das mit Hans Jonas, mit Günther Anders, mit Max Horkheimer?

JR Alles kostbare Perlen aus dem Westen. Wenn jemand so was bekam, wurde das entweder referiert oder herumgereicht und verschlungen. Einer der Gründe, weshalb der Kreis so zusammenhielt, war der, daß wir durch mündliche Vervielfältigung, referierend, die ungeheure Knappheit westlicher Literatur überwanden. Eines der Dinge, die ich mit äußerstem Unbehagen jetzt erlebe, ist der völlige Verlust an Knappheit. Das ist im nachhinein ein unwahrscheinlicher Wert, daß man nicht die volle Frankfurter Buchmesse zur Verfügung hat, sondern nur zufallsgesteuert irgendwas davon in die Hand bekommt und das mit einer ganz anderen Intensität auffaßt als jetzt, wo ich weitgehend durchblättere und anstreiche. Aber nicht mehr dieses ganz emotionale Verhältnis, zu allem, was aus dem Westen kam, entwickle. Vor ein paar Jahrzehnten war es das schönste Geburtstagsgeschenk, das mir jemand aus dem Westen machen konnte, wenn er mir Adornos »Noten zur Literatur« mitbrachte. Dieser Wert, diese emotionale Bindung ist nicht mehr reproduzierbar. Mit welcher Begeisterung wir das rezensiert und paraphrasiert und ins Leben eingebaut und mit etwas ganz Ungewöhnlichem verbunden haben, was für eine Fata Morgana der Westen gewesen ist, das ist schwer nachzuerzählen.

KA Wie wirkt die Fata Morgana aus der Nähe betrachtet?

JR Eine Fata Morgana verschwindet beim Näherkommen.

Jens Reich

Meine Bibliothek ist obsolet geworden

Die Hochzeit der beiden deutschen Staaten fiel in unserer Familie mit einem Wohnungstausch zusammen. Nicht alle der von der Bücherlast von Jahrzehnten durchgebogenen Regale würden den Umzug überstehen können, zumal die turbulenten Ereignisse ständig massenhaft neues Papier in unser Heim spülten. So entschloß ich mich, die Abwicklung des Sozialismus mit der Aussortierung meines Buchbestandes zu verbinden. Nur ein schlankes, wohlausgesuchtes, von den zerborstenen Kategorien befreites Arsenal sollte mich in die neue Zeit begleiten. Alles Fehlende, so meinte ich, würde ich ja leicht dazukaufen können. So versenkte ich Buch auf Buch, Sachbücher, Lexika, Romane, politische Traktate, marxistische Abhandlungen, Zeitungsausschnitte, Lehrbücher und Pamphlete in etwa drei Dutzend Kartons und schaffte sie auf den Boden, ins Zwischenlager.

Jeder Büchernarr weiß, welche seelische Schwerarbeit die Trennung von alten Beständen ist. Alle mild humanisierten Formen der Büchervernichtung standen 1991 nicht mehr zur Verfügung. Kein Verwandter oder Freund fand sich, der die Kartons durchsucht und seine eigene Sammlung vervollständigt hätte. Alle hatten andere Sorgen, andere Ziele. Dem Antiquar, dem ich eine Liste anbot, auf der neben DDR-Literatur eine große Anzahl russischer Bücher und einige Westbonbons aufgeschrieben waren, lächelte nur ironisch über meine Naivität. Nichts davon wäre im neuen, größeren, besseren Deutschland verkäuflich, die parteilichen Trakte nicht und nicht die abgegriffenen Romane, nicht die Nachschlagewerke mit der klaren Linie und nicht die Sachbücher, die die Überlegenheit von RGW und sozialistischer Wissenschaft nachwiesen.
So schien mir nichts Besseres zu bleiben als der Papiercontainer. Ich fuhr mit den beiden ersten Kartons im Kofferraum auf den Recyclinghof. Als ich den Containerdeckel hochschob, sahen mich Hunderte von Büchern vorwurfsvoll an, die von erneuerungsbedürftigen Nachbarn ebenso aussortiert worden waren. Ich entleerte hastig meine Kartons und fuhr nach Hause.
Es blieb mein vorläufig letzter DDR-Entsorgungsakt. Die anderen zum Recycling Verurteilten kamen in ein neu eingerichtetes Gnadenbrotfach ganz oben im Regal, unter der Zimmerdecke. Ich hatte begriffen, daß es nicht hilfreich ist, ein schmerzendes Glied einfach auszureißen. Dein Nervensystem gaukelt dir täuschend echt den noch ärgeren Phantomschmerz vor. So einfach kannst du die DDR aus deinem Kopf nicht entfernen.
Von den ausgemerzten Büchern hätte ich einige bereits gebraucht. Wenn ich jetzt im »Kleinen Politischen Wörterbuch«, Dietz Verlag, 3. Auflage, 1978, ein Stichwort suche, um mir die Doktrin zu vergegenwärtigen, dann muß ich regelrecht recherchieren. Keine der Volks- und Stadtbüchereien der Nachbarschaft, soweit sie nicht ohnehin geschlossen wurden, hält das Wörterbuch noch bereit; alle haben sich beflissen von geistigen Relikten des Vergangenen gesäubert und die entstehenden klaffenden Lücken mit milden Gaben aus den Altbeständen von Bibliotheken Nordrhein-Westfalens und Baden-Württembergs notdürftig verdeckt. Und das Dazukaufen ist weit schwieriger, als ich in meinen Illusionen vom Westen geglaubt habe. Und teurer.
Leseland DDR. An jeder Straßenecke eine gutbesuchte Stadtteilbibliothek. Buchhandlungen, in denen Christa Wolfs »Kindheitsmuster« oder Stefan Heyms »König David Bericht« innerhalb von Mi-

nuten verkauft waren. Die Lesenation Sowjetunion. Endlose Schlangen in der Gorkistraße, wenn der 17. Band einer Dostojewski-Gesamtausgabe verkauft wurde. Das Erinnerungsbild (1971) an die Rentnerin, die in der Fußgängerunterführung am Oktoberplatz Erich Maria Remarques »Arc de Triomphe« aus Kartons innerhalb einer Viertelstunde verkauft hatte. Millionen waren auf alles subskribiert, was in Riesenauflage herauskam. Alle russischen Klassiker, die wir kennen, und dazu noch unzählige Halbklassiker, die bei uns nur die Slawisten benennen können, dazu die Ausländer, die die Russen in ihr Herz geschlossen haben (Heinrich Heine, jener Erich Maria Remarque, Jack London, Émile Zola), sie stehen in langen Reihen im Wohnzimmer, als Ausweis höherer Kultur des Sowjetbürgers, der von Reisen ins Ausland, von schönen Möbeln, von einem Haus, einem Gartengrundstück, einem eigenen Auto oder einer großen Wohnung nur träumen konnte. Oder in Büchern lesen. So stellt er das überlastete Wohnzimmer, in dem der Fernseher läuft, der Vater am Schreibtisch arbeitet, die eingemachten Gurken aufbewahrt, die Gäste bewirtet und der Verwandtenbesuch zur Nacht gebettet wird, bis an die Decke voll mit Büchern, Büchern, Büchern. Im übervollen U-Bahn-Abteil stehen die Menschen auf dem Wege zur Arbeit, eine Hand greift den Haltegriff, die Aktentasche klemmt zwischen den Knien, und die andere Hand entfaltet kunstvoll das Buch, zwei Finger wenden gewandt, von der Nase unterstützt, die Buchseite um: Tolstoi oder Kolportageroman – einerlei: Lesen, lesen, lesen.

Wo sind die sozialistischen Leser geblieben? Warum kaufen sie keine Bücher mehr? Warum verweigern sie der Literatur die Gefolgschaft? Warum sterben die berühmten »dicken Journale«, die zweihundert Jahre chaotischer russischer Geschichte schadlos überstanden haben? Warum geraten Bouvier und die anderen Ketten in Ostdeutschland in die wirtschaftliche Klemme und müssen sich mühsam mit Kochbüchern, Reiseführern, Automagazinen und den tausend legalen Steuertricks über Wasser halten? Vergessen ist das augenzwinkernde Einverständnis zwischen Autor und Leser, häufiger noch: Leserin, die lange Nase, die sie gemeinsam auch in ärgsten Zeiten hinter dem Rücken des Zensors und der Herrschenden drehten. Kein Bedarf mehr an Trost? Kein Vergnügen mehr an der Entschlüsselung des Andeutungsromans, keine Lust mehr auf die elegische Stimmung, in die uns die traurigen Gedichte von Rainer Kunze im »Brief mit blauen Siegeln« oder die elegant lackierte Noblesse von Stephan Hermlin im »Abendlicht« versetzten? Kein Appetit mehr

auf den Thrill, mit dem wir den ausgeliehenen »Iwan Denissowitsch« in einer Nacht durchlasen, oder auf die Spannung, mit der wir »Die wunderbaren Jahre« verschlungen haben? Wo sind die Zuhörerscharen geblieben, die in die Kirche eilten, wenn Stefan Heym aus dem »Collin« vorlas, in welchen Regalen verstauben jetzt die eselsohrig gelesenen Exemplare von Christa Wolfs »Kassandra«, wo sind die aufgeregten Diskussionen um die kühle Ärztin, die rätselhafte und doch so DDR-typische Hauptfigur in Christoph Heins »Der fremde Freund« (»Drachenblut«)?
Alles vorbei. Allerdings nicht erst seit der »Wende«. Das Leselandklischee aus dem vorigen Absatz hat seinen Realitätsbezug in früheren Jahren. Tatsächlich sind die begeisterten Buchleser auch im Osten allmählich ausgestorben. Glasnost und Perestroika brachten noch einmal Millionenerfolge einiger Romane und Gedichtbände, die aus der Schublade kamen oder als Rückimporte aus dem Westen, sie ließen die dicken Journale noch einmal luxurierend aufblühen, bevor das schmähliche Ende kam. Heute kämpfen die Verlage genauso mit dem Hungertod wie in der früheren DDR.
Nun sollen Sie nicht denken, daß in meiner Wohnung nur noch Westbücher und Westjournale Lebensrecht hätten. Im Gegenteil, wir haben sogar die Fähigkeit erworben, von der wir vor Jahren mit maßlosem Staunen hörten, daß sie im Westen weitverbreitet sei: das Nichtlesen. Ich verstehe erst jetzt, wozu Inhaltsverzeichnisse nötig sind. Früher lasen wir jede bessere Westzeitung, deren wir habhaft werden konnten, vorwärts und rückwärts, hoben die spannendsten Artikel für den Schluß auf und gaben die ausgelesenen Exemplare an Freunde und Verwandte weiter. Heute kann ich genauso wie der Bundesrepublikaner in Sekundenschnelle die vier Kilo Zeitung zerlegen, befördere den Löwenanteil (in meinem Fall: Anzeigen, Reisen, Auto, Vermischtes, Wirtschaft ab dritte Seite, Karriere, Sport) in den Papierkorb, der alle fünf Tage zum Papiersammler entleert wird. Und Bücher kommen reichlich ins Haus, als Geschenk, zur Rezension, auf Bestellung oder schnell gekauft. Viel zu viele bleiben halb gelesen.
Mir ist leider fremd geworden, was ich da sehe, wenn ich den Kopf schieflege und die Buchreihen in den Regalen durchmustere. Wir stehen erstmals ohne Literatur da. Das gab es noch nie. Selbst nach 1945 nicht, als die Rowohlt-Rotationsromane verschlungen wurden, John Steinbeck zum Beispiel. »Cannery Row, die Straße der Ölsardinen«. Auch nicht in den Fünfzigern, als Hermann Hesse kam und Thomas Manns »Doktor Faustus«, mit der ersten rückwärtsge-

wandten Nostalgie und dem gleichzeitig aufkommenden DDR-Zwieback.

Es gibt nur wenig aus der Kultur der Ehemaligen, das ich im Augenblick noch lesen mag. Das hat nichts mit Arroganz zu tun, nichts mit Bilderstürmerei, schon gar nichts mit Westanbetung. Ich war vor dem Tode der Ehemaligen viel westgeiler als heute. Solschenizyn ist sozusagen erledigt, weil er recht behalten hat. Mit Brecht hatte ich schon seit vielen Jahren Probleme; das liegt aber an dem manieriert-abgehackten Gebell, zu dem die Schauspieler des »Berliner Ensembles« seit den sechziger Jahren dressiert wurden und dessen Klang ich im Inneren nicht unterdrücken kann, wenn ich den »Galilei« wieder lesen will. Ich habe Brecht aus den einmaligen Aufführungen der Fünfziger in seliger Erinnerung; heute kann ich nur noch ein Dutzend Gedichte ertragen, die allerdings gehören zum Größten in meiner Sprache. Es gibt noch wenige andere Sachen, die ich lesen mag, einige gut gebaute Erzählungen von Christoph Hein, Volker Brauns »Unvollendete Geschichte«, die »Märkischen Forschungen« von Günter de Bruyn, Kunerts »Anderen Planeten«. DDR-Identität non plus ultra ist für mich jedoch seit jener Nacht im Herbst 1959, in der ich das Buch auslas, das mir ein Freund von der Frankfurter Buchmesse mitgebracht hatte: »Mutmaßungen über Jakob«. Uwe Johnson, im Westen, hat uns alle übertroffen. Er hat klargestellt, warum die einen geblieben und die anderen ausgewandert sind und weshalb wir und unser Land so deutsch geblieben sind (das ist zwiespältig gemeint).

Aber auch die westdeutsche Literatur kann nicht einfach aufgestülpt werden wie Bankfilialen und Pommesbuden. Die überregionalen Zeitungen und Zeitschriften haben es schwer, und die Buchhändler haben Mühe, den unschlüssig die Verkaufsregale musternden Ostkäufern etwas Überzeugendes zu empfehlen.

Unser Verhältnis zur Literatur war das des Patienten zum Medikamentenschrank, in dem vertrocknete Kalktabletten und Vitamindragees seit Jahren verstauben, aber auch einige verbotene, giftige Früchte locken. Der spannendste Raum in der Deutschen Staatsbibliothek war der »Giftschrank«, der Lesesaal für gesperrte Literatur, zu dem nur Privilegierte mit Sondergenehmigung Zugang hatten. Das Privileg war fast so begehrt wie das des Westreisekaders. Ich habe einige Male versucht, seiner teilhaftig zu werden: mit einer komplizierten Begründung zum Beispiel, weshalb ich dieses oder jenes Werk für meine Arbeit als Biomathematiker benötigte, um ein gewisses Zitat herauszusuchen und zu belegen. Es war alles vergeblich. Herrliches konnte man da einsehen, womit die Eingeweihten prunkten: die Stalin- und Leninbiographien, den Trotzki wie den Isaac Deutscher, den Wolfgang Leonhard, Ernst Bloch, Leszek Kołakowski, Richard Pipes, Alan Bullocks Hitler-Buch, Dostojewskis »Dämonen« (erst spät wieder aufgelegt und bis dahin wegen seiner Verurteilung des Sozialismus in Verruch), und solche geheimnisvoll-unzugänglichen Verführer der sozialistischen Seele wie Friedrich Nietzsche, Ernst Jünger oder Artur Schopenhauer. Die Giftschrankordnung funktionierte bis zum Ende der Ehemaligen, obwohl sie so sinnlos geworden war wie des Vatikans Verzeichnis verbotener Bücher.

Von den verbotenen Früchten kosten durfte zum Beispiel, wer sie anschließend in einer Doktorarbeit oder in einer Broschüre der Reihe »Kritik der bürgerlichen Ideologie« geistig zerstampfte. Da waren die Foucault und Lévi-Strauss-, die Habermas- und Horkheimer-Kenner, die ihre Autoren pflichtschuldigst totalwiderlegten, im privaten Kreise jedoch mit dem Talk der Frankfurter glänzten und den Plebejern Hochachtung vor dem Unbekannten einflößten. Nach 1989 versuchten sie umzusatteln, von marxistisch-leninistischer Ideologieentlarvung auf Seminarangebote vom Typ »Kulturkritik und kommunikativer Diskurs in der Postmoderne« im Rahmen des neuerrichteten »studium generale«. Sie wollten ihre Zettelkästen weiter verwursten und verwiesen zu ihrer Verteidigung auf die Rosinen versteckter Subversion in dem Haferschleimbrei ihrer linientreuen Bourgeoisie-Entlarvungen. Saulus, Paulus, Saulus.

Hier liegt ein Grund für die Obsoleszenz ganzer Buchreihen meiner Regale, und gleichzeitig für die nostalgische Wiederbelebung zwei Jahre nach dem Sturm. Damals hatte ich das Traktat im Bücherschrank, weil ich nur aus ihm wenigstens in Umrissen erfahren konnte, welche Grundgedanken in Adornos »Negativer Dialektik« entwickelt sind. Heute kann ich mir den Adorno oder einen leichter verständlichen Exegeten leicht bei Kiepert holen, die Broschüre aber hätte ich gern im Bücherschrank, um mit nostalgischem Spott die Widerlegungsverschlingungen zu lesen, mit der seufzenden Klage: Ach, für wie dumm haben sie uns damals verkauft.

Wir haben das Geheimnis verloren, das ein Buch umgeben konnte. Niemals wieder werde ich meinen russischen Freunden eine solche Freude bereiten können wie damals, als ich angstvoll schwitzend meinen Koffer durch die Zollkontrolle in Scheremetjewo geschmuggelt hatte, in dem sich fünf Dünndruckbibeln auf russisch befanden (in einer Ausgabe der Baptisten aus der USA, genauso gefahrvoll von Freunden aus dem Westen nach Ostberlin eingeführt). Das Buch der Bücher als Geheimlektüre: Alle hatten es in den Wirren von Revolution und Bürgerkrieg verloren oder hatten es aus Angst vor dem Stalinterror heimlich im Müllschlucker versenkt. Nur noch in atheistischen Kampfschriften konnte man verstreute Zitate unsicherer Präzision finden, neben apokryphen Erwähnungen bei Dostojewski oder Puschkin oder auf den alten Bildern der Eremitage: Was sollte der arme Sowjetbürger schon anfangen mit den Feinheiten der zahllosen Judith- und Holofernes-Darstellungen, wenn ihm die Story nicht einmal vom Hörensagen bekannt war? Die Bibel als Geheimwissen, als unbezahlbares Privileg. Oder ein anderes esoterisches Buch in rotem Einband, das ich einmal in Moskau aus einem langen Regal herauszog: Fürst Trubezkois »Nietzsche und Tolstoi«, aus der Zeit vor der Revolution, als Fotokopie, in den Umschlag von Lenin, Werke, Band 25, eingebunden, damit der KGB es bei der konspirativen Durchsuchung nicht so leicht finden konnte!

Die offiziellen Bücher, die wir lustlos oder gelegentlich gegen den Strich lasen, sind nutzlos geworden und bestenfalls das Objekt vergangenheitsseliger Erinnerung an unsere Jugend. Aber ebenso langweilig sind die Geheimtips von damals geworden, die Schätze, die wir hüteten. Zu meinen Pulsbeschleunigern zählten zum Beispiel: Adornos »Minima moralia«, seine »Noten zur Literatur« mit dem wunderbaren »Die Wunde Heine« oder der »Erpreßten Versöhnung«, Gottfried Benns späte Gedichte, Ezra Pound (vor allem die kleinen Gedichte), Solschenizyns »Erster Kreis«, Samjatins »Wir«, der »Eugen Onegin«. Selbstverständlich werde ich sie niemals aussortieren, und ich hoffe auf ihre Wiederbelebung, wenn ich alt sein werde. Nach meinem Tode werden die Enkelkinder sie endgültig in den Container versenken, fürchte ich; sie werden nicht wissen und schon gar nicht verstehen, was mich an sie gebunden hat. Ihnen wird der Zusammenhang fehlen.

Ein bedeutendes Motiv zum Sammeln von Büchern bestand in der DDR-Zeit in der Rücksicht auf die Zukunft der Kinder. Ihnen sollte die Möglichkeit zur Informationsauswahl unabhängig von den Schlangenlinien der offiziellen Ideologie und den Beschränkungen durch die Druckengpässe soweit wie möglich gesichert werden. Dabei richteten wir uns auf lange Zeiten ein. Wir mußten damit rechnen, daß es zu unseren Lebzeiten mit Liberalisierung und Aufbruch aus Langeweile und Disziplin der politischen Ideologie nichts mehr werden würde. So errichteten wir eine Festung aus Büchern. Meine Eltern haben das zwanzigbändige Meyersche Konversationslexikon von 1895 gehütet und ihren dankbaren Kindern übergeben. Ich selbst habe in den sechziger Jahren in einem Jenaer Antiquariat den ebenso dicken Brockhaus von 1932 (»noch vor der Nazizeit«) angeschafft, etwas später eine populäre Propyläen-Weltgeschichte. Das kostete mich damals zwei Monatseinkommen und bereitete bei jedem Umzug Probleme. Ich habe über Jahrzehnte hinweg Wörterbücher, Grammatiken, Synonymenlexika und Sprachkurse für ein Dutzend europäische Sprachen gesammelt, als Vorratswirtschaft für eventuellen Bedarf, denn auf den sozialistischen Buchhandel konnte man sich da nicht verlassen: Eine Zeitlang waren sogar englische Wörterbücher vergriffen. Das deutsche Wörterbuch von Wahrig habe ich in den siebziger Jahren in Ungarn vom kargen Urlaubsumtauschsatz abgespart. Es stand neben durchaus guten Wörterbüchern der DDR-Produktion. Der Vergleich von Definitionen und Bedeutungsnuancen war ein wichtiges Element der Abwehr von Indoktrination, zumal die Lebenswelt in Schule und Beruf die Einordnung des Denkens in die vom politischen »Überbau« vorgegebenen Kategorien erzwang, selbst dann, wenn man in innerer Abwehr gegen die marxistischen Interpretationen stand.

Aber nicht nur Nachschlagewerke sammelten wir auf Vorrat. Mommsens »Römische Geschichte« etwa oder Leopold Rankes »Papstgeschichte« waren sozusagen Haltepflöcke gegen die Indoktrination. Wir waren geimpft mit der marxistischen Kritik und keinesfalls anfällig für die Schwächen der Geschichtsschreibung des vorigen Jahrhunderts, z. B. ihre Überbewertung des Individuums oder die Vernachlässigung sozialer und wirtschaftlicher Strukturen. Es waren nicht die Aussagen selbst, sondern der methodische Kontrast zu dem schablonenhaften Geschichtsbild aus den Schulbüchern, der die feste Fügung des historischen Materialismus auflöste und die jungen Leute aus dem Zwang zum geistigen Wiederkäuen erlöste: Es machte Spaß, den Lehrer mit Fakten oder Thesen zu konfrontieren, die in seinem schematischen Konzept, das vor allem aus elenden Sklaven, Leibeigenen und Proletariern im Kampf mit ihren blutsaugenden Unterdrückern bestand, nicht vorkamen und ihn in Verlegenheit brachten.

Dieses Bewahren des Alten, ja Veralteten, aus Trotz gegen die oktroyierte Kultur nahm enzyklopädischen Umfang an, weil wir ja nicht wußten, wofür wir oder die Kinder sich in zehn Jahren interessieren würden. Ein Antiquitäten-Wörterbuch, eine illustrierte

Kostümgeschichte oder eine »bürgerliche« Einführung in die Philosophiegeschichte mußten für den Bedarfsfall vorhanden sein, auch wenn ich jahrelang nichts damit anzufangen wußte. Ich konnte Freude und einen merkwürdigen Stolz nicht unterdrücken, wenn eines der heranwachsenden Kinder sich aus einer plötzlichen Laune heraus die Wortkonkordanz zur Lutherbibel, die Geschichte der Mongolei oder einen Bildband »Jugendstil« aus dem Regal zog und darin zu lesen begann. So hatte ich sie also nicht vergeblich vor Jahren erstanden, in der Warschauer Buchhandlung »Logos« etwa oder im Antiquariat in Brünn, oder von einem passierscheinbewehrten Freundesbesuch mitbringen lassen.

Die so akkumulierte Kultur war ein Flickenteppich, ohne System und Ordnung, wie der Zufall es zusammengefügt hatte. Ihre stille subversive Kraft ist mit dem Herbst 1989 untergegangen. Wie eine rostige Flinte an der Wand hängt, so stehen die seltsam zusammengeklaubten Waffen unserer Ideologieabwehr als Zeugen für vergangene Zeiten, sind nicht mehr verwendbar, sind auf den Gefühlswert der Erinnerung an unsere Jugend reduziert. Die staubigen Bücher sind unversehens zu Gefährten der Nostalgie unseres Alterns geworden – in erbarmungsloser Dialektik hat gerade das Gelingen der Befreiung, des Aufstands gegen die öde »Erberezeption« des Spätsozialismus, diesen Abwehrwall gegen Nivellierung und Vereinnahmung überflüssig gemacht. Meine Bibliothek ist obsolet geworden. Sie ist mir ein Spiegel und sagt mir, daß auch ich von gestern bin und besser zurücktreten sollte. Der Absturz in den Container gibt mir zu denken.

(1993)

MG Seit Hoyerswerda wird verstärkt nach den Wertevermittlern gerufen. Da werden die Eltern, die Schule in die Ecke gestellt. Aber ist das ganze Gerufe nach den Werten nicht nur Geschwätz, das bei Anwendung des wunderbaren Rezepts von Havel, »in der Wahrheit zu leben«, überflüssig würde? Es geht doch nicht darum, Werte zu predigen und sich zu fragen, wie kriegen wir die Werte in die Familie? Die beste Methode, Werte zu vermitteln, wäre das genaue Hinsehen.

JR Das ist eine schwierige anthropologische Frage. Es geht darum, ob und welche Menschengesellschaft in der Lage ist, ethische Orientierungen hervorzubringen. Klar ist, daß traditionelle Gemeinschaften dazu in der Lage waren. Sie haben Religion und allgemein Verhaltensregeln geschaffen und den Wunsch der Menschen, solche Werte anzunehmen, verstärkt und erfüllt. Das große Problem ist, ob diese ins Gewaltige aufgeblähten Gemeinschaftsformen, in denen wir leben, solche Dispositionen noch erzeugen können.

MG Mir scheint dieses Rufen nach Werten eine Antwort mit Mitteln des 18. und 19. Jahrhunderts zu sein, nicht denen des 20. Jahrhunderts. So wie Brecht im »Galilei« sagt: Ich muß jetzt nicht an die Moral appellieren, sondern ich appelliere nur an die aufgeklärte Vernunft der Alten, die ihrem Esel am Tag, bevor er eine lange Strecke gehen muß, ein Extrabündel vorlegen. Angewandt auf das 21. Jahrhundert kann das Verlangen nach Werten doch nur heißen, die Leute instand zu setzen, ihr aufgeklärtes Eigeninteresse und das ihrer Kinder zu sehen. Wenn wir das schaffen, müssen wir nicht an Werte appellieren und brauchen auch die Kirche nicht.

JR Nicht der Abbruch der Aufklärung, sondern ihre Fortführung – nicht aber als Marschprogramm – verspricht uns Zukunft. Man muß an den gesunden Verstand, an die Einsicht des Menschen appellieren und sich darauf verlassen, daß eine gesunde Gesellschaft das, was man positive Werte nennt, von sich aus erzeugt. Wenn sie spontan unterstützt und nicht von außen aufgeprägt werden, bringen sie keinen Widerstand hervor. Der Verlust der Werte besteht darin, daß die gepredigten Werte abgelehnt werden. Wie man Werte vermitteln kann, ohne zu predigen, das ist das Kunststück. Um das durchzusetzen, gibt es keine Formel. Ich glaube daran, daß wir in der Lage sind, das, was wir Werte nennen, also ein freundliches, friedliches, bewußtes, aufeinander Rücksicht nehmendes, aggressionsfreies Zusammenleben zu erzeugen.

KA Gibt es denn ein aufgeklärtes Eigeninteresse, das den Menschen raten könnnte, es wie in der Bergpredigt zu machen und auch die andere Backe hinzuhalten? Oder wird das aufgeklärte Eigeninteresse nicht immer und in allen Fällen genau das Gegenteil empfehlen? Nämlich zurückzuschlagen und Auge um Auge, Zahn um Zahn zu fordern? Muß man vielleicht nicht doch predigen?

JR Predigt muß eine originelle Form haben. Das ist fast ein ästhetisches Problem. Im Theater zum Beispiel kann man nicht mehr mit klassischen Methoden belehren. Predigt ist ja das Vermitteln von Einsichten über eine Kaskade von Wörtern. Ein Versuch, über dieses Signalsystem Einsichten und geistige Bewegung zu erzeugen. Gegen eine Predigt habe ich nur, daß sie eine starke Tendenz hat, in der Durchführung langweilig zu sein und damit das Gegenteil von dem zu erzeugen, was sie anstrebt. Nicht gegen den Impuls oder Wert und Inhalt dessen, was der Prediger mitteilen will, bin ich empfindlich, sondern gegen das Mißlingen der Form, die den Zuhörer anspricht.

MG Gibt es Prediger, die Sie oder Ihre Kinder in den letzten zehn, zwanzig Jahren erreicht haben?

JR Als erstes fällt mir etwas Zwiespältiges ein, etwas, was mich sehr beeindruckt und in Kirchenversammlungen in der DDR großen Erfolg gehabt hat. Ich meine die berühmte Rede des Häuptlings Seattle. Die ist nämlich eine Fälschung. Die Tatsache, daß es eine Fälschung ist, und die Geschichte, wie sie zustande kam, hätten in einer Schulklasse mehr Interesse, als wenn man den Inhalt einfach durchnähme und den Schülern beibrächte, daß der Mensch nicht das Recht hat, die Natur zu vernichten. Wenn ich diesen schönen Text verfremdet als Fälschung höre, ist das die beste Möglichkeit, die Wirkung gewissermaßen nebenbei zu erzeugen. Denn sonst wird nur noch gegähnt.

MG Was denken Sie über den Satz, daß Aufklärung nur noch ironisch möglich ist?

JR Ja. Die Jugendlichen, soweit ich Studenten und Schüler sehe, haben dafür am ehesten Sinn. Die Ironie wird von den Jugendlichen akzeptiert. Entscheidend ist, daß indirekt Wirkungen hervorkommen, die man durch direktes Zugehen auf einen Wert nicht erreichen kann.

KA Mehrmals im Jahr verleiht der Bundespräsident Orden. Dazu werden immer wieder Leute vorgeschlagen, die unter Einsatz des eigenen Lebens das Leben anderer gerettet haben: der Passant zum Beispiel, der sieht, daß ein Mensch ertrinkt, und hinterherspringt, ohne zu fragen, wer das ist, den er da rettet. Was würden Sie einem solchen Menschen sagen? Warum hat er damit den Anspruch auf eine öffentliche Auszeichnung verdient? Was macht seinen Einsatz, sein Handeln so anerkennenswert?

JR Bei einer solchen Gelegenheit würde ich jede Form von Reserve oder Ironie zurücknehmen. Distanz hat da überhaupt nichts zu suchen. Ich habe tiefes Verständnis für Menschen, die vom Gehalt der Symbole, den Orden, Hymnen, Liedern, emotional angerührt werden, und nehme das ganz ernst. Neulich war ich bei einer nachsozialistischen Beerdigung, wo die Orgel »Am Brunnen vor dem Tore« spielte, das Lieblingslied des Verstorbenen – ein junger Mann, der durch einen Unglücksfall umgekommen war, ein Heide wie die meisten in der DDR. Auch der Pastor fand Worte, die dem Heidnischen seines Lebens Rechnung trugen. Da kam nicht die geringste Ironie, nicht das geringste Lächeln über meine Lippen. So sehe ich das auch hier. Wenn ein Mensch die Zivilcourage gezeigt hat, hineinzuspringen und sich selbst zu gefährden, wenn er seine eigene Angst, unterzugehen und zu ertrinken, vergessen hat und den Impuls gezeigt hat unter Hintansetzung alles Rationalen, was ihn zur Vorsicht hätte drängen können, dann kann ich nicht anders als den Hut ziehen.

KA Was findet man daran denn eigentlich so beachtlich? Eigeninteresse ist es doch nicht, das einen dazu veranlassen könnte, sein eigenes Leben in Gefahr zu bringen und das eines anderen zu retten?

JR Das ist das Vergessen, das Beiseiteschieben alles rationalen Kalküls, das Überhandnehmen des Emotionalen, der im biologischen Kostüm vorhandenen Hilfsbereitschaft. Es gibt nicht nur Aggression und Tötungslust in uns, es gibt auch ein kreatürliches, ein basales Bedürfnis, ein Wohlgefühl, einem anderen zu helfen. Es geht damit los, wenn Mütter ihre neugeborenen Kinder in Empfang nehmen, und geht über die Eltern und die Familie, die dasselbe tun, auf eine Gruppe und schließlich auch auf einen Unbekannten über, mit dem uns nichts anderes verbindet, als daß auch er ein Mensch ist und ich mich einfühlen kann in seine Situation. Ein so schöner Impuls darf nicht durch Berechnung und durch Nachdenken zur Seite geschoben werden. Es gibt viele schöne Gesten und Handlungen dieser Art, und gerade bei der Wertevermittlung muß an diese Bereitschaft, die im Menschen vorhanden ist, appelliert werden. Die Mehrheit von Jugendlichen reagiert bei so einer Sache ganz spontan positiv.

MG Gilt ähnliches aus gleichen biologischen Gründen auch für die ganz große Gruppe? Woran kann man da appellieren?

JR Die Gefahr dieser Großgruppen ist, daß das als Disposition im Menschen Vorhandene verlorengeht. Das Handeln einer Menschengruppe, einer Familie, eines Clans, droht verlorenzugehen, wenn wir es auf Großgruppen anwenden. Aber wenn wir erreichen wollen, daß das Wohl der Menschheit als Ganzes beachtet wird, dann muß das in einer Form geschehen, die nicht nur rationale Argumente aufbietet, sondern sie auch emotional erfüllt. Das muß ein Denken sein, was Freude macht und wo der Blutdruck hochgeht. Appelle an das Impulsive, das Emotionale gehören dazu. Das Schlimmste ist der aufgeklärte Zynismus, der bei jeder Handlung, die denkbar ist, sofort beweist, daß sie falsch oder nicht möglich ist oder daß die anderen nicht mitgehen und man allein bleibt. Dieser Umbau, das neue Leben, das wir brauchen, darf nicht durch hundert Einwände madig gemacht werden. Denn dann ist es weg.

MG Das klingt ein wenig naiv.

JR Ich glaube daran, daß eine junge Generation das Heft in die Hand nehmen wird, um noch 2030 auf der ganzen Welt kreatives, lebenswertes Leben zu unterhalten. Wenn die Jugend den zynischen Ablauf, den wir jetzt haben, verweigert, dann werden die Erwachsenen, die Alten, alle werden mitgehen. Aber das ist vielleicht naiv, und man könnte einwenden, daß die ganze Geschichte der Menschheit das Gegenteil zeigt. 1989 war dann aber eine Ausnahme. Das ist ein Beispiel, wo völlig naives, von allen Realisierungsmöglichkeiten entferntes Hoffen und Handeln in den Umweltgruppen, in der Kirche plötzlich geschichtsmächtig wurde, weil plötzlich das Phänomen, das die Physiker Resonanz nennen, da war.

MG Sie haben vom Zynismus gesprochen. Ist der bei den Westintellektuellen weiter verbreitet und anders verbreitet als bei den Ostintellektuellen?

JR Die Ostintellektuellen sind aus dem Zynismus, in dem sie gelebt haben, brutal herausgerissen und mit dem Kopf dreimal gegen die Wand gehauen worden. Was blieb, ist eine Art von Stupor, von Schock.

KA Nur die Intellektuellen oder auch das Volk?

JR Das Volk ist auf seine Weise schockiert und frustriert. Diesen Leuten ist nicht unbedingt die Weltanschauung kaputtgegangen oder der Gegenstand ihrer Habil-Arbeit. Allerdings sind die ostdeutschen Intellektuellen in einer heilsameren Schocksituation als diejenigen im Westen, die ihre Freude am Machiavellischen Zynismus noch weiterleben wollen und nicht merken, daß das vorbei ist und nicht mehr geht.

MG Sie sprechen gelegentlich vom metazynischen Intellektuellen. Gibt es für sein Erscheinen Hinweise?

JR Keine wissenschaftlichen, keine soziologischen Beweise. Aber ich merke, daß es ein anderes Erlebnis ist, in einem Gymnasium mit 14jährigen zu reden als in einem Industrieklub mit Sechzigjährigen. Das ist ein völlig neues Herangehen. Ich will das nicht idealisieren, aber auf keinen Fall ist es das bruchlose Einschwenken in die vorgegebene, modische Marschrichtung. Die suchen nach anderen Formen, den Intellekt in Gang zu setzen. Bei Mädchen wie bei Jungen hat ein emotionsgefüllter Intellektualismus offenbar eine viel größere Anziehungskraft als ein ganz abstrakter, streng logisch argumentierender. Mehr denn je ist der Primus, der alles ganz hart beweisen und belegen kann, aus der Mode. Mehr denn je bevorzugt die Jugend statt der überkommenen, streng rationalen Deduktionsformen das Spiel am Computer. Abzählen gilt mehr als abstrakt beweisen. Da kommen neue Formen des Räsonierens hinein, und ich sehe, daß die Mengenlehre nicht mehr so spannend ist wie die Kombinatorik, das Ausspielen. Das Ja, ja – Nein, nein ist nicht Mode, es soll einen Schuß ins Fragwürdige, Lächerliche haben und gleichzeitig ernst genommen werden. Es ist wie in »Così fan tutte«, der vielleicht schönsten Mozart-Oper. Ich bin aufgewachsen damit, daß sie einen dümmlichen Text, aber großartige Musik haben soll. Diese Auffassung hat sich heute geändert.

KA Allzuviel Zeit werden wir uns aber kaum lassen können. Sie selbst nannten vorher einmal das Jahr 2030. Da ist noch vergleichsweise weit hin, wahrscheinlich wird so viel gar nicht mehr bleiben.

JR Die Krisen kommen alle nebeneinander und unabhängig, aber wirksam werden sie en bloc. Wenn man einzelne Dinge herausnimmt, kann man sich vorstellen, daß wir bloß zufällig in eine Krise geraten. Daß das Ozonloch ein Problem wird, ist ein Überraschungseffekt, der von der Seite kommt. Da sind wir mit der Chlorchemie in eine Falle gelaufen, und es ist nicht abwegig zu denken, daß wir vor hundert Jahren, als die Chlorchemie sich durchsetzte gegenüber anderen Varianten, noch wirklich die Wahl hatten. Das ist eine von den Krisen, bei denen man nicht sagen kann: Es hängt alles zusammen mit der Überbevölkerung. Sie hat einen singulären Charakter und könnte auch singulär gelöst werden, indem wir von den Chlorprodukten, insbesondere von den flüchtigen weggehen. Es gibt eine gewisse Vertretbarkeit einzelner Krisen untereinander. Diese Wechselwirkung ist am intensivsten zwischen demographischer und ökologischer Krise. Die Tatsache, daß es fünf Milliarden Menschen, bald zehn Milliarden Menschen geben wird, hat wegen der Lebenstätigkeit dieser Menschen eine gewaltige ökologische Auswirkung. Da sieht man die Koppelung. Das sind zwei verschiedene Arten von Krise: Die eine, der Ozonabbau, ist singulär und könnte mit relativ einfachen technischen Mitteln in den Griff genommen werden. Die andere, die Energievergeudung, ist komplex, verkuppelt mit sozialen, gesellschaftlichen, historischen und politischen Bedingungen. Die größeren Gefahren sind da, wo alles miteinander so verbunden ist, daß man beim Eingriff an der einen Stelle an der anderen den Rückschlag bekommt. Letzten Endes leben wir mit einer Reihe von äußeren limitierenden Faktoren, die wir nicht beseitigen können, und wenn wir den einen künstlich beseitigen, dann wird's um so schlimmer mit dem anderen. Nehmen Sie etwa die Verschmutzung durch Schwermetalle, die wir mit unserer Lebenstätigkeit verursachen und die im Prinzip beseitigt werden könnte, indem wir mit gigantischem Aufwand die leeren Batterien elektrolytisch in die verschiedenen Metalle trennen. Da würden wir die Vergiftung von Grundwasser und Erde aufgeben, allerdings um den Preis eines höheren Energieverbrauchs. Da würde die Klimakrise nur schärfer werden. Ich sehe das als einen zusammengebundenen Ballon von Gefahren und Entwicklungen, und das Ganze rutscht auf uns zu. Zeit ist keine mehr.

MG Gerade wo der wissenschaftliche Fortschritt mit Händen zu greifen ist, denkt man immer noch in die alte Richtung weiter, nämlich wie man die Lebenschancen der einzelnen verbessern kann, anstatt aufs Ganze zu sehen.

JR Das ist ein ganz tiefer Konflikt. Ich sehe auch: Es ist eine Chance, daß wir in den nächsten zehn, zwanzig Jahren den Schalter in die Hand kriegen, um das Altern zu verhindern. Und dann bekommen wir eine Gesellschaft, in der die Menschen zwanzig, dreißig oder wieviel Jahre länger leben können. Da brauche ich viel Ruhe am Nachmittag und einen Gesprächspartner, der mitdenkt, um mir vorzustellen, was das für Konsequenzen hat. Das ist unglaublich, eine größere Revolution, als sie die Medizin im vorigen Jahrhundert hervorgebracht hat.

KA Würden Sie dieser Revolution mit mehr Hoffnung oder mit mehr Befürchtung entgegensehen?

JR Ich bin zunächst ganz ratlos. Wenn man sich das in Einzelheiten vorstellt, kann man sich nur fragen, was sind das für Menschen, die da 120 Jahre alt werden? Da gibt es das eine Extrem, daß es lauter Pflegefälle werden, und das andere Extrem, daß das ein Jungbrunnen ist und sie in guter Verfassung sind. Aber auch dann, wenn sie in guter Verfassung sind, sähe eine Gesellschaft, in der die Menschen doppelt so lange leben wie bisher, völlig anders aus als bisher.

KA Die Frage ist, ob solche Eingriffe in den natürlichen Ablauf der Generationen erlaubt sind und was für Kosten dafür zu zahlen sind.

JR Darauf kann ich keine Antwort geben. Das eine, was mich beruhigt, ist, daß die Entwicklung unausweichlich ist. Wenn der Schalter gefunden ist, wird er in Bewegung gesetzt werden. Es gibt keinen sozialen Mechanismus, der sagen kann, da greifen wir nicht rein. Wenn man das Altern als programmierte Selbstausschaltung von Zellen, Organismen und Geweben in die Hand kriegt, bekommt man auch fürchterliche Krankheiten wie Alzheimer in den Griff. Gegen die Aussicht, schwerkranke, leidende Menschen heilen zu können, kommt niemand an. Das ist klar.

KA Warum eigentlich? Manipuliert wird doch auch am Beginn des Lebens, und zwar in allen Richtungen. Auf der einen Seite werden kleine Kinder, die unter natürlichen Lebensbedingungen kaum lebensfähig wären, am Leben erhalten, auf der anderen Seite wird lebensfähiges Leben abgetrieben. Wäre nicht zu befürchten, daß am anderen Ende des Lebens genauso verfahren wird, Leben also bewußt verkürzt wird?

JR Ja, das ist eine Horrorvorstellung.

KA Die doch aber sehr realistisch ist. Schon heute wird die Euthanasie als ein Menschenrecht, von einigen jedenfalls, verteidigt.

JR Es wäre noch schlimmer. Diese Konflikte ängstigen

mich. Dennoch wäre es sinnlos, die Forschungen auf diesem Gebiet abzubrechen. Da würde der Mißbrauch profitieren.

MG Können Sie sich vorstellen, daß die Gesellschaft damit noch intelligent umgehen kann?

JR Es ist nur zu hoffen, daß sie da Wege finden wird. Es gibt ja immer noch die konkurrierende Idee, daß Altern das ist, was es seit Jahrtausenden war: die Akkumulation von Fehlern und Narben bis hin zur Nicht-mehr-Funktionsfähigkeit. Also ein natürlicher Prozeß, den wir zwar ein bißchen verzögern können, aber letzten Endes gibt es doch eine natürliche Grenze.

KA Wenn das Leben aber tatsächlich länger würde, als es heute üblicherweise dauert, ist doch eines mit Sicherheit vorauszusehen: Das Ungleichgewicht zwischen Jung und Alt, das heute schon stark ausgeprägt ist, wird sich dramatisch zuungunsten der Jungen verändern. Werden die jungen Menschen, die Kinder, das hinnehmen?

JR Das hängt davon ab, welche Entwicklung die Arbeitsproduktivität nehmen wird, wie viele Menschen ein Werktätiger ernähren kann.

KA Das war nicht die Frage. Niemand ist gerne in der Minderheit. Ich kann mir vorstellen, daß die Jungen nicht tatenlos zusehen, wenn eine mächtige Altenlobby lebenslang die Jungen majorisiert und sie nicht in die Positionen kommen läßt, die ihnen früher zugestanden hätten.

JR Das ist mir auch noch nicht ganz klar. Aber schlagen Sie mal eine Zeitschrift auf. Auf der einen Seite haben Sie ein Bild, wo vor einem schicken Auto ein junges Menschenpaar steht und seine Jugend in aufdringlicher Weise zur Schau stellt; auf der anderen Seite lauter graue Köpfe. Links, auf der Machtseite, ist das Durchschnittsalter sechzig, und rechts, auf der Konsumseite, wird ein Durchschnittsalter von dreißig vorgegaukelt.

KA Die sozialistischen Staaten wußten doch, was es für ein Land bedeutet, ein politisches Leitungsgremium zu haben, in dem das Durchschnittsalter bei achtzig liegt. Welche Chancen haben wir, wenn wir es ähnlich machen?

JR Es gibt ja jetzt schon die Tendenz, daß die junge Generation sehr lange warten muß. Das geht bis hin zum Bundespräsidenten. Ein junger Mensch darf zwar sein Leben für die Verteidigung Deutschlands einsetzen, aber bevor er vierzig ist, kann er nicht Bundespräsident werden. Und so ist es mit allem anderen. Es gibt überall die Betonfraktionen, wo gewartet werden muß, bis die über irgendeine Grenze hinweg sind, und dann erst kommt der Wechsel. Wir haben Formen von Mehrheitsentscheidungen, durch die Minderheiten wirklich majorisiert werden. Ich denke schon, daß in der Frage der Gestaltung von Schwangerschaft und Mutterschaft Mehrheiten mit entscheiden, die weder schwanger noch Mutter werden können. In einer Demokratie sollte es deswegen nicht nur die knallharten 49-zu-51-Mehrheiten-Entscheidungen geben, sondern auch Willensbildungsprozesse, in denen die betroffenen Minderheiten ein höheres Gewicht haben.

KA Das heißt aber doch, daß man von dem alten demokratischen Grundsatz »one man, one vote« abweicht, daß also die Stimmen nicht nur gezählt, sondern auch gewogen werden. Aber wer macht das, und nach welchen Gesichtspunkten wird gewogen?

JR Es gibt demokratische Prozesse, wo Minderheiten den Ton angeben. Beim großen Streik sind es letzten Endes Minderheiten, die sich durchsetzen und um ihr Recht kämpfen ...

KA Das ist angewandter Minderheitenschutz. Wenn ich tatsächlich gewisse Bevölkerungsteile mit einem höheren Stimmgewicht ausrüste als andere, zieht das aber ganz andere Konflikte nach sich.

JR Die dann auf andere Weise gelöst werden. Die jungen Leute haben ja auch andere Möglichkeiten, sich durchzusetzen, indem sie ihre eigenen Eltern überzeugen, daß das so nicht geht, und diese nicht mehr gegen sie stimmen würden. Das wären Willensbildungsprozesse, die Einsicht erzeugen unter den Alten, daß es auch anders möglich ist. Solche Einsichten sind in der klassischen Familie vorhanden. Sie zeigen sich dort, wo die Großeltern das Baby übernehmen, wenn der Bauer aufs Land geht.

KA Aber das setzt doch Erfahrungen voraus, die immer seltener werden, die klassische Familie ist ja heute schon – in Westdeutschland – zumindest in der Minderheit. Zwei Drittel aller Westdeutschen werden Erfahrungen, auf die Sie eben anspielten, nicht mehr machen.

JR Weil es keine natürliche Solidarität unter den Generationen mehr gibt.

KA Wo sollen diese Alten die Erwägungen, die Anstöße, die Ideen hernehmen, von denen Sie eben sprachen? Die haben ja keine Kinder mehr, die sie fragen, warum stimmst du so oder so?

JR Die werden so stimmen, wie es ihren, auf ihre Lebenszeit begrenzten Interessen entspricht.

KA Und nachher denken sie dann so wie die Madame Pompadour: Nach uns die Sintflut?

JR Das ist auch heute schon nicht abwegig. Man denkt: Bis zum Jahr 2010 wird's schon noch halten, das Sozial- und Rentensystem, die Umwelt, die Wasservorräte.

KA Können Sie sich vorstellen, daß auf einen künftigen Bundespräsidenten ungewöhnliche und neue Aufgaben zukommen, zum Beispiel die Aufgabe, der jungen Generation ein stärkeres Gewicht bei politischen Entscheidungen einzuräumen?

JR Es gibt im politischen Entscheidungsprozeß so viele Möglichkeiten, Einflüsse geltend zu machen und anzuhören, da bin ich optimistisch. Über die Medien dringen Minderheitenansprüche oder -klagen sehr gut durch. Da zählt ja nicht nur, was die Mehrheit der Leser will, und es gibt eine ganze Reihe von Medien, die durchaus ein offenes Ohr haben für gewisse Minderheiten. Auf jeden Fall ist der Minderheitenschutz in Deutschland besser ausgeprägt, als er zum Beispiel im Sozialismus war. Das Grundgesetz bietet eine ganze Reihe von Möglichkeiten. Darüber hinaus sollte man überlegen, für elementare Fragen die Sperrminoritäten höherzuhängen.

Der qualifizierte Schutz von Minderheiten ist eine Sache, die weiterentwickelt werden muß.

MG Wie soll man zum Beispiel die Jugend als qualifizierte Minderheit in diesem parlamentarischen System schützen, wo die Parteien doch inzwischen anfangen, sich der Tatsache bewußt zu werden, daß die Mehrzahl ihrer Klienten, ihrer Wähler demnächst über sechzig sein wird, und ihr Programm entsprechend ausrichten? Wie soll man so was institutionalisieren? Eine Jugendpartei nützt ja nichts.

JR Ich glaube, daß die Jugend die Kraft hat, auch als Minderheit ihre Interessen durchzusetzen. Wenn sie selber artikuliert und wach ist und nicht das Ganze einfach laufen läßt, glaube ich, daß man auf Gesetze verzichten kann. Die Parteien leiden darunter, daß sie keine Jugend mehr bekommen. Die Bereitschaft von Jugendlichen, sich in der CDU oder in der SPD oder bei den Grünen zu engagieren, geht zurück. Sie bevorzugen andere Formen des politischen Sich-geltend-Machens. Wenn die junge Generation das ändern und den Marsch in die alte Generation antreten würde, würden sie mit großem Hallo empfangen werden.

MG In dem Augenblick, wo die Zukunft des Sozialsystems, des Rentensystems und des gesamten Arbeitsmarktes in Gefahr ist, müßte doch ein Run der Jugendlichen in die Parteien losgehen, um das zu ändern.

JR Das wird sich im Einzelfall zeigen müssen. Ich kann mir diese Situation schlecht vorstellen. Wenn tatsächlich sehr viele ältere Menschen auf einen Leistungsträger kommen und von einem Bruttoeinkommen drei Viertel für Renten und Pflege abgehen ...

KA Als öffentliche Abgabe insgesamt?

JR Als öffentliche Abgabe oder über Versicherungsleistungen und Umlagen. Es kann sein, daß es so viel kostet, daß es unmöglich wird. Erschwerend kommt hinzu, daß wir nicht wissen, wieviel von den Leistungsträgern arbeiten. Wenn sich eine Sockelarbeitslosigkeit von 15 Prozent einpendelt und wir fröhlich damit weiterleben, dann haben wir die

15 Prozent quasi bei den Alten dabei, weil auch sie mit sozialen Programmen durchgefüttert werden müssen. Außerdem ist unklar, wie die Arbeitsproduktivität sich entwickeln wird, da gibt es gegenläufige Tendenzen, daß eine kleinere Zahl von Leistungsträgern in der Lage ist, das zu erbringen. Die Frage ist, ob sie das wollen, ob sie das akzeptieren.

MG Was wäre denn die Alternative zu diesem Modell?

JR Was sich sofort anbietet, ist doch dies: Wieso arbeitet ein Drittel und zwei Drittel nicht – was ist das für ein Begriff von Arbeit? Was steckt da für ein Begriff von Leben dahinter, wenn zwei Drittel per definitionem ausgeschlossen sind oder, andersherum, das Privileg haben, nicht arbeiten zu müssen? Da hängt der Arbeitsbegriff schief.

MG Was für eine Demokratie folgt daraus?

JR Ich glaube, daß der Begriff, den wir jetzt von Arbeit haben, keine Zukunft hat. Dieser Begriff von Arbeit wird unter den Bedingungen des Jahres 2030 nicht haltbar sein. Die alten Menschen, so sie gesund sind, werden dann spontan Funktionen übernehmen in der Gesellschaft: pflegen, Kinder beaufsichtigen, mithelfen. So etwas wird nicht mehr an ein Einkommen, für das nicht mehr genug Kapital da ist, gekoppelt sein müssen; das müßte spontane Tätigkeit sein.

KA Unentgeltlich also, wenn ich Sie recht verstehe?

JR Ja. Das gibt es in Ansätzen ja schon. In meinem Institut gibt es mehrere Doktoren und Professoren, die Rentner sind, die völlig unentgeltlich kommen und die Bibliothek benutzen und dort ein Buch schreiben oder Laborarbeiten machen. Vorläufig fühlen sie sich noch diskriminiert. Ich kann mir aber vorstellen, daß schon ich zu einer Generation gehöre, die froh sein könnte, wenn ich zugelassen werde, einem jungen Menschen bei seiner Promotionsarbeit zu helfen. Es gibt bei uns eine ganze Reihe von Mitarbeitern, die mit Selbstverständlichkeit und einer gewissen Freude den jungen Leuten Arbeiten abnehmen. Die sich freuen, wenn es schneller vorangeht oder Hindernisse beiseite geräumt werden. So könnten die Generationen auch ohne die jetzige Verteilung von Kompetenzen zusammenleben.

MG Meinen Sie nicht, daß man um eine allgemeine Verkürzung der Arbeitszeit kaum herumkommen würde?

JR Ich kann mir denken, daß es nötig wird, die Arbeit als etwas Kostbares gleichmäßiger zu verteilen. Es ist absurd, daß der eine 18 Stunden am Tag arbeitet, und zwei andere stehen am Tresen herum und beklagen die Wiedervereinigung Deutschlands. Viele Leute sind entlassen, im Vorruhestand und damit total unzufrieden; und dann sehe ich die hochgradig adrenalisierten Wissenschaftler, die in den besten Jahren bis zum Herzinfarkt kämpfen. Ich bin überzeugt, daß das gleichmäßiger zu verteilen ist, und um damit anzufangen: ich selber könnte auch leben, wenn ein anderer die Gruppe übernimmt, und ich darf mitmachen. Es muß nicht sein, daß ich als Leiter einer Gruppe zu allen Tagungen fahre und dann zum Schluß noch meine Kompetenz verliere. Eine kürzere Arbeitszeit würde bei mir nicht dazu führen, daß ich mit der Arbeit aufhöre. Ich bin bereit, ein ganzes Stück von den Privilegien des Älteren gegenüber den Jüngeren abzugeben. Vorausgesetzt, die Gesellschaft macht als Ganzes mit und läßt mich nicht allein.

KA Alles Zukunftsfragen, auf die die Politik eine Antwort geben müßte. Aber das tut sie merkwürdigerweise nicht. Wie erklären Sie sich das Verhalten der politischen Parteien, auf Zukunftsfragen hinhaltend oder ausweichend zu reagieren?

JR Das liegt daran, daß in der fortgeschrittenen Mediengesellschaft die politische Existenz in einer unerträglich harten Art ständig unter Druck steht. Der Zustand der Politik ist so, daß es für den Politiker unerträglich ist, auch nur einen Tag lang schlechte Meinungsumfragen zu haben. Sie müssen ständig aufpassen, daß sie nicht abrutschen in der Akzeptanz ihrer Partei, ihrer Klientel, ihrer Wähler und der gesamten Bevölkerung: alles gleichzeitig.

KA Wenn die Lage für die Politiker schwieriger geworden ist, als sie es in früheren Zeiten gewesen ist, weil eine Unzahl von Medien jeden ihrer Schritte überwacht und kommentiert: Warum neigen die Politiker dann so auffällig dazu, sich mit Dingen zu beschäftigen, die herkömmlicherweise nicht Sache der Politik sind? Glauben Sie zum Beispiel, daß das Kabinett darüber einen Beschluß fassen muß, wie Urlauber aus Portugal nach dem Bankrott ihres Unternehmens nach Deutschland zurückgeschafft werden können? Ist das Aufgabe der Politik?

JR In einer funktionierenden Öffentlichkeit wäre das eine Angelegenheit der Reisebüros. Sie müßten sich zusammentun und einen Fonds bilden, der in solchen Lagen Hilfe bringt. Da müßte der Markt funktionieren. Die Leute müßten einen solchen Druck ausüben, daß sich die Veranstalter selbst zu vernünftigen Lösungen entschließen.

KA Es gibt doch zwei Seiten bei der Geschichte. Auf der einen Seite neigt die Öffentlichkeit dazu, immer mehr von den Politikern zu erwarten. Aber auch der Staat neigt umgekehrt dazu, sich in Dinge einzumischen, die herkömmlicherweise nicht zu seinen Aufgaben gehören.

JR Es wird verlangt, daß der Staat alles richtet. Das finde ich übertrieben, und es muß gegengewirkt werden, vor allem im Bereich des Sozialen. Dennoch muß man sich überlegen, wie man rechtzeitig eingreifen kann, denn demographische Entwicklungen kann man eben nicht von heute auf morgen ändern. Deswegen müssen wir schon jetzt darüber nachdenken und wollen auch Herrn Blüm einladen, mitzudenken. Es ist schlecht, nur in diesen kurzen Zeittakten zu denken. Wir brauchen politische Institutionen, die nicht unter diesem unmittelbaren, ständigen Rechtfertigungszwang stehen.

MG In den letzten hundert Jahren hat der Sozialstaat im Grunde nur umverteilt, um Folgen zu mindern. Jetzt ist es anders. Jetzt muß der Staat eingreifen in die Gestaltung dieser großen Bereiche Generationenverhältnis, Arbeit, Ökologie.

JR Es wird sich wohl nicht verhindern lassen, daß da der Staat durch den Konsens der Gesellschaft den Auftrag zur Durchführung bekommt. Das ist ganz klar. Die Schiefe des

Generationenvertrags, der nur zwischen Alter und Mittelalter funktioniert und ein Ungleichgewicht zwischen Alt und Jung hervorbringt, muß begradigt werden. Es kann nicht sein, daß die Mutter, die fünf Kinder großgezogen hat, ein paar hundert Mark Rente kriegt, während ihre Kinder mehrere tausend Mark Rente in die gleiche Kasse einzahlen.

KA Für andere.

JR Für andere, die nicht fünf Kinder großgezogen haben. Wir brauchen auch eine Art Kinderkasse, nicht nur eine Rentenkasse. Wenn ein Kind ein Einkommen hätte, sähe es für die Mütter anders aus, denn sie würden vormundschaftlich das Geld für die Kinder verwalten. Sie könnten sich eine Rente ansparen oder hätten ein Einkommen, das ihrer Leistung entspricht.

MG Das heißt, an die Stelle der Familiensolidarität, die nicht mehr möglich ist, weil diese großen Familienverbände nicht mehr da sind, müssen komplizierte Formen gesellschaftlicher Berechnung treten.

JR Die Sorge für die noch und wieder Hilflosen muß gesamtgesellschaftlich ausgeglichen und nicht einseitig entschieden werden, nur weil die Alten Wahlrecht haben und die Kinder noch nicht. Das ist eine verquere Form von Demokratie.

MG Kann man sich ein Familienwahlrecht so vorstellen, daß die Eltern von zwei Kindern vier Stimmen haben?

JR Den Vorschlag habe ich schon des öfteren gehört, dazu möchte ich mich nicht äußern, denn er hat ja erhebliche Konsequenzen.

KA Die ständigen Eingriffe des Staates in das Leben seiner Bürger lassen sich von der Idee leiten, daß nach dem Eingriff des Staates in die Einkommensverhältnisse seiner Bürger insgesamt mehr Gerechtigkeit, mehr Verteilungsgerechtigkeit besteht als vorher. Das ist die Idee, die dem umverteilenden Sozialstaat zugrunde liegt. Ist dieser Anspruch überhaupt gerechtfertigt? Die Verzerrung zuungunsten der klagenden Mutter, deren Kinder für andere das Zehnfache von dem aufbringen, was sie selbst erhält, ist doch durch den Eingriff des Staates erst hervorgebracht worden. Kann der Staat im Ernst noch behaupten, daß er durch seine Tätigkeit mehr Gerechtigkeit herstellt, oder ist in vielen Fällen nicht das Gegenteil der Fall?

JR Ich überlege, wie es ohne Staat gehen könnte, ob das besser wäre, und habe den Fall dieser Frau vor Augen. Die Alternativen wären zweierlei. Das eine wäre: Die Kinder sorgen für diese Frau, indem sie ihr Geld nicht in die Rentenkasse zahlen, sondern ihrer Mutter geben. Das ist das klassische Familienmodell: Kinder sorgen für ihre Eltern. Das andere wäre, wenn die Mutter aufgrund ihrer Lebensleistung, zum Beispiel durch Kapitalbildung, einen solchen Anspruch an das Sozialprodukt hätte, daß sie sich selbst ernähren könnte und nicht in Not käme. Dafür, daß die Kinder für ihre Eltern sorgen, habe ich Sympathie. Ich halte es für richtig, daß wir diese natürlichen Formen der Solidarität nicht abschaffen, hätte aber die Sorge, daß das in der gegenwärtigen Gesellschaft dazu führt, daß die Kinder sich eben nicht um ihre Mutter kümmern und die Mutter dann noch schlimmer dran ist als über die Rentenversicherung. Was will man in den Fällen machen, wo das Familienmodell nicht funktioniert? Im Grunde genommen finde ich richtig, daß Leute, die ordentlich verdienen, nicht über irgendwelche komplizierten sozialstaatlichen Systeme, sondern direkt ihren Eltern helfen.

KA Die Frage ist doch eigentlich, wieweit der staatliche Eingriff die negativen Folgen seinerseits hervorbringt. Denn so, wie die Dinge bei uns organisiert sind, sagt der Staat seinen Bürgern doch: Keine Kinder zu haben ist für euch ein glänzendes Geschäft. Und wenn die Bürger sich danach verhalten, dann wundert er sich, daß der Sozialstaat wieder eingreifen muß. Ich fürchte, der Staat bringt die Folgen, die er im nachhinein durch Umverteilung bekämpfen will, durch seinen Eingriff ständig neu hervor. Insofern kann kein vernünftiges Ergebnis am Ende stehen.

MG Durch Rücknahme der Umverteilung löst man das

Problem aber nicht, weil man dadurch die alten solidarischen Strukturen der Großfamilie nicht wiederherstellen kann. Das wäre eine sehr riskante Strategie.

JR Wenn so weit eingegriffen wird, dann muß die Schieflage konsequent beseitigt werden. Entgegenkommen würde ich ihrem Argument darin, daß diese Versorgungen nicht unbedingt den vollen Lebensstandard abdecken müssen. Sie können schlanker sein. Ein alter Mensch muß in Würde überleben können, aber nicht unbedingt ein bombastisches Einkommen haben. Schwieriger ist es in der Medizin. Da ist die Bedürfnislage so unterschiedlich, daß es gefährlich ist, Grundversorgung und Luxusversorgung trennen zu wollen. Wozu soll man eine Lebertransplantation rechnen? Soll zur Grundversorgung nur die Kopfschmerztablette gehören, während für die Leber die Kirche aufkommen muß?

MG In dem Moment, wo Sie aus moralischen Gründen die Grundversorgung und die Luxusversorgung nicht trennen wollen und nicht trennen können, kommen Sie zu einer Medizin, deren Kosten die Gesellschaft nicht mehr tragen kann, weil sie egalitär auf zu teuerem Niveau wäre.

JR Die soziale Versorgung, die mit Rente und Lebensunterhalt zu tun hat, läßt sich leichter lösen als die Medizin. Schon jetzt sind einige medizinische Leistungen nicht mehr bezahlbar, zum Beispiel die Transplantationen: es gibt nicht genug Organe; Teams, die das machen können, sind rar; die Bedürfnisse steigen, es muß »selektiert« werden. Dabei kommt es dann zum Konflikt, weil zwei gleich Bedürftige und gleich Geeignete da sind. Wir werden wohl zur Kenntnis nehmen müssen, daß es Dinge gibt, die nicht mehr machbar sind. Zu diesen nicht mehr machbaren Dingen mag es gehören, alle Organe wie Ersatzteile zu erneuern. Es kann sein, daß die Medizin das löst, ich bin da aber ziemlich konservativ bei allem Glauben an die Zukunft der Medizin und der Gentechnologie.

MG Ist das jetzt ein Plädoyer dafür, die Verallgemeinerbarkeit der Transplantationsmedizin prinzipiell noch einmal zu überprüfen und sie dann einzustellen?

JR So weit gehe ich nicht. Die Transplantationsmedizin handelt allerdings hart an der Grenze des ethisch Zulässigen. Dessen muß sie sich ständig bewußt bleiben. Natürlich gibt es Abstufungen. Die Transplantation einer Niere ist ethisch weniger belastend als die einer Leber oder eines Herzens, weil Leber und Herz einmalige, lebenswichtige Organe sind, die Niere aber doppelt vorhanden ist. Die Transplantation des Gehirns greift in die Personalität in noch schlimmerem Maße ein – da kommen wir klar an ethische Grenzen, wo die Gesellschaft überlegen muß: Wo gehen wir weiter, was können wir noch machen? Wenn Embryonen als Organlager ausgeweidet werden, bin ich in einem tiefen Zwiespalt, weil ich sehe, daß man auf der einen Seite Menschenleben retten kann, und andererseits sehe, daß Grenzen überschritten werden, die ein Arzt eigentlich nicht überschreiten darf. Ich will weder theologische Vorschriften machen noch dem Machbarkeitswahn huldigen, daß alles, was nur irgendwie zu organisieren ist, durchgezogen wird. Ich bin lange Zeit diesen Globaltransplantationen gegenüber sehr skeptisch gewesen und bin das auch heute noch.

MG Alles, was man gesellschaftlich finanziert, steht unter dem Gleichheitspostulat, und aus dessen Dilemmata kommt man nicht heraus. Das gesamte Medizinsystem ist, schon wegen der Universitäten, eine gesellschaftliche Veranstaltung. Nur, was die Medizin kann, kann man nicht für alle bezahlen. Aber es deswegen nicht am einzelnen zu tun, wäre auch barbarisch. Wie man es auch dreht und wendet, man kommt da nicht heraus.

JR Hier sind Optimierungen möglich. Entartende Entwicklungen können gekappt werden. Die Hochleistungsmedizin läßt sich, ohne in große Konflikte zu kommen, auf ein vernünftiges Maß reduzieren. Ich denke, wir können menschlich bleiben und müssen es nicht bis zu Orwell treiben. Wichtig ist nur, daß die Gerechtigkeit auf Erden nicht die Form einer Bürokratie annimmt. Man muß sich der Spannung bewußt bleiben und den Glauben an das selbstregulierende Handeln ebenso in Frage stellen wie den an das staatlich-korrigierende System. Nur am konkreten Problem entscheidet sich, ob es sinnvoll ist, den Staat hier rauszunehmen, oder ob man gezwungen ist, den Staat hier reinzunehmen. Da gibt es die Formel: Sowenig wie möglich, soviel wie nötig. Anders geht es nicht.

MG Es ist schwieriger, Gleichheit zu schaffen im Gesundheitswesen als im Rentenwesen. Das Altwerden ist ja anders als das Krankwerden kein individuelles Risiko, sondern ein Lebensabschnitt, den jeder im Rahmen seiner gesellschaftlichen Stellung erfährt.

JR Wenn man als Ostdeutscher in das westliche Gesundheitswesen reinwächst, hat man den Eindruck, daß das Gesundheitswesen an der Grenze zur Bezahlbarkeit angelangt ist. Die Beiträge drohen so hoch zu werden, daß es sozial nicht mehr vertretbar und durchsetzbar ist. Die erste Stufe, die Herr Seehofer als Reform durchgebracht hat, war ja hauptsächlich ein Restriktionsversuch, um Kosten zu kappen. Diesen Versuch, überhaupt etwas zu ändern, finde ich sehr sympathisch, obwohl eine Reihe von Dingen sehr bedenklich sind. Zum Beispiel, daß junge Ärzte und Ärztinnen per Restriktion nicht mehr zugelassen werden sollen, weil die Gefahr besteht, daß jeder neue Arzt die Kosten noch stärker in die Höhe treibt, weil jeder Arzt seine Praxis füllt, weitgehend unabhängig davon, wie der Bedarf ist. Das ist nicht wie beim Markt durch Nachfrage und Angebot geregelt, vielmehr ist die Nachfrage manipulierbar durch den Arzt als Anbieter. Vom Ansatz her war das Gesundheitssystem im Osten egalitärer, wenn Sie so wollen: »gerechter«. Der Patient hatte keine Kosten, noch geringere als jetzt. Im Grundsatz war es gleichgültig, wer sich das Bein gebrochen hatte, jeder bekam seine Extensionen und seinen Gips und wurde weiterbehandelt. So war es dem Ansatz nach. Das wurde dann dadurch unterhöhlt, daß es Privilegierte gab, die eine Sondermedizin bekamen. Der zweite Nachteil bestand darin, daß an der unteren Ecke dieses egalitären Prinzips die besonders armen, pflegebedürftigen, langfristig Kranken zu kurz kamen. Das System als Ganzes war zu arm – in der ganzen DDR-Zeit kann man die Zahl von neuerrichteten Krankenhäusern an einer Hand abzählen. Nicht weil er arm war, sondern weil Rollstühle schwer zu kriegen waren, hatte ein Patient der unteren Kategorie auf Pflege und Kontrollmöglichkeiten zu verzichten. Ein weiterer Nachteil war, daß der Arzt nicht im westlichen Sinne nach Leistung bezahlt wurde. Er war da, bezog sein Gehalt, unabhängig davon, wie gut oder wie intensiv er die Patienten betreute. Das führte gelegentlich dazu, daß der Patient als Last oder als Störfaktor galt und lange warten mußte oder abgewimmelt wurde. Ein System, in dem nicht nach Leistung, sondern nach der Tatsache, daß man den Patienten pflegt und gesund hält, mit einem festen Gehalt bezahlt wird, neigt dazu, sich die richtige Arbeit vom Leibe zu halten. Das ist eine natürliche menschliche Reaktion. Das ist alles anders geworden. Heute gibt es andere Nachteile, zum Beispiel den, daß der diagnostische Aufwand weit über dem medizinisch Notwendigen liegt. Das könnte man ändern, wenn man nicht jede Einzelleistung honoriert, sondern das Behandlungsergebnis. Dieses Prinzip würde die Prämie beseitigen, die darin besteht, möglichst viele Maschinen der Intensivmedizin auf den Patienten loszulassen. Ich warte, ob hier das demokratische System reformfähig sein wird. Oder ob nur alle zwei Jahre das nötigste Flickwerk gemacht wird, so wie es offenbar bisher gelaufen ist.

MG Sie haben einmal gesagt, Sie könnten sich vorstellen, daß der Überdruß als Auslöser sozialer Bewegung wirksam werden könnte. Daß irgendwann die Menschen unsere Form des Wohlstands satt haben und daß sie aus irgendeiner Art von Ekel Genügsamkeit entwickeln und die Fähigkeit, manipulierte Bedürfnisse von wirklichen zu unterscheiden. Das sind Überlegungen, die mich stark an die Zeit erinnern, als wir 68er versucht haben, notwendige und überflüssige Bedürfnisse voneinander zu unterscheiden. Ist das nicht eine sehr schwierige und schiefe Ebene, auf die man sich mit solchen Überlegungen begibt?

JR Es birgt die Gefahr in sich, daß ein intellektueller Brillenträger für die Mehrheit der Bevölkerung definiert, was ihnen zuträglich ist. Wahrscheinlich geht es nur, wenn die Erkenntnis spontan kommt, wenn der Überdruß an der Tretmühle zum Bewußtsein kommt und in Handlungsbereitschaft, in Änderungsbereitschaft umschlägt. Da sollte der Philosoph möglichst wenig eingreifen; und wenn, dann in Hebammenfunktion, sehr zurückhaltend und nur den spontanen Prozeß unterstützend.

MG Aber Sie halten diesen spontanen Prozeß für wahrscheinlich?

JR Der tretmühlengetriebene Konsum müßte irgendwann einmal zu dem Aha-Effekt führen, daß es doch viel einfacher wäre, den hochtourigen Anspruch an seine Bedürfnisse aufzugeben.

KA Aber der Überdruß am Konsum kann doch mit Sicherheit nur das eine sein. Das andere müssen bessere, lohnendere Ziele sein, für die man seine Zeit hingibt.

JR Ich meine nicht nur ein quantitatives Herunterdrehen, sondern einfach etwas anderes schön zu finden, was nicht so teuer in Maßgabe von Lebenszeit bezahlt wird.

MG In der Bundesrepublik hatten wir die Erfahrung, daß von 1945 bis 49 ungeheuer viel gelesen wurde. Kaum war die Währungsreform da, stürzte das ab. Folgt daraus, daß die Beschäftigung mit Violinen und Goethe immer nur dann erfolgt, wenn es keine Schokolade gibt?

JR In der Tat kann Knappheit eine Tugend sein. Es gab kein schöneres Leseerlebnis, als ein seltenes Buch oder eine seltene Zeitschrift aus dem Westen zu bekommen. Alle leihen sie sich aus, jeder will sie in den Händen haben. Wenn der ganze Bücherschrank oder der Schreibtisch so voll ist mit neugekauften Büchern, daß ich nur noch dazu komme, sie durchzublättern, sinkt die Wertschätzung. Wenn mir ein Besucher ein bei uns unerreichbares Buch mitbrachte: was war das für eine

Lektüre, ein Glücksgefühl, ein Konsum! Das ist unersetzlich, und mit der Knappheit verlorengegangen. Es wird nie wieder eine Kindergeneration geben, die so närrisch verliebt in Matchbox-Autos ist, wie unsere Kinder es waren, für die das ein ganz seltenes, großartiges Geschenk gewesen ist. Jetzt stehen die in langer Reihe im Zimmer, und der Überdruß ist sofort da. Ich glaube, daß der Verlust an Knappheit, den wir erleiden, ein wirklicher Verlust ist. Die Jahre von 1945 bis 49 habe auch ich erlebt, ich habe keine intensiveren Erinnerungen als die armselige kleine Operettenpremiere in Halberstadt 1948. Das war ein Fest für die ganze Stadt. Dann kam im Westen der Reichtum, das Ganze wurde immer elitärer und immer teurer. Das kleine Stadttheater war nicht mehr konkurrenzfähig, und das Gemeinsamkeitsgefühl mit den Schauspielern, wenn man mit ihnen nach dem Kunstgenuß zusammensaß, war weg. Im Osten habe ich ein Gegenstück erlebt, das war der Schock nach 61, als alle Theater im Osten leer waren. Der Schock war so hart, daß sich die Leute jahrelang geweigert haben, selbst in die besten Aufführungen zu gehen. Sie hatten andere Sorgen oder waren depressiv. Einen ähnlichen Schock hat es unter ganz anderen Voraussetzungen bei der Öffnung der Mauer gegeben. Die Ostberliner Theater sind jetzt überwiegend mit Westbesuchern gefüllt. Ich hoffe, daß sich das wieder ändert, daß die Erinnerung an den Wert der Knappheit aber trotzdem nicht verlorengeht.

MG Können Sie sich vorstellen, daß es für diesen Wert der Knappheit und den Reichtum an Zeit unter unseren Bedingungen funktionale Äquivalente gibt?

JR Vielleicht dadurch, daß mit dem kostbaren Gut Arbeit demokratischer umgegangen wird. Daß es nicht einen arbeitslosen und einen überlasteten Lehrer gibt, sondern zwei Lehrer mit Teilzeitarbeit, die wieder Zeit finden, griechische Philosophen zu lesen.

MG Die Frage ist, ob man das stützen kann, ob die kulturellen Eliten als Vorbilder wirken können, und wie.

JR Ein Bundespräsident könnte in dieser Absicht mit seiner Aufmerksamkeit nicht nur die Höchstkultur ehren. Nicht nur nach Bayreuth und Salzburg fahren, wenn ihm danach ist, sondern auch in ein Ensembletheater gehen, vielleicht auch nicht nur in die Premiere, sondern in eine der folgenden Vorstellungen. Den Hang zum Allerfeinsten muß er durch sein Beispiel ausgleichen. Allgemein könnte man darauf hinwirken, das Publikum stärker mit einzubeziehen. Ich habe einmal in Rußland miterlebt, wie ein Theaterstück über den Bürgerkrieg so aufgeführt wurde, daß bei der S-Bahn-Fahrt von Moskau nach Tula in zwei Waggons dieses Zuges und auf jedem Bahnhof Szenen stattfanden. Da kamen Agitatoren rein, Rote, und an der nächsten Station die Weißen und übernahmen das und erklärten uns, weshalb sie die Schweine von Roten endgültig besiegt hatten, und an der nächsten Station übernahmen die dann wieder die Macht, und wir konnten teilnehmen, wurden angesprochen und mußten reagieren, und dann gab es einen Überfall. Es war so gemacht, daß man am Ende den ganzen Bürgerkrieg miterlebt und mitgespielt hatte. Und es klappte wunderbar. Es gab viele Improvisationen, und die Russen sind sofort bereit, so was mitzumachen.

KA Konnten Sie denn mitmachen? Als Deutscher?

JR So gut verstehen wir Russisch, daß wir da alles mitbekommen haben, und unsere Kinder haben ja auch hervorragend Russisch gelernt in den Jahren dort. Mich hat man zwar immer noch am »baltischen« Akzent erkannt, aber das Idiom zu verstehen, das ist ein schönes Erlebnis gewesen. Wir sind ja auch in Berlin immer zu den Aufführungen der Russen beim Theaterfestival gegangen. Leider waren das dann immer Staatstheater, die Uralt-Schmiere aufgeführt haben, Stanislawski, der zwölfte Aufguß. Die wirklich lebendigen Gruppen, die gab es damals unter Studenten, aber nicht in den akademischen Theatern.

MG Ist es so, daß der ganze osteuropäische Kontinent mit der Mauer untergeht und uns in Westeuropa nichts mehr erreichen wird? Was verlieren wir dadurch, was entgeht uns?

JR Das stimmt so nicht. Das polnische Theater ist rezipiert worden und die modernen russischen Filme auch, Tarkowski zum Beispiel. Mit dem »Bahnhof für zwei«, einem wunderbaren Film, ist es anders. Da gibt es Dinge, die wegen der Exotik dem Westler nicht zugänglich wären. Da sind Anspielungen und Witze und nachgestellte Szenen, die man nur verstehen kann, wenn man auch im Sozialismus gelebt hat. Wir hatten natürlich in einem ganz anderen Maße auch über die Sprachbarriere hinweg die Möglichkeit, mit Ungarn, Polen, Russen uns zu verständigen, weil wir auch die Pionierorganisation, die Vorschule und den Kindergarten hatten, das Zulassungsproblem zur Uni und die Heuchelei der Parteimitglieder. Wir lebten in derselben Welt wie sie. Es gibt jetzt eine deutsche Generation, die eine Zeitlang mit dem Osten in einem Boot gewesen ist. Es bedrückt mich, daß es eine Tendenz gibt, das wegzuwaschen.

MG Nun lernt inzwischen der ganze Osten Englisch und Deutsch.

JR Das ist ja auch sinnvoll. Englisch mußten wir auch lernen, aus beruflichen Gründen. Trotzdem waren wir richtige Mitteleuropäer, in einem emphatischen Sinne, weil wir eben wirklich nur nach Wilna, Warschau, Krakau, Prag, Budapest, Brünn reisen konnten. Es gibt so viele Leute, die in Rußland oder in der Tschechoslowakei als Wissenschaftler ausgebildet sind, von da auch noch die Frau oder den Mann mitgebracht haben und in der Sprache gelebt haben. Ich kenne Leute, die wunderbares, idiomatisches Russisch gelernt hatten in den acht oder zehn Jahren bis zur Doktorarbeit. Jetzt sitzen sie in Heidelberg, und die enge Beziehung schwindet langsam dahin.

MG Kontakt an sich ist ja kein Wert. Welche Erfahrungen würden verlorengehen, wenn das abreißt?

JR Zum Beispiel die Erfahrung einer Lebenskultur, die ein völlig anderes Verhältnis zur Zeit hatte. Es ist ein prinzipieller Unterschied, wie ein Gast in Moskau empfangen wird, wenn er zufällig hereinschneit, ein Unterschied gegenüber dem, wie es im Westen ist. Wenn ein Gast kommt, ist das ein so ungewöhnliches Ereignis, daß alles fallengelassen wird. Ich habe das einmal erlebt. Als wir einmal in Moskau in der falschen Straße einen falschen Aufgang erwischt hatten, standen wir vor der falschen Tür und haben dort geklingelt. Bei den Fremden, die wir gar nicht kannten, haben wir aber den Abend verbracht. Dem kann man sich nicht entziehen. Die sagen: Kommen Sie erst einmal herein, dann wollen wir mal sehen, wo Sie hinwollen, und dann nehmen Sie mal Platz, und dann kommt auch schon etwas zu trinken, und der Abend ist gesichert. In einer wildfremden Familie. Es ist wunderschön, wenn man bis um drei, vier Uhr morgens in diesem von Wodka leicht vernebelten Zustand über die Welt philosophiert und Zeit hat und am nächsten Morgen auch nicht gleich zur Arbeit zu gehen braucht. Es ist ein sehr entspanntes Verhältnis zum Konsum von Zeit. Das ist ein Kulturwert, der im Westen weit weniger vorhanden ist.

MG Armin Mohler, ein westdeutscher Konservativer, hat einmal gesagt, wenn er einen guten realistischen Film oder eine Klassiker-Verfilmung sehen will, dann müsse er in die DDR gehen. Dieser handwerklich gut gemachte Realismus für die Mitte der Bevölkerung, dieses Nichtauseinanderfallen in E- und U-Kultur, war das ein Kennzeichen dessen, was von Berlin bis Moskau funktionierte und jetzt bedroht ist? Oder war das eher spießig und miefig?

JR Nein. Spießige und miefige Aufführungen gab es natürlich auch. Aber wenn in der DDR die traditionellen Tugenden des Salontheaters gepflegt wurden, kann ich das nicht als miefig oder spießig bezeichnen. Da bin ich gern und ohne jede Herablassung hingegangen.

MG Wir machen in Berlin zur Zeit die Erfahrung, daß das Westberliner Publikum aus der Bob-Wilson-Welt flieht zu Langhoffs Deutschem Theater, wo auf hohem Niveau sehr traditionell gespielt wird, so, als wenn die Leute eine Zeitlang überfordert worden wären von einem oft nur an formalem Fortschritt orientierten Theater.

JR Unter DDR-Bedingungen konnten sie Erfolg erzielen durch sanfte, politische Anspielungen, zum Beispiel in Shakespeares »Wintermärchen«: Böhmen am Meer! Ich habe das gesehen in der Schaubühne und war damals einerseits fasziniert durch diese flamingoartige Eleganz, mit der das dargeboten wurde. Auf der anderen Seite habe ich auf Schritt und Tritt gesagt: Um Gottes Willen! Da hätte man doch eine wunderbare Anspielung auf die Abwicklung oder den Zusammenbruch des Systems machen können. Das hätte sich das Maxim-Gorki-Theater oder das Deutsche Theater nicht entgehen lassen, die Lacher da herauszuholen aus den Anspielungen. Es war also leichter, mit traditionellen Theatermitteln Erfolg zu haben, indem man die politischen Verhältnisse persiflierte. Ich habe einmal eine Aufführung gesehen vom Frankfurter Theater, sie boten den »Revisor« von Gogol. Da kam die Stelle vor, wo der Hauptdarsteller sagt: »Sogar der Staatsrat hat vor mir gezittert.« Da kam klassischer Beifall, und die Schauspieler waren völlig konsterniert, die wußten gar nicht, daß Ulbricht gerade zum Staatsratsvorsitzenden gemacht worden war. Es war ein Zufallsscherz, aber solche Dinge spielten die Schauspieler bei Tschechow zum Beispiel oder bei Gogol mit Wonne heraus. Deshalb konnte das realistischer und konventioneller verlaufen. Die ganze DDR war ja altmodischer als der Westen und mehr in den deutschen Traditionen geblieben. Das hat Vor- und Nachteile, einen miefigen Aspekt, aber auch einen ganz freundlich-konservativen.

MG Gibt es eigentlich ein Theaterstück, ein Buch, einen Roman, eine Novelle, ein Gedicht, in dem die Geschichte der letzten vier Jahre verarbeitet worden ist?

JR Ich wundere mich: das ist so ein phantastischer Stoff. Über die Oktoberrevolution gibt es die großen Romane, den »Leidensweg« oder den »Doktor Schiwago«. In der DDR gab es noch mehr davon, das Schicksal der nationalen Trennung, die Wiedervereinigung, den Systemwechsel, die Revolution, diese einmalige Form von Revolution: friedlich und ohne Blutvergießen. Ich warte immer noch. Irgendwo muß doch der Tolstoi nachgeboren werden, der uns das einmal beschreibt, oder meinetwegen auch der Uwe Johnson.

MG Wie kommt das? Sind die alle innerlich so mit dem Gewesenen verhaftet, daß sie immer noch in ihrer politischen Depression stecken?

JR Vielleicht sitzt er ja schon an der Arbeit, und es dauert nur ein paar Jahre und braucht einen gewissen Abstand.

KA Auf das Theater über die Themen des Dritten Reichs wartet man seit fünfzig Jahren vergeblich. Es gibt offenbar geschichtliche Phasen, die trotz aller aufregenden Elemente die Produktivität verhindern.

JR Es gibt einiges über das Dritte Reich und dessen Nachgeschichte im Osten. Zum Beispiel von Uwe Johnson. Daß er, der 1956 weggegangen ist, der authentischste DDR-Schriftsteller geblieben ist, ist ein merkwürdiges Phänomen. Vielleicht ist es noch zu früh. Nach zwei, drei Jahren mit diesen vordergründigen Umstellungsschwierigkeiten muß man einer Bevölkerung etwas Erholungszeit geben. Bei vielen ist der Stupor noch vorhanden, der sich auf die Kreativität dämpfend auswirkt.

MG Bei Ihnen ja offenbar nicht.

JR Ich bin vielleicht mehr gekitzelt und mehr herausgefordert worden.

MG Können Sie sich vorstellen, daß ein Bundespräsident einen neuen, gegen die Konsumkultur gerichteten Umgang mit Kunst pflegt, der etwas vom Erbe der Nische, in der man Zeit hat, aufnimmt? Also etwa eine Reihe von Spitzenmanagern, Politikern, Künstlern und normalen Bürgern einlädt und mit denen – wie das in Weimar gewesen ist – Theater spielt? Warum sollen Feste in Schloß Bellevue immer so aussehen, daß Herr Grass und Herr Szczypiorski etwas vorlesen, und anschließend spielt das Streichquartett, und dann ißt man Schnittchen. Da ließe sich doch sicher etwas mehr machen.

JR Der Meinung bin ich auch. Vielleicht gelingt so etwas einer Theatergruppe, die die Zuschauer animiert, mitzutun und etwas zu machen. Man müßte den Mut haben, eine solche Truppe einzuladen, und die müßte etwas bringen, was die Leute wirklich aus ihrer Schale herausholt. Richard von Weizsäcker hat eine Kultur des Umganges mit jungen Leuten und Studenten entwickelt, indem er das Monarchische seines Amtes vergessen läßt. Er hat den Grad der Offizialität, mit dem er auftritt, heruntergerüstet. In diese Richtung würde ich sehr gerne die ganze Politik abgerüstet sehen.

KA Auch die Dienstwagen?

JR Auch die Dienstwagenkultur könnte schlanker werden.

MG Sie sagen am Ende ihres Buches über Intellektuelle: Wir müssen der Sauerteig werden. Wer ist wir?

JR Das ist ein offenes Wir. Jeder, der mitmacht, und jeder, dem es Spaß macht, aus dem Trott herauszukommen, ist eingeladen. Da habe ich keinen bildungselitären Hintergrund, das würde ich völlig unabhängig vom Bildungsstand sehen.

MG Haben Links und Rechts für Sie noch eine Bedeutung?

JR Links und Rechts ist für alle aus dem Osten ein fremd vorgeprägter Begriff, und das geht mir auch so. Die definitorische Trennung und Spaltung, die im Westen erfahren wurde, hat es im Osten nie gegeben.

KA Was könnte denn Ihrer Meinung nach an die Stelle des wohlvertrauten Gegensatzpaares treten?

JR Zum einen gibt es keine soziokulturellen Syndrome dieser Art mehr. Andererseits gibt es noch Elemente dessen, was früher zusammengefaßt wurde unter Links und Rechts. Der Impuls, etwas Überkommenes mit Zuwendung zu bewahren, wäre konservativ, sich mit dem Eingefahrenen nicht mehr abzufinden, es überwinden und etwas anderes begrüßen zu wollen, wäre das Gegenteil.

KA Innovativ? Fortschrittlich?

JR Fortschrittlich – der Ausdruck geht im Osten nicht, der ist politisch besetzt. Sicher werde ich in der Art, wie ich mir den zukünftigen Bundespräsidenten vorstelle, von vielen mehr an den alternativen Rand des Wunschspektrums geschoben. Mein Verhältnis zur Literatur und zur Malerei, zur bildenden Kunst, zur Kultur hat natürlich ganz traditionelle, konservative Züge.

MG Gibt es eine Brücke zwischen den vorwärtsgewandten und den bewahrenden Antrieben? Oder sind das zwei Welten, die Sie nicht zusammenbringen können?

JR Harmonisch sicher nicht.

MG Ein Naturwissenschaftler als Bundespräsident? Warum könnte das Sinn machen? Das hatten wir noch nie.

JR Da wäre erst mal zu klären, welche Möglichkeiten der Bundespräsident hat. Er kann hervorheben, anregen, durch Zuwendung auszeichnen, bestimmte Initiativen und Gedanken weitertragen, gewisse Leute einladen und sie zu Wort kommen lassen. Ein Naturwissenschaftler hätte den idiomatischen, den sprachlichen Kontakt zu Naturwissenschaftlern, Technikern, Medizinern, Biologen. Das ist ein Vorteil. Ein Naturwissenschaftler in einer solchen Position könnte darüber hinaus das langfristig Konzeptionelle der Politik stärken, die sogenannte Realpolitik, die im Bundestag und in der Regierung stattfindet, denkt meistens in zu kurzen Zeitabschnitten. Die soziale und ökologische Herausforderung, vor der wir in Deutschland, aber auch global stehen, ist nicht zu lösen durch Rücknahme von Zivilisation und Technologie und Rückkehr zu den Lebensweisen voriger Jahrhunderte, sondern nur durch eine Weiterführung dieses Modernisierungskonzepts. Eine ökologische Gesundung wird nicht möglich sein, ohne daß wir die neuesten, also weichen Technologien einführen. Es wird keine Energiewende geben, ohne daß wir die Sonnenenergie in breitem Rahmen nützen, ohne daß da Chips und Kommunikationstechnik und dergleichen eine Rolle spielt. Auch die Explosion des Verkehrs, der die Wirtschaft zu strangulieren droht, kann nur gestoppt werden, wenn wir diese modernen Entwicklungen haben. Eine ökologisch verträgliche Landwirtschaft ist kaum denkbar, ohne daß wir weiche biotechnologische Verfahren einführen anstelle der harten wie der Düngemittel. Eine Transformation der Industriegesellschaft in die Zukunft ist ohne Naturwissenschaft und Technik unmöglich.

MG Es gibt eine Kaskade von Technikkritik, zum Teil von Philosophen, zum Teil aber auch von Naturwissenschaftlern, die in der DDR keine Rolle gespielt hat. Wo würden Sie dieser Kritik folgen, und wo würden Sie sagen, das ist Luxus?

JR Ich weiß keinen anderen Weg, als die technologische Entwicklung weiter voranzutreiben und dabei stets ganz hart an einer kritischen Abschätzung der Nebenwirkungen zu bleiben. Die Zwiespältigkeit ist aus keiner Entwicklung herauszubringen. Das geht schon beim Faustkeil oder beim Feuer der Steinzeitmenschen los und geht bis in die Gegenwart; der Fortschritt ist immer zwiespältig. Mit der Entwicklung der menschlichen Gesellschaft wächst die Gefahr, aus dem ökologischen Gleichgewicht herauszufallen. Dem kann man sich nur stellen, wenn man diesen Widerspruch aufnimmt, indem man also darauf achtet, welche Folgen eine Entwicklung hat, und dann ganz hart beurteilt, was gut ist und was nicht gut ist. Ich habe große Sympathien für Versuche, eine neue Lebensweise auszuprobieren, in Kommunen zu gehen, die ökologisch gesund arbeiten: das sind wichtige Experimente. Deshalb halte ich es für sehr wichtig, daß diese Sachen gemacht werden, Elemente davon werden in jeden Umbau der Industriegesellschaft eingehen. Eine radikale Abkehr von der Technik wird es aber nicht geben. Sie wird daran scheitern, daß es letzten Endes zu viele Menschen in den Gesellschaften gibt, die dann nicht ernährt werden können und nicht human leben können. Um das Problem, daß es Milliarden Menschen gibt, daß also die Zahl der Menschen das naturgegebene ökologische Gleichgewicht sprengt, das über Jahrtausende sich eingespielt hat, um dieses Problem kommen wir nicht herum. Das können wir nur artifiziell lösen. Wir können nur künstlich die Tendenzen herstellen, die auf ein neues Gleichgewicht zulaufen.

KA Die Techniker überleben die Politiker, hat ein Franzose

vor einigen Jahrzehnten gesagt. Die technischen Produkte drängen auf den Markt und verändern die Lebensweise der Menschen. Wenn die Politik sich der Ereignisse und Veränderungen annimmt, kommt sie regelmäßig zu spät. Gibt es Möglichkeiten, die Techniker für den Einfluß, den sie tatsächlich ausüben, politisch verantwortlich zu machen?

JR Erstens müssen diese Fachleute an der Diskussion teilnehmen, und zwar offen, nicht als Lobby. Die Folgen der Gentechnik abzuschätzen ist nur möglich mit Biologen, die auf diesem Gebiet Fachkenntnisse haben, gleichzeitig aber kritisch und offen sind für die Folgen. Das könnten junge Doktoranden sein, die nicht nur an ihre Doktorarbeit denken und wie sie am allerschnellsten ein Gen klonieren können, sondern neben dieser Arbeit auch politisch wach sind, Sinn haben für die Ängste und Bedenken der Öffentlichkeit.

KA Aber die Experten können doch immer nur beraten. Entscheiden tut nachher das Parlament. Das ist auch richtig und entspricht der Verfassung. Notwendigerweise entscheidet der Parlamentarier dabei allerdings über Fragen, die so kompliziert sind, daß sich die Folgen auch beim besten Willen nur höchst fragmentarisch überblicken lassen. Was kann man tun, um den Sachverstand des Parlaments in diesen Zukunftsfragen zu verbessern?

JR Das ist eine Herausforderung an die pädagogische Kreativität der Experten. Sie müssen die Dinge so darstellen, daß sie ein interessierter Laie verstehen und das Problem einsehen kann. Hinzukommen muß die Insistenz der Laien, also der Abgeordneten und der Entscheidungsträger, das herauszufordern, sich nicht mit kryptischen Expertisen zufriedenzugeben, sondern sich die Dinge wirklich erklären zu lassen.

KA Können Sie sich ein Gremium vorstellen, das den technischen Sachverständigen mehr Einfluß auf das Gesetzgebungsverfahren gibt? Im Gegenzug dann aber auch für das, was sie dort raten und empfehlen, haftbar gemacht wird?

JR Ich bin vorsichtig mit einem konkreten Vorschlag. Das müßte überdacht werden. Es gibt Anregungen, eine Art ökologisches Parlament zu schaffen mit dem Ziel, Katastrophen zu verhindern und die ökologische Verträglichkeit aller möglichen Neuerungen zu prüfen. Ich könnte mir vorstellen, daß so etwas beim Bundespräsidenten angesiedelt ist. Natürlich kann es auch beim Parlament liegen, aber da besteht die Gefahr, daß die Geschäftsordnung sofort wieder die bekannten Mehrheiten herstellt, wie sie ohnehin überall, im Parlament und in der Regierung, vorhanden sind, so daß es nur eine Abbildung des Vorhandenen ist.

MG Sie meinen eine Art ökologischer Bundesbank?

JR Es heißt Ökologischer Rat, und darüber ist lange gestritten worden und wird noch immer gestritten. Man muß sich gut überlegen, wie man da unabhängigen Sachverstand hineinbekommt. Die Technikfolgen-Abschätzung und die Enquetekommissionen bieten den richtigen Ansatz. Technikfolgen für den sozialen Zustand der Gesellschaft ständig beobachten zu lassen und eine Art Parlament mit eingeschränkten Rechten einzurichten, das halte ich für wichtig.

KA Solche Technikfolgen-Abschätzungen gibt es ja inzwischen auf Bundes- und auf Landesebene. Das Problem ist, um es etwas überspitzt auszudrücken, daß die Folgenabschätzung meistens folgenlos bleibt. Wie kann man das ändern?

JR Durch die Geschäftsordnung und die Verfahrensweisen der politischen Entscheidungen. Man braucht eine wohldefinierte, unabhängige Macht. Wir müssen einsehen, daß wir einen dramatischen Akzeptanzverlust von Wissenschaft und Technik im öffentlichen Bewußtsein – nicht nur in Deutschland, aber hier besonders stark – erleben. In Westdeutschland ist dieser Akzeptanzverlust stärker als im Osten, und wir als die Fachleute haben eine Bringschuld, das zu ändern.

MG Der Akzeptanzverlust kommt durch die Anwendung zustande, also durch die Kapitalisierung der Wissenschaft.

JR Anders als im vorigen Jahrhundert, wo ein Dozent noch weitgehend unabhängig forschen konnte, ist das Ganze jetzt zunehmend zur Industrie geworden. Diese Grundtendenz, daß Wissenschaft ein Großabnehmer von Subventionen ist, ist unausweichlich. Da kommen Abhängigkeiten hinein und Richtungsbeeinflussung, zum Beispiel dann, wenn man sich Entwicklungen im Anwendungssinne der Industrie bezahlen läßt. Das kann man prinzipiell nicht ändern. Zumindest nicht dadurch, daß man die staatliche Verantwortung noch größer schreibt. Denn die hat eine deutliche Tendenz zur Bürokratisierung und zur Dämpfung eines sinnvollen Konkurrenz- und Ausleseverfahrens. Der einzige Ausweg, der bleibt, heißt Öffentlichkeit. Eine radikale Publizität könnte der Weg sein, wie man die Passivität der Wissenschaft gegenüber den Folgen und die Abhängigkeit von Geldgebern verändert.

MG Läßt sich das auf dem Gebiet, das Ihnen nahesteht, der Gentechnik nämlich, deutlich machen? Wie ist der Prozeß da gelaufen, wo sind die Versprechen falsch und die Angebote richtig?

JR Im Gegensatz zur Nutzung der Kernenergie, die sich von Anfang an dieser geheimniskrämerischen Tendenz ergeben hatte, hat in der bisherigen Entwicklung der Gentechnik die Kollegenschaft von vornherein die Folgen bedacht und die Kritik aus der Öffentlichkeit entgegengenommen. Und sehr früh sind, im Anschluß an die Asilomar-Konferenz, Selbstkontroll-Verfahren eingeführt worden. Damals ist mit Kolibakterien gearbeitet worden, und die Gefahr war nicht von der Hand zu weisen, daß sie wild werden und es eine Epidemie gibt, weil man die Ausbreitung nicht verhindern kann. Diese Sorge wurde behoben, indem nur noch mit einem Kolistamm gearbeitet wird, der in freier Wildbahn nicht lebensfähig ist. Viele von den Befürchtungen, die damals erhoben wurden, haben sich später als übertrieben herausgestellt. Trotzdem war es richtig, vorsichtig zu sein und später einzusehen, daß man zu vorsichtig war. Es hat sich herausgestellt, daß die Gentechnik nicht diesen dämonischen Charakter in sich trägt, der die Kerntechnik so riskant macht. Es sind letzten Endes biologische Objekte, die sterblich sind wie wir alle – im Gegensatz zu radioaktivem Endmaterial …

KA Die biologischen Objekte haben aber doch die Fähigkeit, sich fortzupflanzen.

JR Sie können wachsen und anderes verdrängen und damit das ökologische Gleichgewicht stören. Es ist zum Beispiel gefährlich, mit humanpathogenen Viren zu arbeiten, denn wenn die ausrücken, kann es eine Epidemie geben. Das ist jedoch, wie sich herausgestellt hat, nichts qualitativ Neues gegen die Gefahren, die Virologie und Bakteriologie immer schon kannten. Mit Testbakterien wird seit hundert Jahren experimentiert, und jeder Bakteriologe weiß, daß mit Pest- oder Milzbrandbakterien nur unter strengsten Sicherheitsbedingungen gearbeitet werden darf. Von den großen Milzbrandunfällen – einer in der Sowjetunion, einer in England – abgesehen, ist im großen und ganzen der Umgang mit den hochpathogenen Bakterien und Viren bislang katastrophenfrei verlaufen. Das liegt nicht nur an der Genialität dieser Forscher, sondern auch daran, daß es biologische Objekte sind, die man vernichten, sterilisieren und in Grenzen halten kann. Wenn das beachtet wird, kann die Anwendung der Gentechnik beim Menschen überwiegend segensreiche Wirkungen haben. Ich glaube, daß es in einigen Jahren möglich sein wird, schwere Krankheiten und Erbkrankheiten zu behandeln und über größere Zeiträume krebsartige Veränderungen von Geweben unter Kontrolle zu bringen.

MG Es gibt Leute, die sagen, daß sich das Problem der Überbevölkerung, wenn überhaupt, nur mit der Gentechnik in den Griff kriegen läßt. Ist das zu hoch gegriffen?

JR Nein. Das wird so kommen. Es ist unausweichlich, daß wir nach neuen Methoden suchen müssen, um die große Zahl von Menschen, die auch bei sinnvoller Geburtenkontrolle auf der Erde leben wird, zu ernähren und zu kleiden. Die traditionellen Techniken sind ökologisch gesehen zu hart. Wir brauchen weichere Formen des Umgangs mit Kulturpflanzen und der Tierzucht, weichere Formen, die weniger schädliche

Nachwirkungen haben. Da wird nur die sinnvolle Anwendung der Züchtungsforschung auch auf molekulargenetischer Ebene die Probleme lösen. Ein Beispiel wäre, den Stickstoff als giftiges Salz zu ersetzen durch eine Pflanze, die bei sonst gleichen ökologischen Bedingungen in der Lage ist, den Stickstoff in der Luft zu assimilieren. Das ist biochemisch denkbar. Diese Pflanzen hätten einen natürlichen Auslesevorteil, so daß man sie nicht mit Pestiziden und Herbiziden am Leben halten muß.

MG Wie gehen Sie mit dem aufgeklärten Großskeptizismus um, der da sagt, es gibt doch eine Vergleichbarkeit von Atomenergie und Gentechnik? So wie die Atomenergie durch das bloße Versprechen eines unendlichen Angebots das Bremsen, das Umsteuern, das Finden von neuen, sozialen Methoden des Zusammenlebens verhindert, so verspricht die Gentechnik gesundes Leben bis ins hohe Alter und ruiniert damit nicht nur unser Gesundheitssystem, sondern auch die Altersstrukturen der Gesellschaft.

JR Ich glaube nicht, daß da ein flotter Zukunftsglaube existiert. Ich selbst habe ihn auch nicht, sehe sehr wohl, welche Gefahren diese Manipulationen mit sich bringen, wenn es nicht gelingt, die Schwierigkeiten des Experimentierens und Manipulierens am ökologischen Gleichgewicht der Erde einzugrenzen. Nun gehört das Beachten, Beschreiben und experimentelle Ausloten der ökologischen Verträglichkeit in diese neue Wissenschaft hinein, sie darf die Augen davor nicht verschließen. Wir selber müssen die Kritischsten sein. Wir müssen sehr früh bedenken, was es bedeutet, eine Tomate freizusetzen, die bessere Reifebedingungen hat oder resistent ist gegen ein Bakterium. Zur Konstruktion dieses Züchtungserfolges gehört es, eine sorgfältige Abschätzung der Technik vorzunehmen.

KA Kann die Wissenschaft das leisten? Es war doch nicht so, daß einige bösartige Ingenieure mit dem Vorsatz, den Aralsee auszutrocknen, die Umwelt katastrophal verändert haben. Die Absicht ging in allen diesen Fällen dahin, die segensreiche Wirkung der Technik zum Einsatz zu bringen und die schädlichen möglichst gering zu halten. Dieser kurzfristige Vorteil hat sich dann langfristig als Nachteil erwiesen. Besitzt die Wissenschaft prognostische Fähigkeiten der Art, daß sie zu einem frühen Zeitpunkt sagen kann: Das tun wir und das lassen wir?

JR Das muß die Wissenschaft entwickeln. Sie besitzt diese Fähigkeit. Die Umleitung der Zuflüsse des Aralsees ist von einer Reihe von Wissenschaftlern energisch kritisiert worden. Diese Kritik wurde aber weggeschoben. Es gab einen Primat der Politik und der ökonomischen Planerfüllung, der sie nicht zulassen wollte. Das Bewußtsein mag insgesamt noch unzureichend entwickelt sein, aber es gibt diese Potenz, diesen Wissenschaftszweig, und er ist kräftig genug, sich durchzusetzen, wenn er im allgemeinen politischen Diskurs zu Wort kommt und nicht als ökologische Spinnerei abqualifiziert wird.

MG Der Diskurs reicht aber nicht, wir brauchen Institutionen, die ihn umsetzen.

JR Sobald klare gesetzliche Vorgaben da sind, stehen bei uns die Möglichkeiten bereit, umzusteigen und umzusteuern. Die Industrie sagt immer wieder: »Das können wir, wenn es sich rechnet.« Nötig wäre ein staatlich vorgegebener Rahmen, um die Bilanz entsprechend zu beeinflussen. Was sie verlangt, ist ein Konsens. Die Industrie will nicht alle fünf oder zehn Jahre, wenn die Regierung wechselt, vor einer völlig neuen Grundorientierung stehen.

KA Braucht man dazu mehr staatliche Vorgaben oder weniger? Die Kernenergie ist ja nur deshalb zu einer konkurrenzlos billigen Energieform geworden, weil sie über lange Jahre hin mit Milliarden aus öffentlichen Kassen subventioniert worden ist. Für den privaten Autoverkehr gilt ähnliches, auch hier sagen die Preise nicht die Wahrheit. Sollte man hier statt des Staates nicht lieber auf die Korrekturfähigkeit des Marktes setzen unter der Voraussetzung, daß für jede Energieform tatsächlich die Preise gezahlt werden müssen, die diese Energieform verursacht?

JR Das Problem liegt darin, daß der Staat über seine Mittel die Dynamik, die Gleichgewichtseinstellung der Wirtschaft beeinflussen und darauf hinwirken muß, daß der Umgang mit der Natur und den Ressourcen voll in das Produkt eingeht. Das ist ein regulativer Eingriff des Staates mit dem Ziel, nicht die Wirtschaft an die Leine zu nehmen, sondern die Gleichgewichte so zu beeinflussen, daß dem Markt Grenzen gesetzt werden. Oft genügen schon kleine Änderungen von Einzelgrößen, um eine andere Tendenz zu erzeugen. Der Sozialismus machte den Fehler, nicht den Knopf zu fassen, an dem eine Lenkung mit kleinen Mitteln möglich war, sondern völlig tapsig das Ganze bis in alle Einzelheiten hinein kontrollieren zu wollen. Der schlanke Staat in der Marktwirtschaft muß den Fehler vermeiden, sich überall hineinzuhängen, mit tausend Durchführungsbestimmungen an Einzelstellen, Tausenden von Steuern und Sondersteuern das Ganze durcheinanderzubringen. Das ist die Aufgabe der Politik: zu sagen, wo die entscheidenden Stellen sind, von denen aus mit geringen Mitteln das Gleichgewicht wiederhergestellt werden kann. Sie muß an den Ressourcen und den Endprodukten angreifen und nicht in dem ungeheuer vernetzten System, das die Wirtschaft darstellt. Das brächte die Gefahr mit sich, immer das Falsche zu machen, immer das Gegenteil von dem herauszubekommen, was man will.

MG Muß die Gesellschaft, auf die wir jetzt zugehen, sich nicht auch ein ganz anderes Bildungssystem ausdenken, um ökologisch verträglich zu werden? Und zwar auf allen Ebenen?

JR Ein gewisses Leiden wird die Gesellschaft in Kauf nehmen müssen, die Einsicht nämlich, oder auch das mürrische Ertragen, daß die Konsumwachstumsideologie am Ende ist. Wenn wir über Bildung sprechen und über Aufklärung, dann muß vor allem über dies Thema gesprochen werden. Um es bildlich zu sagen: Wenn wir zu einer Gratwanderung aufbrechen, ist ein Rucksack zunächst etwas Lästiges. Entscheidend ist die Einstellung der Wandergruppe: Nimmt sie den Rucksack mit, um ein Picknick zu machen oder zu übernachten, oder empfindet sie ihn als so entsetzliche Last, daß sie gar nicht erst losgehen will? Wir müssen nicht in Sack und Asche laufen und Hunger und Frost erleiden, nur um uns als Menschen auf der Erde weiter lebensfähig zu halten. Wir müssen zu der Einsicht kommen, daß das Opfer Grenzen hat und die Lebensfreude nicht vernichten muß.

MG Je mehr man die Leute instand setzt, zu begreifen, desto weniger muß man sie zwingen. Ist in dem Zusammenhang die Idee einer Erziehung, die nicht nur den Kopf, sondern auch die Hand bildet, also die Idee der polytechnischen Erziehung, noch zeitgemäß?

JR Ich habe noch nie gehört, daß es wirklich schädlich ist, wenn der angehende Arzt vorher ein oder zwei Jahre in der Pflege gearbeitet hat und auch vom menschlichen Aspekt, der überhaupt nicht technisch zu bewältigen ist, eine klare Vorstellung hat. Wie schön das ist, aber auch wie schmutzig, zum Beispiel Schwerkranke zu pflegen! Wenn das nicht zum reinen Abdienen von Routineübungen verkommt, dann ist es von unschätzbarem Wert, mit der Hand seinen Beruf vorher ausprobiert zu haben. Das stimmt sicher nicht nur für den Beruf des Mediziners, sondern auch für den des Naturwissenschaftlers. Zudem werden weniger Fehler bei der Wahl des Berufs gemacht. Und es entwickelt sich nicht die Arroganz des abstrakten Wissens.

MG Was wäre Erziehung am Rande der ökologischen Katastrophe? Was für Lehrpläne müssen wir da ins Auge fassen?

JR Ich verspüre ein ganz großes Unbehagen, über Erziehung und Pädagogik dozierend zu reden. Das ist ja keine Technik, bei der man mit klaren Vorschriften nach einem vorgegebenen Schema gewisse Ziele erreicht. Ich habe selber Erfahrung mit der Erziehung von meinen Kindern und habe Erfahrung mit der Ausbildung von Studenten; beide Erfahrungen haben meine Zweifel nur verstärkt. Es gibt ein paar Prinzipien, die den Umgang einer erwachsenen Generation mit einer neuen Generation bestimmen müßten. Wie viele andere beklage ich, daß die Erziehung der jungen Generation auf Selbstisolierung, auf Hedonismus, auf »anything goes« hinausläuft. Aber gleichzeitig sehe ich, daß Werte nicht wie Pfähle eingerammt werden können, an denen sich der hilflos Umhergetriebene im Strom festhalten können soll. Ein gesetzter Wert wird im selben Moment zu einer Art Unwert, weil er den Widerstand dessen hervorruft, der sich an diesem Wert orientieren soll.

KA Es sei denn, man macht durch sein Verhalten klar, daß man den Wert selbst schätzt.

JR Eben. Werte lassen sich nur indirekt vermitteln. Es geht nur durch das Beispiel. Man muß bei der Vermittlung von Erziehungswerten diesen indirekten Weg schaffen. Das ist eine Kunst. Bei dieser Kunst ist wichtig, daß Alternativen offenbleiben; das ist eine experimentelle Kunst, in der kein einheitliches System vorgeschrieben wird, sondern Spontaneität dazugehört und der Versuch, der auch schiefgehen kann. Vorschriften zu machen und das Ganze in das Bildungsministerium oder in die Ministerien der Länder zu delegieren ist nicht genug.

MG Können Sie sich eine kontrollierte Entstaatlichung des pädagogischen Systems vorstellen?

JR Es sollte möglich sein, einen Studenten der Naturwissenschaften auch dann zum Examen zuzulassen, wenn er nicht alle Scheine, alle Vorlesungen abgeklappert und besucht hat. Sondern in einem Forschungslabor eine Weile mitgearbeitet und etwas Sinnvolles zustande gebracht hat und beweist, daß er weiß, was man überfliegen kann und was man wirklich durcharbeiten muß. Ein solcher, wählerischer Umgang mit Wissen muß sich ausbreiten, das verlangt die Technologie der Zukunft.

KA Die Erziehung mißglückt heute offenkundig ziemlich häufig. Die Gewalttäter werden, soweit man der Statistik glauben darf, immer jünger, und ihre Aggressivität, nicht nur gegen andere, sondern auch gegen sich selbst, nimmt zu. Worauf führen Sie das zurück? Was hat die Erziehung in unserer Zeit so schwierig gemacht? Warum gelingt es uns nicht mehr, den jungen Menschen klarzumachen, daß es sich lohnt, so zu leben, wie wir gelebt haben?

JR Eine Antwort kann ich nur aus der Lebenserfahrung aus dem Osten, aus der DDR, geben. Im Osten ist es relativ einfach, eine Reihe von Faktoren zu benennen. Zwischen den formalisierten Inhalten der sozialistischen Erziehung und ihrer Realität bestand eine so klaffende Lücke, daß einem auch nur einigermaßen mit Verstand begabten jungen Menschen klar sein mußte, daß das Ganze ein hohles Gebäude ist. Wir Älteren hatten daraus die Konsequenz gezogen, uns bedeckt zu halten, vorsichtig zu sein, nicht aufzufallen. Wie der 17. Juni verlaufen ist oder die Freiheitsbewegung in Ungarn niedergeschlagen wurde, hatten wir unmittelbar miterlebt. Aber in der stagnierenden bürokratischen Phase, als der Marxismus die letzte Stoßkraft verloren hatte und nur noch eine Art Gebetsmühle war, da hätten wir umschalten müssen. Das haben dann die Kinder gemacht. Die junge Generation, die den Ruf »Schwerter zu Pflugscharen« ernst genommen hat, deckte die Verlogenheit des Ganzen auf.

KA Gibt es Beispiele für diese Doppelzüngigkeit oder Verlogenheit nicht auch im Westen? Jahrzehntelang war die Erziehung zum friedlichen und rücksichtsvollen Umgang miteinander Programm. Gleichzeitig leistete man sich Medienprogramme, in denen man mehrmals täglich alle Formen von Brutalität und Gewaltsamkeit sehen kann. Ist nicht auch das ein Beispiel für Doppelzüngigkeit?

JR Ich verstehe bis heute nicht, wie dieser hohe Prozentsatz an wahnwitziger Gewalt im Fernsehen zustande kommt. Zugleich weiß ich, daß die Mehrheit, die überwältigende Mehrheit der Bevölkerung das ebenso unangenehm findet und dagegen revoltiert. Nicht verstehen kann ich, daß die Leute diese Programme nicht durch Abschalten zu Fall bringen. Ich setze da auf kreative Vorschläge, wie man den Willen der Bevölkerung, diese Dinge zu beenden, aktivieren könnte. An Gesetze glaube ich nicht. Daß dieses Ausmaß an Gewalt, die über die Bilder vermittelt wird, für Kinder und Heranwachsende schädlich ist, läßt sich kaum bestreiten. Da ist Handlungsbedarf, und sowenig wie wir ertragen können, daß die Menschen sich durch Kettenrauchen zugrunde richten, ohne daß wir es ihnen direkt verbieten können, so wenig können wir diese Art von seelischer Vergiftung tolerieren.

MG Welche Rolle käme dabei einem Bundespräsidenten zu? Die des Blockadebrechers? Präsident Roosevelt pflegte jeden Samstag eine Stunde den Amerikanern zu erklären, was diese Woche passiert und was in der nächsten Woche auf sie zukommt. Könnte ein deutscher Präsident ähnliches leisten? Würden Sie das mit dem Amt für vereinbar halten?

JR Ja. Er sollte freilich nicht in eine allgemeine, unverbindliche Talk-Show gehen, sondern sich seine Gesprächspartner selbst suchen und die Themen selbst bestimmen.

KA Leiden wir denn daran Mangel? Gibt es nicht genug Pro- und Kontra-Sendungen, gibt es nicht genug Expertenrunden, die uns von morgens bis abends erzählen, was sie zu diesem speziellen Problem meinen oder auch nicht meinen? Das Problem ist doch nicht das fehlende Wissen, sondern unsere Unfähigkeit, das, was wir als richtig erkannt haben, auch tatsächlich zu praktizieren.

JR Das Ziel wäre kein unverbindlicher Meinungsaustausch, sondern das Überwinden einer Blockade. Entscheidend sind nicht die verschiedenen Meinungen, sondern der Anteil möglicher Übereinstimmungen, der Konsens. Den Versuch zu unternehmen, nicht nur Mehrheiten gegeneinander auszuspielen, sondern zusammenzusitzen mit dem Willen, nicht mehr aufzustehen, bevor ein Lösungsvorschlag im Konsens gefunden ist.

MG Der Präsident wäre dafür zuständig, Fragen, die wahrheitsbedürftig, aber nicht mehrheitsfähig sind, an sich zu ziehen?

JR Mit Vorsicht und Zurückhaltung. Es würde sicher nicht gut sein, wenn er zum Oberguru einer Problem-Talk-Show wird. Was bei diesen Veranstaltungen stört, ist, daß man am Ende genauso weit ist wie am Anfang. Man ist informiert, aber man weiß nicht Bescheid. Bei Dingen, die wirklich tiefgreifend sind und bewegend, sollte der Präsident den Begriff des Pouvoir-neutre nicht als Einladung verstehen, eine Null zu sein, eine nichtvorhandene politische Größe, sondern tätig werden. Aber wie gesagt, mit Vorsicht.

KA Gibt es irgend etwas, was Sie aus den DDR-Verhältnissen bewahren wollen?

JR Bewahrenswert ist da einiges, aber ob das wirklich haltbar ist unter den neuen Bedingungen? Unter Belastungsbedingungen. Zur Belastung gehört nicht nur die negative, die Streßbelastung, sondern auch die Besserung der Lebensverhältnisse, die verschwundene Knappheit als Tugend. Ich denke auch in der Wissenschaft: diese Gewaltmärsche großer Armeen und Pressure-groups, wie das im Westen üblich ist, haben die klassische Form des Wissenschaftlers mit dem Mikroskop und der Botanisiertrommel verdrängt. An die Stelle des Beobachters tritt der mehr oder weniger brutal Experimentierende.

MG Hat der traditionelle, kontemplative Wissenschaftler, der im Westen nur noch als Ideologie herumgeistert, im Osten überlebt?

JR Ja, in Rußland. Da habe ich viele Beispiele kennengelernt. Nicht nur eigenbrötlerisch und schwach, sondern gewaltige Leistungen erbringend. Wenn der schneidende Wind der Vollbürokratisierung da jetzt nicht alles auseinanderfegt, fände ich das sehr begrüßenswert. An den Universitäten müßte das möglich sein. Es müßte ja nicht alles auf High-Tech umgestellt werden.

MG Noch einmal zu Rechts-Links: Sie haben gesagt, für Sie trete an diese Stelle die Unterscheidung von unbeweglich und ungeduldig. Ist das eine Linie, an der man vielleicht nicht Freund und Feind, aber doch die eigenen Leute von den anderen unterscheiden kann?

JR Ja. Statt sich in der Unterscheidung von Freund und Feind zu üben, muß jeder einzelne entdecken, daß all dies in ihm selbst koexistiert. Das sind die zwei Seelen in der Brust, und mal dominiert das eine und mal das andere. Ich glaube nicht, daß man die Menschen danach unterscheiden kann, ob sie geduldig konservativ oder ungeduldig revolutionär sind. Das gibt es nicht als Weltanschauung, das ist für jede Frage anders zu beantworten.

MG Richard von Weizsäcker hat einmal gesagt, daß es für ihn die Idee des Sozialismus auch in Zukunft noch als eine Art Korrektivbegriff geben wird. Würden Sie den Satz unterschreiben?

JR Da müßte ich den Sozialismusbegriff neu definieren. Sozialismen gab es ja so viele – von Fidel Castro über Pol Pot bis zu Breschnew und den utopischen Sozialisten. Ich würde lieber einzelne Elemente herausnehmen. Die Rückbesinnung auf das, was aus uns, unserer Seele, unserem biologischen Kostüm herauskommt, die Zuwendung zu anderen Menschen, das dürfen wir nicht vergessen. Also zurück zu mitmenschlichem Handeln, auch da, wo es der Optimierung nicht unbedingt dient. Es gibt nun einmal diese Tendenz, sich mit Ungleichheiten und Ungerechtigkeiten nicht abzufinden und sie nicht als betonierte Gegebenheiten hinzunehmen. Jeder hat das Recht, Rechnen und Schreiben zu lernen und damit die Chance zu einer durchdachten Lebensgestaltung in die Hand zu bekommen.

MG André Gorz hat geschrieben, was übrigbleiben wird vom Sozialismus, sei der Primat der Politik über die Ökonomie.

JR Auf lange Sicht vielleicht. Wobei Politik ein allzu breiter Begriff ist.

KA Gibt es einen Unterschied zwischen Solidarität und Brüderlichkeit? Brüderlichkeit ist ein Gefühl, das sich auf alle gleichermaßen richtet und das nur eine Zielrichtung kennt. Mit der Solidarität ist es anders. Man wird doch aufgefordert, sich nicht nur mit jemandem zu solidarisieren, sondern auch gegen jemanden.

JR Ich möchte den Begriff Solidarität nicht polarisierend

verstehen. Die modernste und dringendste Form von Solidarität ist doch die ökologische Solidarität. Die erstreckt sich per definitionem auf die Menschheit als Ganzes. Jeder muß Luft holen. Auch die davorliegende, meinetwegen soziale Solidarität sehe ich nicht antagonistisch.

KA Aber Solidarität schließt doch nicht nur ein, die schließt auch aus. In der europäischen Wirtschaftspolitik ist das ganz deutlich. Es gibt die Absicht, Europa abzuschotten und dabei nicht nur die dritte Welt draußen zu lassen, sondern beispielsweise auch die baltischen Staaten und ganz Osteuropa. Läßt sich das mit dem Stichwort Solidarität vereinbaren?

JR Im Gegenteil: Solidarität zwingt dazu, es gerade anders zu machen. Wenn diese Länder wieder auf die Beine kommen, wenn sie uns zum Beispiel Stahl verkaufen können, dann sollte das bei uns die Abkehr vom Stahl beschleunigen. Sich abzuschotten heißt, die Solidarität mißzuverstehen.

KA Die Wirklichkeit sieht aber anders aus. Wenn die westdeutsche Stahlindustrie durch günstigere Angebote aus Europa oder der dritten Welt unter Druck gerät, ist die erste Reaktion die, daß nach höheren Subventionen gerufen wird; die mit der Begründung: »Wir verhalten uns mit der Arbeiterschaft solidarisch« in der Regel dann auch gewährt werden.

JR Da richtet sich die Solidarität auf eine Teilgruppe. Wir kommen aber nicht umhin, veraltete Produktionsformen, sozialverträglich natürlich, umzustellen. Stahl wird ja auch weiter gebraucht werden, und wenn eine Arbeitsteilung zustande kommt, dann ist das keine Kolonialisierung dieser Länder, sondern deren Chance, gleichberechtigt mitzumachen.

MG Solidarischer Freihandel sozusagen?

JR Der Freihandel kann ein solidarisches Element haben. Anders ist der dritten Welt nicht zu helfen. Die verlangen ja auch, daß wir uns öffnen und nicht verschließen.

MG Was hat der Feminismus für eine Bedeutung für Sie? Was trauen Sie ihm zu? Es gab zwei Feminismen, den der DDR und den westdeutschen.

JR Ich kenne beide nicht gut genug. Sich über Frauenrechte und Selbstverwirklichung oder auch nur das Recht auf Selbstgestaltung des Lebens von Frauen zu äußern bedingt zu häufig einen dozierenden und onkelhaften Tonfall. Was sich hinter dem Feminismus verbirgt, möchte ich von Frauen erfahren. Aus eigener Erfahrung weiß ich nur, daß es früher leichter war, Kinder und Beruf zu vereinigen. Natürlich gibt es einen Konflikt zwischen Familientätigkeit hier und Berufstätigkeit da. Dazu muß ich aber zwei Bemerkungen machen. Zum einen ist es schlecht, den Konflikt nur den Frauen und nicht auch den Männern zuzuschieben. Das zweite ist, daß ich mich mit der Gegebenheit dieses Konflikts nicht abfinden kann. Der Konflikt ist dazu da, unsere Lebensweise so zu ändern, daß der Widerspruch gemildert werden kann. Ich finde mich mit diesem Konflikt nicht ab und kann nicht die Konsequenz ziehen, daß die Frauen eine Entscheidung über das eine oder das andere treffen müssen. Es ist doch nicht gottgegeben, daß ein Beruf zwanzig Stunden kostet und die Kindererziehung auch, der Tag aber nur 24 hat. Dieses Argument kann ich nicht annehmen. Das hängt dann auch mit der Gestaltung von Berufstätigkeit und Arbeit zusammen. Der Konflikt ist dazu da, sich nicht mit ihm abzufinden. Aus eigenem Erleben kann ich nur sagen, daß bei uns in der Familie drei Kinder groß geworden sind und meine Frau fast die ganze Zeit über berufstätig war. Ich glaube nicht, daß die Kinder unter diesem Konflikt entscheidend gelitten haben.

MG Waren denn die vielgerühmten Kinderkrippen ein Erfolg?

JR Die Kinderkrippen waren etwas zwiespältig. Einerseits boten sie die Voraussetzung dafür, sich ein Auto zusammenzusparen und in Urlaub zu fahren. Auf der anderen Seite kenne ich viele Fälle, wo die Kinder für die Krippe nicht geeignet waren und es als Qual empfanden. Meine Kinder haben die Krippe einfach verweigert, sie sind krank geworden und haben jedesmal geheult, wenn wir in die Nähe der Krippe kamen. Wir mußten das dann umorganisieren. Meine

Schwiegermutter war nicht berufstätig, es war also eine besonders günstige Situation. Es gibt sehr viele Kinder, die sich in der Krippe nicht wohl fühlten, die von einem Infekt in den nächsten geschlittert sind. Das darf man nicht vergessen bei der Nostalgie für die Kinderkrippen. Aber die Möglichkeit zu schaffen, daß Frauen auch dann arbeiten können, wenn sie Kinder haben, würde ich, vielleicht nicht unbedingt auf staatlicher Ebene, für wichtig halten. Wenn eine Frau in einem riesigen Block in Marzahn den ganzen Tag über allein mit ihrem Kind verbringt, dann ist doch klar, daß sie herausdrängt, weil sie wieder unter Leuten sein will. Die bürgerliche Gesellschaft hatte diese menschliche Umgebung einmal sichergestellt. Heute ist es die Arbeitswelt, auf die so viele Menschen angewiesen sind.

MG Zwei Kinder zu erziehen und den Haushalt zu machen ist unter Umständen gegenüber der Arbeit am Fließband die befriedigendere Tätigkeit, aber sie hat den Gesellschaftsverlust zur Folge.

JR Solche Fälle habe ich beobachtet. Von früh um acht bis abends um vier in einem Wohnblock zu hocken, da stimmt die idyllische Beschreibung nicht. Das war tot, kahl und belebte sich erst, wenn alle wieder da waren.

MG Was bedeutet Ihnen Familie?

JR Für mich ist die Familie ein Grund gewesen, nicht in den Westen zu gehen. Da bin ich ganz konservativ, das ist für mich der Lebensmittelpunkt. Ich könnte nicht alleine ein Jahr in die Vereinigten Staaten gehen, sosehr das auch der Traum meines wissenschaftlichen Lebens gewesen ist. Ich leide auch darunter, daß die erwachsen gewordenen Kinder auseinanderflattern, und hoffe darauf, daß es nur ein zeitweiliges Flattern ist. Für mich wäre es furchtbar, alleine zu leben.

KA Sie haben kürzlich gesagt, für Amnestie wäre es noch zu früh. Man könnte dem aber auch nicht ewig aus dem Wege gehen.

JR Für eine Amnestie in dem weitesten Sinne, daß der innere »Bürgerkrieg« der ehemaligen DDR-Bürger in einen

»Friedensvertrag« umgewandelt wird, wäre es zu früh, weil damit zu viele ungeklärte, unentschiedene und neue Ungerechtigkeiten gesetzt würden. Ich würde eine Amnestie, ein Verzeihen lieber spontan entstehen oder abklingen sehen und nicht zum Wahl- oder Parteiprogramm oder als Proklamation machen. Es ist besser, nicht zu viel darüber zu reden.

MG Halten Sie Stimmen, die jetzt laut werden, auch in der CDU, daß man die alten SED-Funktionäre in die Parteien aufnehmen solle, weil politisches Personal gebraucht werde, für vordergründig oder wahltaktisch?

JR Nein. Die Angst davor, daß die Ostbevölkerung sich auf verheerende Weise in Wahlen von den etablierten Parteien abwenden könnte, spielt dabei eine Rolle. Auch die Tatsache, daß kaum Leute bereit sind, sich in Brandenburg für die Kommunalwahlen zur Verfügung zu stellen. Die Unlust, sich zu engagieren, ist sehr groß. Ich kenne eine Reihe von Fällen in kleineren Orten, wo ein in der Buchführung geschulter, intelligenter Kandidat nicht genommen werden kann oder soll, weil er vor der Wende schon Bürgermeister war.

KA Die Schwierigkeiten, Menschen zum Engagement für die Parteien zu veranlassen, gibt es nicht nur im Osten.

JR Im Osten springt es ganz besonders ins Auge. Da kommt alles zusammen: die Angst, der Überdruß und die Vergangenheitsaufarbeitung. Ein Bürgermeisterkandidat könnte vielleicht sagen: »Wenn ich mich bereit erkläre und ihr mich wählt, dann möchte ich nicht, daß ihr bei jeder strittigen Entscheidung wieder mit der Stasi ankommt. Mit meiner Stasi-Vergangenheit verhält es sich so und so und mit meiner Parteizugehörigkeit so und so, und wenn ihr das ertragen könnt und einen Bürgermeister haben wollt, der Lesen und Schreiben beherrscht und die Gesetze zu verstehen imstande ist, dann bin ich bereit.« Wenn so offen in Wahlversammlungen darüber geredet würde, dann würden viele Leute kommen, einfach um mal zu hören. Danach könnte es eher möglich sein, als Mitbürger in einer Kommune zu leben. Das wäre eine konkrete Form von Versöhnung, die ohne Proklamation von oben verlaufen kann.

MG Konkret ist es meistens relativ klar, wie einer sich verhalten hat früher. Jedenfalls in kleinen Gruppen. In der Kommune ist es schon schwieriger ...

JR Das ist in vielen Dörfern überhaupt kein Stasi-Konflikt, sondern ein hautnaher Lebensweltkonflikt. Die roten Socken sitzen in der GmbH, die aus der LPG hervorgegangen ist, und die schwarzen Socken sind Bauern, die das Gut zurückfordern, das sie in die LPG eingebracht haben. Dann sagt die Nach-LPG, sie sei total verschuldet, die Treuhand streiche die Schulden nicht, die Bilanzen ermöglichten keine Entschädigungen, und die Schwarzen sind böse, daß die roten Socken ihnen das Geld nicht zurückgeben und ihnen das dringend benötigte Kapital vorenthalten. Das hat aber nichts mit der Stasi zu tun, es verkleidet sich nur oft so. Das sind regelrechte ökonomische Konflikte um die Erbteile, die aus der ehemaligen DDR landwirtschaftlich übriggeblieben sind.

MG Man kennt diese Tatsache ja aus der Geschichte der Emigration nach 1933, daß sich alle möglichen Lebenslügen und Interessenkonflikte politisch maskieren können. Liegt es dann nicht nahe, einen Neuanfang zu machen?

JR Nein, es geht oft um das ökonomische Überleben eines von beiden Streitgegnern oder von beiden. Da wird der Appell, sich zu vertragen, nichts nützen, solange das nicht auseinandersortiert wird.

MG Sie haben selbst einmal gesagt: Nicht jeder Informant war ein Denunziant. Gibt es für Sie ein hartes Kriterium, ab wann jemand ein Denunziant war?

JR Ich bin nicht für einen generellen Ablaßhandel. Denunziantentum, auch durch eigene Erfahrungen, berührt mich schmerzhaft, und ich plädiere dafür, daß die Fakten verhandelt werden. Ich habe ein paar Male in Ehrenkommissionen für Leute aus unserer beruflichen Umgebung gesprochen, wo ich der Meinung war, daß der IM kein Denunziant gewesen ist, sondern besten- oder schlimmstenfalls ein Die-

ner, der Berichte über die Stimmung an die Stasi weitergegeben hat.
In den justiziablen Verfahren, etwa für die Übernahme in den öffentlichen Dienst, wird zu formal geurteilt. Die führen Strichlisten über konspirative Treffen, fragen nach Berichten, und wenn sie die Strichliste voll haben, geht die Waage herunter oder herauf. Man muß sich aber die Umstände genau ansehen, die Berichte genau durchlesen und mit Leuten, die Bescheid wissen, entscheiden, ob es sich um eine Denunziation handelte oder ob es die Übergabe von Informationen war. Das kann man nicht mit solchen formalen Kriterien entscheiden. In Frage kommen hier nicht so sehr Amnestie oder dekretierte Versöhnung, sondern die normalen, strafprozessualen Mittel wie Einstellung des Verfahrens wegen erwiesener Unschuld oder mangels an Beweisen.
Manchmal wird auch ein salomonisches Urteil möglich sein, wie unlängst bei dem Wahlfälschungsprozeß: schuldig, aber keine Bestrafung. Es muß ein Dialog stattfinden. Gegen Versöhnung oder gegen die Beendigung der Auseinandersetzung im Einzelfall habe ich nichts, aber das sollte nicht vom Praeceptor Germaniae von oben angeordnet werden.

Jens Reich

Waren wir alle gelähmt?

Weit über zwei Jahre dauert nun die lärmende öffentliche Auseinandersetzung um das Erbe der Staatssicherheit. Allmählich gerät sie anscheinend in ruhigere Bahnen. Das Thema Stasi wird, wie die letzten Tage zeigen, sommerlochfähig. Im Fall Stolpe möchte der Landtagsuntersuchungsausschuß ein vorläufiges Urteil abgeben und damit sein Thema für die Ferienzeit versiegeln. Das wäre vor zwei Jahren undenkbar gewesen und zeigt an, daß hier ein Wechsel bevorsteht zu einem Verfahren, in dem die Öffentlichkeit nicht mehr nach enthüllenden Entdeckungen lechzt und akribisches Aktenstudium nötig ist. Die Historiker haben das Wort, und der einfache Bürger soll ohne surrende Kameras Kenntnis von seiner Akte nehmen. Das Stasi-Entlarvungsdrama ist zum deutschen Sonderweg aus dem Sozialismus geworden. Es ist offenbar, daß die DDR-Nachfolgegesellschaft einen prinzipiell anderen Weg eingeschlagen hat als die anderen realsozialistischen Länder. Diese haben die ererbte Chronik vergraben, wir haben sie zerfleddert. Da gab es unterschiedliche Gründe und unterschiedliche Handlungsvarianten, aber es ist offensichtlich, daß sie weiter östlich die geheimpolizeistaatliche Vergangenheit ähnlich behandeln wollen wie alle bisherigen Fälle dieser Art. Es gibt, allerdings nicht ohne Protest durch Minderheiten, einen gesellschaftlichen Konsens, die Sache ruhenzulassen, die Büchse der Pandora nicht zu öffnen.

Das folgt historischen Vorbildern. Noch nie ist ein Geheimpolizeistaat nach seinem Exitus sorgfältig seziert worden. Die Hinterlassenschaft der Gestapo wurde weitgehend in Bergseen und Stollen versenkt, die Reste wurden nur in Bruchstücken und nach Jahrzehnten in die Öffentlichkeit gebracht. Über die Ochrana der späten Zarenzeit wissen wir sowenig wie über die Opritschnina des Zaren Iwan des Schrecklichen am Ausgang des 16. Jahrhunderts. Noch heute warten wir auf die Enthüllungen aus der Zeit der Inquisition und der Glaubenskämpfe. Die Anatomie von Polizeistaaten mußte großenteils indirekt und mit schwachen Beweismitteln erforscht werden.

In der DDR geschahen merkwürdige Dinge, trotz aller Analogie der Herbstumwälzungen 1989 zu den Ereignissen in den östlichen Ländern. Der Vergleich im nachhinein zeigt die Skurrilität unseres Verhaltens sehr deutlich. Da schützen im November 1989 Menschenketten von Aktivisten des Neuen Forums in Leipzig und anderswo die Stasi-Zentralen vor den aufgebrachten Demonstranten, eine Tat, die zu der Zeit erhebliche Courage erfordert. Sie fürchten Blutvergießen bei Auseinandersetzungen mit den in den Gebäuden eingeschlossenen Bewaffneten und wollen außerdem verhindern, daß »die Akten« (ein Zauberwort!) geplündert werden. Als die Bürgerrechtler gewahr werden, daß hinter ihren Schutzringen ebendiese Heiligtümer »verkollert« werden, erzwingen sie die Schließung der Dienststellen und versehen Büroräume und Aktenschränke in einer bizarren Partnerschaft mit Volkspolizei und sozialistischer Staatsanwaltschaft mit Lacksiegeln.

So geht es in allen Bezirkshauptstellen außer in der Zentrale Berlin. Dieses monströse Festungsgebirge, die Zwingburg mitten im Stadtbezirk Lichtenberg, kann man nicht einfach einnehmen, indem man am Burgtor Einlaß begehrt und überall den Kuckuck verklebt. Außerdem residiert hier die Spionagezentrale der Hauptverwaltung Aufklärung, und es gibt warnende Orakelsprüche, daß hier der KGB

nicht mitmache und die Waffe gezogen würde. Ein Nachfolger der Stasi, das Amt für Nationale Sicherheit (AfNS), wird gebildet und bleibt unter dem Schutz und angeblichem Oberbefehl der Regierung Modrow als Vorstufe einer Art Verfassungsschutz bis Mitte Januar 1990 aktiv. Dieses Amt wirft viel Ballast ab (subalterne Mitarbeiter, die »in die Produktion« überführt werden, wie die Demonstranten in Leipzig und Berlin gefordert hatten); es hat außerdem zwei Monate Zeit, die »Akten zu ordnen« und Findekarteien zu überarbeiten.
Erst die Massendemonstration vom 15. Januar nach dem Eklat am Runden Tisch beendet diesen Zustand. Die erregte Menge »stürmt die Zentrale« (hier benötige ich Gänsefüßchen: Entgegen den Absprachen mit den Demonstranten vom Neuen Forum waren die Tore nicht verschlossen und nicht verriegelt und standen keine Lastwagen als Sperre davor), verwüstet einen Aufgang (vor allem die Kühlschränke im Versorgungstrakt), findet, ebenfalls entgegen den Absprachen, zahlreiche Mitarbeiter in verschlossenen Räumen (die von Glück reden können, daß ihnen nichts passiert ist); ein Bürgerkomitee besetzt einige Büros, versiegelt die Zentrale mehr symbolisch als tatsächlich und veröffentlicht vor den Fernsehkameras aufgeregte Statements. Von protestantisch-ernst bewegten Bürgerrechtlern bis zu hysterischen Schreihälsen ist in diesem Bürgerkomitee ein ganzes Spektrum vertreten, und der Grad an Unterwanderung durch die agonale Stasi wird sich wohl nicht mehr eindeutig klären lassen. Unberührt und unbeachtet bleiben die Akten der Hauptverwaltung Aufklärung, Markus Wolfs einstigem Arbeitsplatz. Der Verschluß der Akten der anderen Abteilungen (der Konspiration gegen die eigene Bevölkerung) bleibt noch über Monate recht durchlässig. Zwischen den Bürgerkomitees der Bezirkshauptstädte entsteht später ein edler Wettstreit, wer den Aktenberg am vollständigsten bewahrt habe: Berlin kann hier bestenfalls im hinteren Mittelfeld landen, und das ist bedauerlich für die Quellenlage einer späteren historischen Aufklärung, denn hier war der Kopf des Drachens.
Die Periode de Maizière ist durch einen zähen Kampf zwischen Aktenöffnern und Aktenverbunkerern gekennzeichnet. Die Einbunkerer, zum nicht geringen Teil selbst ehemalige Mitarbeiter der Stasi, argumentierten mit den Rechten des personenbezogenen Datenschutzes und dem rechtsstaatlich nicht vertretbaren Entstehungsmechanismus der lügenhaften Stasi-Dokumente. Das Versiegeln sollte den befürchteten Bürgerkrieg und Lynchjustiz verhindern. Die Aktenöffner befürchteten einen jahrelangen, wenn nicht jahrzehntelangen moralischen Schwelbrand von Anklagen und Verdäch-

tigungen, der die Neugestaltung der Gesellschaft und den Prozeß der deutschen Vereinigung vergiften würde, wenn die Akten eingekellert würden. Sie hatten auch praktische Argumente: etwa daß die Rehabilitation der Opfer des Regimes ohne Beweise und Belege nicht gelingen könne; oder daß ohnehin wichtige Materialien bereits in obskuren Kreisen verschwunden waren und diesen Kreisen bei Enthüllungen ein Monopol verschaffen würden. Außerdem war zumindest damals der Mehrheitswille der Bevölkerung, daß die Stasi-Spitzel in öffentlichen Vertrauensstellungen (Parlamente, Regierungen, Verwaltungen, Gerichte, öffentlicher Dienst) nichts zu suchen hätten und deshalb enttarnt werden müßten.

Den analogen Kampf gewann in allen ehemaligen Ostblockländern die Fraktion der Aktenschließer. In einigen Ländern ist mir das politisch verständlich, in anderen rätselhaft. Dem KGB in Moskau ist offenbar die Transformation in den neuen Geheimdienst gelungen – er hat die Macht, jede Aktenöffnung zu kontrollieren oder zu hintertreiben. In Ungarn gibt es eine lange Vorgeschichte von Kompromissen zwischen Herrschenden und neuen Eliten, und die schlimmen Fälle von Bespitzelung und persönlichem Terror liegen meist Jahrzehnte zurück. Für die Tschechoslowakei habe ich Verständnisschwierigkeiten. Der heutige Präsident und viele seiner Mitstreiter saßen noch in den achtziger Jahren im Gefängnis, und die »Stasifizierung« dieses Landes (wie auch seine sonstige soziale Struktur) war ähnlich wie in der DDR. Ich hätte hier nicht erwartet, daß sich die Geheimakten unter Verschluß halten lassen. In Polen gab es offenbar geheime Absprachen am Runden Tisch von 1988, den Brei nicht aufzurühren – daß sie gehalten haben, verwundert mich nach dem endlosen unterirdischen Kampf der Solidarność mit dem Regime, angesichts der Masseninternierungen unter Jaruzelski und der Mordfälle Pater Popieluszko und Przemek und zahlloser weiterer Terrorakte der ZOMO gegen die Bevölkerung. In Rumänien schließlich hat offenbar die Securitate in verkleideter Form den Machtwechsel selbst inszeniert.

Deutschland ist also wieder einmal auf dem Sonderweg. Daß bei uns nach zähem Gerangel die Öffnung der Geheimakten beschlossen werden konnte, hat mehrere Gründe. Der wichtigste ist zweifellos, daß die Bürgerrechtsgruppen die Stasi-Aufarbeitung energisch verteidigten, nachdem ihnen im Jahr 1990 die Blütenträume zerstoben und die anderen politischen Aufgaben abgenommen worden waren. Mit dramatischen Aktionen wie der Besetzung der Normannenstraße, mit Hungerstreik und Eindringen und Blockade der

Volkskammer erreichten sie, daß die Akten nicht in Koblenz verbunkert wurden und der Einigungsvertrag die neue Bundesrepublik zur Bildung des Stasi-Unterlagengesetzes verpflichtete. Dieses Gesetz kam – gegen den fortgesetzten Widerstand von teils rechtsstaatlich, teils aus Angst vor späterer Enttarnung motivierten Gegnern – zustande, da die bis in konservative Kreise reichende Interessengruppe von geschädigten ehemaligen DDR-Bürgern in Ost und West nach Hunderttausenden zählt; außerdem gibt es im Westen viele Demokraten, die nach der unaufrichtigen Abrechnung mit dem Nazi-Erbe nicht eine weitere vergrabene Altlast im neuen Staat dulden wollen. Seit Anfang 1992 ist nun das Aktengesetz in Kraft, und unabhängig vom weiteren Verlauf kann man tatsächlich eine Zwischenbilanz versuchen.

Man sollte die politische von der persönlichen und der historisch-soziologischen Aufarbeitung trennen. Die Reinigung der politischen Landschaft hat einen leider überwiegend unerfreulichen Verlauf genommen. Die über Jahre währende Verzögerung hat eine Gemengelage mit anderen Interessen, nämlich Parteienkonflikten und Ost-West-Kämpfen, erzeugt. Zudem ist der Nachweis einer Stasi-Verstrickung doch nicht so einfach zu führen, und auch die Kriterien für den Nachweis sind durchlöchert. Zu Volkskammerzeiten galt die Eintragung als Inoffizieller Mitarbeiter mitsamt dem Vorhandensein personenbezogener Berichte als wichtigstes Nachweismerkmal. Später wurde klar, daß da diplomatische Ausnahmen bestanden, zum Beispiel prominente Personen von der Werbung ausgenommen oder umgekehrt ohne Werbung als IM geführt und zum Teil auch Akten vernichtet wurden, so daß der schwierige Nachweis konspirativer Mitarbeit an seine Stelle trat.

Überhaupt setzte sich eine merkwürdige Übertragung durch, nämlich des Prinzips »Im Zweifel für den Angeklagten« auf die Kandidatur für ein politisches Mandat. Als hätte ein Parteipolitiker einen zivilrechtlichen Anspruch auf das Vertrauen, das ihm Wähler zu erweisen hätten, solange nicht das Gegenteil bewiesen ist. Als hätte nicht der Wähler das Recht auf Kenntnisnahme der politischen Vergangenheit des Kandidaten und beweislastfreie Auswahl der Person, die er im Parlament haben möchte. Die Umkehr der Beweislast ist dadurch erleichtert worden, daß die Überprüfung auf Stasi-Verstrikkung erst Jahre nach der Wahl stattfindet, und zwar in der Form eines öffentlich sichtbaren, nachträglichen Vertrauensentzuges anstatt der Verweigerung eines Platzes auf der Kandidatenliste. In den Wahlkämpfen des Jahres 1990 hätten die Wähler nicht viel Federlesens gemacht und nur solche Kandidaten auf den Listen geduldet oder deren Parteien gewählt, die zweifelsfrei nichts mit Stasi, Partei und anderen Machtzentren zu tun hatten. In der neuen Situation wird es keinen anderen Weg geben, als die Beweise und Gegenbeweise für die Verstrickung von Inhabern oder Kandidaten für öffentliche Vertrauenspositionen bekanntzumachen und es den Parteien und der Exekutive zu überlassen, ob sie solche Kandidaten halten oder zurückziehen und das öffentliche Echo ertragen wollen, das gegebenenfalls in Form von Wahlquittungen kommen wird. Auch Protestwahlen gegen alle etablierten Parteien sind solche Quittungen.

In der nichtpolitischen Sphäre hat die Aufarbeitung Schlagseite erhalten, weil sie auf den öffentlichen Dienst beschränkt ist. In einer freiheitlichen Gesellschaft ist etwas faul, wenn man wegen Stasi-Belastung zwar nicht mehr Schalterbeamter bei der Post, wohl aber Aufsichtsratsvorsitzender eines großen Betriebes werden darf. Besonders verheerend ist der Vertrauensschwund für die Kirchen im Osten, in einer weitgehend heidnischen und kirchenfeindlichen Gesellschaft, wenn sie sich der rückhaltlosen Aufklärung verweigern und sich auf eine diplomatische Vermittlungsfunktion zwischen Staat und Gesellschaft als Entschuldigung zurückziehen. In beiden Sphären haben wir also weiterhin Reinigungsbedarf, der aber nicht mit administrativen Mitteln zu erzwingen ist.

Während ich bei den bisherigen Feldern für den öffentlichen Dienst bin, plädiere ich in der beruflichen und privaten Sphäre für Offenlegung zwischen den Beteiligten und ansonsten Diskretion. Wenn enge Freunde oder Ehepartner sich bei der Stasi angezeigt haben, dann sehe ich keinen Sinn, darüber den Mantel der Nächstenliebe zu breiten. Das müssen die Beteiligten wissen und untereinander austragen. Ermutigend ist dabei, daß es bis jetzt nirgends, auch nicht gegen Stasi-Offiziere oder Politbüromitglieder noch auch zwischen Kollegen und Freunden, zu Gewalthandlungen und Lynchjustiz gekommen ist (ganz entgegen den Befürchtungen der Aktenverbunkerer). Das gewaltfreie Reinigungspotential für solche Konflikte ist nach meiner Überzeugung vorhanden, und Verschweigen und Verstecken erzeugt viel mehr Mißtrauen.

Ein fortdauernder Skandal ist, daß über dem Spitzelnetz die Verbrechen in den Hintergrund treten: Hinrichtungen, Entführungen, Folterungen (im Knast und in der Psychiatrie), Verschwinden von Verhafteten, Zwangsadoptionen, Totschlag und schwere Körperverletzung bei versuchtem Grenzübergang und so weiter. Unerträg-

lich ist auch, daß Befehlsgeber und Schreibtischtäter nicht zu belangen sind. Das vergiftet das soziale Klima nachhaltig.
Unhaltbar ist auch, daß über dem Stasi-Informanten-Diskurs, so wichtig er ist, die Analyse der zentralen Macht- und Befehlsstrukturen des Regimes in den Hintergrund tritt. Die Schuld für das ökonomische und ökologische Desaster und die Entwurzelung einer ganzen Generation wird einseitig der Stasi in die Schuhe geschoben und von den eigentlichen Entscheidungsgeflechten abgelenkt. Die Sichtung von Partei-, ZK- und Regierungsakten ist ebenso wichtig wie die Stasi-Informationen.
Die Anatomie des Partei- und Polizeistaates muß bis in die Verflechtungen erforscht werden. Bisher war alles rein personenbezogen. Es entsteht der Eindruck, als wäre die DDR ein Stasi-Staat von Informanten und Opfern gewesen. Wo bleibt dagegen eine Auswertung nicht so sehr, welche Personen in welchem Kreis IM waren, sondern etwa, welcher Anteil von IM-Vorläufen (Werbungsversuchen) erfolglos verlief? Das kann man quer zu Personenakten und politischen Querelen ermitteln, und es zeigt uns auch einmal neben all dem Trübsinn, wie erfreulich groß der Anteil an Zivilcourage oder wenigstens an störrischem Widerstand in der Bevölkerung war. An den Werbungs- und Schulungsmaterialien der Stasi läßt sich auch ermitteln, auf welchen Persönlichkeitstyp sie bei der Rekrutierung gesetzt haben. Die breite Akzeptanz des Naziregimes in Deutschland brachte in den vierziger Jahren die sozialpsychologischen Untersuchungen über die »autoritäre Persönlichkeit« hervor, über deren Anteil in der Bevölkerung und ihre Bereitschaft, sich dem staatlichen Diktat unterzuordnen. Wie groß ist der Anteil bei den Stasi-Informanten? Oder überwiegt die haltlose Persönlichkeit, das »Waisenhauskind«, das dem Übervater nicht nein sagen konnte (dargestellt in der Studie »Geschützte Quelle« von Katja Havemann und Irina Kukutz)?
So gibt es eine Fülle von Fragen an den Historiker und Soziologen, die noch nicht einmal im Ansatz beantwortet sind und deren Studium durch die sensations- und personenbezogene Behandlung des Stasi-Themas eher verhindert wird.
Ein anderes offenes Problem ist, welche Rolle die Gegenwart der Staatssicherheit in der »Masse« der Bevölkerung gespielt hat. Für mich selbst und meine Umgebung kann ich sagen, daß der Schatten unser ganzes Leben überdeckt und entscheidend dazu beigetragen hat, daß wir zu lange passiv blieben und der Konfrontation mit dem Schlagarm der Staatsmacht wo möglich aus dem Wege gingen. Es

waren nicht so sehr die Handlungen der Staatssicherheit wie ihr pures Vorhandensein, das den zivilen Widerstand lähmte und uns ins Schneckenhaus trieb. Der Gedanke an mögliche Sanktionen saß stets im Hinterkopf und hat entscheidend dazu beigetragen, daß wir uns nicht eher gegen den ganzen Spuk aufgelehnt haben. Aus dieser Sicht hat die Stasi also voll ihre Aufgabe erfüllt, auch wenn ihre Aufklärungstätigkeit zu lächerlichen Ergebnissen und grotesken Fehlurteilen geführt hat wie etwa dem, daß ich als feindlich-negative Persönlichkeit mit dem Ziel, einen verfassungsbrechenden Zusammenschluß zu bilden, eingestuft, entsprechend »zersetzend behandelt«, »durch operative Maßnahmen verunsichert« und gezielt aus verantwortlichen Positionen entfernt wurde, während ich in Wahrheit ein harmloser Wissenschaftler war, der auf Liberalisierung und Befreiung seiner kreativen Fähigkeiten aus den Ketten des bürokratischen Kommandosystems hoffte und leichtfertig seine kritische Meinung äußerte.

Ist das aber repräsentativ? Waren wir alle durch die Staatssicherheit gelähmt? Oder gab es die schweigende Mehrheit, die ihr Leben lebte, verdrossen zwar über die Einschränkungen und die Fesselung an die Scholle DDR, diesen Zustand aber hinnehmend wie ihre Vorfahren die Leibeigenschaft, die in ihrer kleinen Welt von Familie und Kirchspiel die Nische suchten, die das Leben erträglich machte? Antworten auf solche Fragen würde ich dem nächsten Dutzend Enthüllungen von IM-Mitgliedschaft weiterer politischer Figuren vorziehen.

Daran schließen sich Fragen an, die ich auch an die alte Bundesrepublik habe. Ihre kontinuierliche Politik in den vierzig langen Jahren war es, die deutsche Frage offenzuhalten, vor allem in dem Sinn, daß sie auf Abkommen drang, die Familienbegegnungen und Touristenbesuche möglich machten und denjenigen halfen, die gestrauchelt waren oder es in dem Land nicht mehr aushielten. Wie aber stand sie dazu, daß die DDR ein Land mit zweihunderttausend Spitzeln war, dessen Bewohner die Existenz einer Staatssicherheit stets im Bewußtsein hatten, die die Frage der Machterhaltung über alles andere stellte und die Bevölkerung entsprechend beobachtete? Wie verhielt sie sich dazu, daß ein großer Teil des deutschen Volkes aus Angst zu Duckmäusern wurde?

Ich frage so, weil ich aus zahlreichen Berichten sehe, daß viele Spitzel ihre Aufgabe als Last empfanden, nur ungern berichteten und unter Druck gesetzt werden mußten (was die Stasi dann »Qualifizierung des IM« nannte). Was sie nicht wußten, ist zum Beispiel, daß

die sogenannte »Dekonspiration« die Anwerbung beendete oder den IM als untauglich ins Archiv brachte, ohne daß schwere Sanktionen folgten. Ich schätze, daß die Hälfte der Spitzel von dieser Strategie Gebrauch gemacht hätte, wenn sie sie gekannt hätte. Ich kann mehrere Fälle nennen, wo Bekannte und nahe Freunde angeworben wurden, die Mitarbeit standhaft ablehnten und sich trotzdem aus »preußischem« Gehorsam an die Schweigepflicht hielten und damit das Geheimnetz intakt halten halfen. Ich kenne einen Fall, wo ein Freund sich unter Druck zu für ihn quälenden Gesprächen über mich bereit erklärt, sich mir dann eröffnete und doch nicht wagte, der Sache ein Ende zu machen, indem er ihnen einfach mitteilte, daß ich von der Sache Wind bekommen habe.
Heute, post festum, sehe ich aus Veröffentlichungen wie den Büchern von Karl Wilhelm Fricke und Werner Stiller, daß die Methoden und Strukturen der Staatssicherheit und ihres Spitzelsystems im Umriß durch zahlreiche »Republikflüchtlinge«, Stasi-Überläufer und andere Indiskretionen im Westen seit langem gut bekannt waren. Sogar eine genaue Schätzung der Zahl der IMs und GMs entnehme ich diesen Büchern, die Definition dieser Begriffe, die Umgangsregeln, die Verpflichtungserklärung, die Ausbildung, die Psychologie, die Bedeutung der Konspiration für die Zusammenarbeit, die Werbungsmethoden und so weiter. Das Wissen war offenbar weit präziser als das über die wirtschaftliche Vitalität der DDR oder die Akzeptanz durch die Bevölkerung, wo bekanntlich groteske Fehleinschätzungen unterlaufen sind. Warum ist in diesem zentralen Bereich die Lebenshilfe über die Medien ausgeblieben? Ich selbst habe jedenfalls jahrzehntelang intensiv Radio gehört, ferngesehen und jede Westzeitung gelesen, deren ich habhaft werden konnte, und habe trotzdem niemals einen Ratschlag der beschriebenen Art (über Verhalten bei Anwerbung) erfahren. Bis jetzt ist mir auch nur einmal bekannt geworden, daß die Bundesregierung in Verhandlungen mit der DDR gegen die Praxis protestiert hat, daß zum Beispiel berufliche Westkontakte nur möglich waren, wenn man die privaten und familiären unter volle dienstliche Genehmigungspflicht und sogar Berichtspflicht stellte. Der eine Fall bezieht sich auf eine Bemerkung von Außenminister Genscher etwa 1987. Das quantitative Ausmaß dieser Regelungen muß bekannt gewesen sein, und öffentliche wie diplomatische Verlautbarungen hätten es bei uns bekanntgemacht und sicherlich stärkeren Widerstand erzeugt und die Regeln schwerer durchsetzbar gemacht. Spielte hier eine Art Obrigkeitssolidarität eine Rolle, um Unruhe durch Destabilisierung der DDR zu vermei-

den, da schon die Unruhe in Polen mit gemischten Gefühlen aufgenommen wurde?
Zur Analyse, ob und in welchem Umfang unser geducktes Verhalten schuld war, daß das Unterdrückungssystem durch angedrohte feine Sanktionen so lange weiterwachsen konnte, gehört also auch die Frage, was der Westen versäumte, indem er diese Verhältnisse als gegeben hinnahm und darauf verzichtete, die Menschen gegen das System zu »immunisieren«. Die offene Anti-DDR-Propaganda der ersten Jahrzehnte war jedenfalls nicht der richtige Impfstoff, und die zurückhaltenden Samtpfoten der späteren Jahre um der lieben Entspannung willen waren es auch nicht. Aufhetzen war falsch, und Schweigen war falsch – die Unterstützung von gewaltlosem zivilen Widerstand, von Verweigerung der schmählichen Kooperation und Konspiration wäre dagegen am Platze gewesen.
Diese Beispiele zeigen, daß wir erst am Anfang der eigentlichen Aufarbeitung der DDR-Vergangenheit stehen. Es bleibt die Aufgabe, die Anatomie eines autoritären und geheimpolizeilichen Systems zu beschreiben, die Psychomechanismen, die die Bevölkerung dazu brachten, den Druck so lange zu ertragen, daß erst der drohende ökonomische und ökologische Kollaps der Vernunft zum Siege verhalf, uns indessen in die Bettlerstellung brachte und weit zurückwarf.
Es gibt übrigens zahlreiche ähnliche Systeme in der Welt; auch ist kein demokratischer Staat in Krisenzeiten prinzipiell gefeit gegen die Versuchung, sich strukturelle Stabilität auf Kosten einer gelähmten Kreativität der Bevölkerung zu erkaufen. Eine sorgfältige und abgewogene Beschreibung des SED-Stasi-Staates ist daher eine Herausforderung, mit der wir der Zukunft einen großen Dienst erweisen könnten. Bis jetzt war die Optik schief, und wir haben uns in Einzelheiten verzettelt. (1992)

MG Sehen Sie eine Möglichkeit, institutionell – mir fällt da immer die alte Briefmarke vom »Notopfer Berlin« ein – durch größere Anstrengungen etwas für diese verlorene Generation der Vierzig- bis Sechzigjährigen zu tun, die, weil ihre beruflichen Fähigkeiten entwertet sind oder ihre politischen ihnen nachhängen, die Verlierer der Geschichte sind? Diese vier Millionen? Oder müssen wir die abschreiben?

JR Den Bruch des ganzen Lebensplanes kann man nach-

träglich nicht mehr ersetzen. Aber es läßt sich oberhalb dessen, daß man diese Generation völlig auf den Müllhaufen wirft, eine Menge machen.
Ich nenne zwei Beispiele: Die Rentenzuweisung an DDR-Bürger, die leitende Positionen hatten, muß gerechter gelöst werden. Bei öffentlich finanzierten Forschungsprojekten sollte es möglich sein, ältere Wissenschaftler mit hineinzunehmen. Solche Maßnahmen sind sicher keine Kompensation für den Bruch der Weltanschauung und des Lebensplanes, der für viele sehr schmerzlich ist, aber wenigstens ein Angebot, nicht auf der Straße liegenzubleiben.

MG Die Geschichte der Enteignung ist kompliziert. Können Sie sich eine grundsätzliche Verbesserung der Situation vorstellen, daß die ehemaligen DDR-Bürger als Gruppe enteignet worden sind – jedenfalls vom Rechtsgefühl her?

JR Meine Mutter hat Angst mit ihren 85 Jahren, daß sie aus dem Haus, in dem sie zur Miete wohnt, rausmuß, weil es zum Verkauf steht. In solchen Fällen müßte die Einschränkung der Eigenbedarfsklausel verlängert werden, bis Generationen herangewachsen sind, für die das kein Problem mehr ist. Auch da passiert einiges, aber nicht ohne Konflikte und Spannungen.

KA Sehen Sie die Gefahr, daß irgendwann im Osten, vielleicht auch im Westen ein Rattenfänger auftritt, und sagt: »Hier geht's lang.«

JR Im großen und ganzen sind diese nachsozialistischen Bevölkerungen ziemlich resistent gegen charismatische Verführung. Ich glaube, daß man nicht mehr so einfach wie Hitler durch die Seelen der Deutschen marschieren kann.

KA Die polnische Lösung wäre denkbar. Dort hat der charismatische Führer nicht den Zuspruch gefunden, den er sich selbst vielleicht erwartet hatte, und aus den letzten Wahlen ist die Nachfolgepartei der Linken als Sieger hervorgegangen.

JR Das wäre keine Katastrophe. In Polen können sie auf ihre sympathisch-polnische Weise auch damit leben. Ich

meine, auch Jelzin als Träger von Charisma ist ja auf eine gesunde und vernünftige Weise auf den Boden der Tatsachen geholt worden. Die Leute haben eine realistische Einstellung zu ihm, es gibt keine Tendenz dieser Überhöhung zur Gottähnlichkeit. Es sind ganz pragmatische Überlegungen, daß Ordnung geschaffen werden und einer die Ukasse geben muß, sonst kommen sie nie aus dem Schlamassel heraus. Hoffentlich erfüllt Jelzin diesen nüchternen Anspruch, den die Bevölkerung an ihn stellt. So ähnlich ist es mit Walesa und auch mit Havel. Auf eine gesunde Weise gibt es das Monarchisch-Heilige an diesen Führern nicht. Ich habe keine Befürchtungen, daß da Rattenfänger kommen und alle hinterherlaufen.
Aber die Parteien sind natürlich in allen Ostblockländern in einer verheerenden Personalkrise.

KA In den alten Bundesländern haben die Politiker den Vorwurf der Parteiverdrossenheit zurückgegeben und von Volksverdrossenheit gesprochen. Sehen Sie die Gefahr einer Entfremdung? Was kann man dagegen tun?

JR Ich befürchte, daß die gegenseitige Abgrenzung für das Gemeinwesen wirklich gefährlich wird. Im Westen muß uns das italienische Beispiel bedenklich stimmen, und im Osten haben wir nun wirklich reichlich Erfahrung, was Entfremdung der Herrschenden oder der Verwaltenden und Gesetzgebenden von der Bevölkerung bedeuten kann. Wie schnell plötzlich die Gesellschaft zerbrechen kann. Das muß überbrückt werden durch die Öffnung der Parteien, da hilft ihnen alles nichts. Sie müssen auch akzeptieren, daß sich neue Gruppen bilden wie jetzt in Hamburg. Die darf man nicht als Störfaktor bekämpfen. Dann muß natürlich auch die Bevölkerung bereit sein, nicht nur zu meckern, sondern mitzuarbeiten. Es gibt keine Entschuldigung, wenn denkende, erwachsene Menschen den Staat dahinschlittern lassen.

MG Sie sind von einer solchen Bürgergruppe in Frankfurt nominiert worden, in der sich konservative Kritiker der Parteien und ihrer Selbstbedienungsmentalität, Grüne wie Antje

Vollmer, Konservative wie Joachim Fest, Alternative wie Daniel Cohn-Bendit verbinden. Ist Ihre Nominierung eine freundliche Kampfansage der Bürger an ihre Parteien?

JR Eine freundliche, ja. Es schillert nicht nur schwarz und grün, sondern auch gelb wie Ignaz Bubis, und es gibt rotschillernde in diesem Kreis. Das Gemeinsame ist offensichtlich die Einsicht, daß wir vor allen diesen Konflikten, die weltanschaulich oder parteipolitisch sind, ein großes Maß an gemeinsamer Verantwortung haben.

KA Der Kreis hat gesagt, daß es einer aus dem Osten sein soll. Manche meinen, es wäre das falsche Stichwort, es erinnert offenbar an so etwas wie Proporz oder Quote. Zu Recht?

JR Ja, oder »affirmative action«, gezieltes Berücksichtigen einiger, um Ungleichheiten abzuschaffen. Ja, ich halte es für sinnvoll, wenn in den oberen politischen Funktionen des Staatswesens Leute aus dem Osten stärker vertreten sind als jetzt. Selbst die Ministerpräsidenten der neuen Bundesländer sind noch überwiegend im Westen sozialisiert. Ich halte es für sinnvoll, würde es aber nicht zu einer Quotennotwendigkeit machen. Diesen Graben überbrücken kann auch jemand aus dem Westen. Wenn aber einer aus dem Osten gewählt wird, könnte er Zeichen setzen.

KA Einer wie Sie, der aus dem Osten kommt, kann im Westen heute noch seine Erfahrungen sammeln und wird das auch täglich tun. Sie selbst haben das durch Ihren Aufenthalt in Heidelberg ein Jahr lang bewiesen. Aber im Osten, so wie er gewesen ist, kann man keine Erfahrungen mehr sammeln. Diesen Osten gibt es nicht mehr. Um den Ausgleich, der uns in Deutschland für die nächsten Jahre als Aufgabe bevorsteht, zuwege zu bringen, wäre es sinnvoll, tatsächlich jemanden zu wählen, der diese Erfahrungen über Jahre und Jahrzehnte gemacht hat. Erfahrungen, die heute nicht mehr nachzuholen sind.

JR Ja, Sie haben »sinnvoll« gesagt, und das ist ein gutes Argument. Dazu kommt, daß man jemanden wählen sollte, der nicht nur Erfahrungen mit dem Osten als DDR, sondern auch Lebenserfahrung mit Osteuropa hat. Auch da sind Defizite in der bundesrepublikanischen Gesellschaft da, durch die westeuropäische Bindung sind diese Erfahrungen intensiver als die osteuropäischen. Auch da muß ein Gleichgewicht durch »affirmative action« hergestellt werden. Der Selbstausgleich dauert zu lange.

MG Der Präsident aus dem Osten kann wahrscheinlich gar nicht anders, als bei jeder sich bietenden Gelegenheit sich als Anwalt der Ostdeutschen, ihres »Zu-kurz-Gekommen-Seins« aufzutreten. Ist das nicht eher ein Hindernis dafür, daß ein Ostpräsident gewählt wird? Legt alles das nicht nahe, daß es jemand sein wird, der die alte Sozialpartnerschaft West verkörpert?

JR Es kann so kommen. Das sehe ich auch. Wir müssen damit leben, daß zwei sehr verschiedene Gesellschaften zusammengenagelt wurden durch den mit den Wahlen bekräftigten Willen beider Bevölkerungen. Nun können Sie nehmen, wen Sie wollen: Ein im Osten Sozialisierter wird im Westen fremd sein, und ein im Westen Sozialisierter wird dem Osten fremd vorkommen.

MG Ich will noch auf etwas anderes hinaus: Dieser Initiativkreis, der Sie nominiert hat, bestand schon vor dieser Nominierung. Es waren Leute, die mit dem Westen als Westen, so wie er organisiert war, nicht zufrieden waren. Da ist doch die Tatsache, daß Sie aus dem Osten kommen, fast ein äußerliches Datum. Was eint Sie denn über dieses Argument »Es soll jemand aus dem Osten sein« hinaus?

JR Daß es jemand sein soll, der nicht in diesen Parteiochsentouren verschlissen ist. Jemand, der in gesellschaftlich wichtigen Bereichen kompetent ist, der Zeichen setzen, anregen und ermuntern kann. In der Kultur, der Technik, der Zukunft der Wirtschaft und Ökologie. Es gibt doch eine Reihe von sehr kritischen Bereichen, in denen etwas passieren muß, wo der Bundespräsident als neutrale oder überparteiliche Figur Einfluß hat – im Sinne des Zeichensetzens, Anmahnens, Bedenkens, Kommentierens, Widerlegens, Begrüßens.

Die Zukunft hat nicht nur etwas mit dem heutigen Ost-West-Gegensatz in Deutschland zu tun.

MG Wären Sie ein Präsident der ungeduldigen Bürger? Ist das mit dem Amt vereinbar?

JR Ich suche ja die ungeduldigen Bürger, die nicht bequem in der Nische sitzen. Davon gibt es sehr viele, und man muß sie aufwecken, um ihre Ungeduld kreativ zu nützen.

MG Was sagen Sie zur Diagnose bzw. zum Vorwurf der »Parteienmüdigkeit«?

JR Ich glaube, daß in der Bundesrepublik der sechziger und siebziger Jahre zwischen Parteien und Bevölkerung eine viel intensivere Kommunikation stattfand als heute. Jetzt herrscht diese Müdigkeit, die vielfach zum Klischee geworden ist. Es kann kommen, was will, man nimmt es nur zur Kenntnis – diese Politiker, die nur in die eigene Tasche wirtschaften, diese Parteien, die nur ihre Apparate bedienen. Falsch daran ist, hiermit eine Klagemauer aufzurichten, als Entschuldigung dafür, nichts zu tun. »Wir können ja doch nichts machen, diese Typen lassen ja nichts durch.« Diese Haltung ist falsch. Ich denke, daß die Parteien und ihre Repräsentanten sehr empfindlich reagieren, wenn sie mit dem Engagement von Frauen und Männern, die nicht in den Parteien sind, konfrontiert werden. Aber das geht nur über engagiertes Fordern. Mit Resignation und Klagen in der Ecke ist nichts gewonnen.

KA Sie haben einmal die Stimmung in den letzten Jahren der DDR folgendermaßen charakterisiert: Es geht uns schlecht genug, um sich die Laune zu verderben, und zu gut, um etwas zu riskieren. Könnte das auch für das ganze Deutschland gelten?

JR Ja, ja. Diese Empfindung habe ich jetzt auch.

KA Wobei die äußeren Gegebenheiten zweifellos höchst unterschiedlich sind. Zwischen der ehemaligen DDR und der heutigen Bundesrepublik läßt sich herzlich wenig vergleichen. Was macht trotzdem die Ähnlichkeiten in der allgemeinen Stimmung aus, das »Jammern auf hohem Niveau«, wie es der Kanzler einmal genannt hat?

JR Die Gemeinsamkeit besteht darin, daß wir früher zu den industrialisierten, entwickelten Ländern des Nordens gehörten und jetzt ebenfalls dazugehören. Mit einem Fernrohrblick von Madagaskar aus hat sich wahrscheinlich da oben im Norden, in der Mitte von Europa nicht so viel geändert. Wir sind auch unter DDR-Bedingungen, auch in der Zeit der »furchtbaren Unterdrückung«, wie es jetzt genannt wird, eine Gesellschaft gewesen, der es besser gegangen ist als jeder Eltern- und Großelterngesellschaft in unserem Land vorher. Die Klagen sind nur qualifizierte Klagen: Jawohl, müßte man sagen, im Grunde leben wir gut, aber ... Jetzt muß man den Blick in die Zukunft richten, denn dieser Wohlstand und Konsum wird sich nicht halten lassen. Es geht uns noch nicht schlecht genug, um wirklich aufgerüttelt zu werden, andererseits geht es uns gut genug, um zu sagen, daß man es noch abwarten und ertragen kann. Das ist ein unbequemer Mittelzustand, der jedes Engagement dämpft. Es fehlt an dem richtigen Anstoß, um aus dieser Hängepartie herauszukommen.

KA Wie könnte dieser Anstoß aussehen?

JR Schlimmstenfalls durch eine wirklich furchtbare Krise. Etwa wenn die Reaktoren von Greifswald geplatzt wären, was ja ebensogut wie in Tschernobyl hätte passieren können. Die Panik, die dann einsetzt, wenn die Gesellschaft unmittelbar durch eine existentielle Krise bedroht ist. Krisen dieser Art sind möglich, ein nuklearer GAU ist nicht das einzige Beispiel.

KA Was kann man denn verhindern? Nicht nur in der Theorie, sondern auch in der Praxis. In Greifswald ist die Katastrophe ja verhindert worden, indem das Kraftwerk abgeschaltet wurde.

JR Der Reaktor existiert aber immer noch. Ich kann mir sehr gut vorstellen, was passiert wäre, wenn er in die Luft geflogen wäre! Die so gut funktionierende Gesellschaft hätte sich innerhalb von Sekunden aufgelöst.

MG Einspruch: Tschernobyl zeigt ja, daß nach einer gewissen Phase der Katastrophenbewältigung »business as usual« gemacht wird.

JR Eine solche Katastrophe wäre jedenfalls die schlimmste Form der Erweckung. Sie muß verhütet werden. Denn es gibt auch noch die »Katastrophen« in Anführungsstrichen, nämlich das Umschalten in der Schaltung des Gehirns. Das geschieht zum Beispiel, wenn man sich, ohne daß das Haus schon brennt, darum kümmert, vorsorgliche Maßnahmen zu treffen.

MG Eine Ihrer sympathischen Kritikerinnen hat in der FAZ geschrieben: »Der Kandidat aus Berlin, der vom einfachen Leben träumt.« Ist das völlig falsch? Das, was Sie eben gesagt haben, plädiert ja für ein komplizierteres, komplexeres Leben.

JR Was ist »einfaches Leben«? Ich träume davon, daß wir aus der Tretmühle selbsterzeugter und immer wieder schal befriedigter Bedürfnisse herauskommen. Ich weiß aber nicht, ob das ein einfaches Leben wäre.

MG Das klingt nach schlankem, nach beweglichem Leben. Sie haben eben gesagt, wenn wir Tschernobyl verhindern wollen, müssen wir uns innerlich umpolen. Das heißt, daß wir lernen müssen, in der Kompliziertheit zu leben, in der wir stecken. Auch haben Sie nicht weniger Technik und weniger Kompliziertheit gefordert, sondern Technik auf der Höhe der Zeit. Nun gibt es aber eine starke Sehnsucht nach einem Zurück. Was kann die Begeisterung für das komplexe Zukünftige, was kann den schwierigen Aufbruch in die hypermoderne Gesellschaft befördern?

JR Ich würde sämtliche Projekte, die interessant sind und Begeisterung hervorrufen, unterstützen. Schließlich setze ich meine Hoffnungen nicht auf eine verlorene, sondern auf die zukünftige Generation. Ich selber reagiere so, wenn ich von einer Studentengruppe oder anderen jungen Leuten eingeladen werde. Wenn man in den Diskussionen als Älterer sieht, was die Jungen mit Engagement und kollektiv an neuen Wertungen entwickeln, hat das einen massiven Einfluß auf die ältere Generation. Und wenn die eigenen erwachsenen Kinder sagen: »Du wirst alt« oder »Du verkalkst«, dann ist das der stärkste und bewegendste Einfluß, den ein Fünfzig- oder Sechzigjähriger noch erleben kann.

MG Ein Bundespräsident soll Brücken schlagen. Sie haben mal gesagt, 15 Prozent sind die Verteidiger des Status quo. Das sind entweder die glücklichen oder die unglücklichen Gläubigen oder die Zyniker oder die Weitermacher. 15 Prozent sind aktiv unzufrieden, siebzig Prozent sind schweigende Watte. 15 Prozent Zukunftsverliebte also und 15 Prozent herrschende Positionselite in unserem Land. Wie wollen Sie zwischen diesen Gruppen Brücken bauen?

JR Das geht nur, wenn eine Erleuchtung in diese schweigenden siebzig Prozent hineinfährt. Und das ist damals in der DDR tatsächlich geschehen, ohne daß das durch eine Proklamation oder ein Dissidentenpapier verursacht war. Auf einmal hatte ein Umschalten vom ewigen Immer-wieder-Ertragen und Beklagen des immer gleichen Zustandes in aktives Handeln stattgefunden.

MG War das Entscheidende nicht vielmehr die Gebrochenheit der politischen Träger des Systems vor 1989 drüben und jetzt bei uns?

JR Die Gebrochenheit der Träger des Systems ist ein Teil dieses Umschaltens. Auch die Träger haben umgeschaltet und hingen nur noch in den Seilen. Ich glaube nicht, daß die Schwäche des Systems die Ursache für seine Überwindung war. Die letzte Ursache für die Überwindung dieser Zustände war, daß die Bevölkerung, die Masse es nicht mehr wollte. Und dann auch noch genaue Vorstellungen hatte, was zu passieren hatte. Die große Demonstration vom 4. November 1989 stand unter dem Zeichen der Verfassungsartikel Koalitions- und Meinungsfreiheit. Auf einmal waren die Leute, denen stumme Gleichgültigkeit gegenüber diesen Prinzipien nachgesagt wird, zu einer Demonstration gekommen, haben sie instrumentalisiert und weitergeführt. Fünf Tage später war die Mauer offen.

MG Was ist Ihre Erfahrung mit den politischen und ökonomischen Eliten der alten Bundesrepublik? Wie groß ist deren Grad an Gebrochenheit, was das System, die Lebensweise, die Zukunft angeht, für die sie stehen?

JR Gebrochen kommen mir die politischen Eliten nicht vor. Sie kommen mir eher vor wie die Laokoon-Gruppe, heftig ineinander verschlungen, verknotet und bewegungsunfähig.

KA Aber mit Laokoon und seiner Familie war es kurze Zeit später aus. Das eröffnet keine sehr freundliche Perspektive, wenn es so um uns bestellt ist.

JR Der politische Zustand in Italien sollte uns zu denken geben. Ich halte es für leichtsinnig zu sagen, Italien habe eine schlechte Demokratie und unsere sei besser. Die Italiener können mit ihrer Demokratie schon zurechtkommen, sind aber im Begriff, sie zu verspielen. Genau diese Gefahr besteht bei uns auch.

KA Die Demokratie ist doch bisher – in diesem Jahrhundert – überwiegend mit wirtschaftlichem und sozialem Wachstum einhergegangen. Heute dagegen steht uns eine Phase der Stagnation oder Rezession bevor, wie wir sie bisher nur unter den Bedingungen eines Krieges erlebt haben. In Kriegszeiten halten die Völker manches aus. Das haben die Kriegsgegner Deutschlands im Zweiten Weltkrieg hinreichend bewiesen. Aber ohne Krieg? Friedrich von Hayek hat bezweifelt, daß die Demokratie so etwas durchsteht.

JR Ja, den Zweifel sehe ich, aber ich glaube daran, daß die Demokratie das durchstehen wird. Ich kann nur ein naives Glaubensbekenntnis ablegen.

KA Wie stehen Sie zu den Gedanken von Michael Walzer, der gesagt hat, die Demokratie müsse stärker gegen das Auftrumpfen der Sonderinteressen angehen: gewerkschaftlich organisierte Arbeiter davon überzeugen, die engen Formen der betrieblichen Solidarität zu überschreiten; Sozialhilfeempfänger auffordern, mehr Verantwortung für ihr Wohlergehen zu übernehmen; Umweltschutzaktivisten überreden, von ihrer »Nicht-in-meinem-Garten-Haltung« zurückzutreten, und Feministinnen klarmachen, den Wert der Familie als gesellschaftliche Institution zu akzeptieren. Wären das Aufgaben der Zukunft?

JR In Amerika heißt diese Rückbesinnung aufs Gemeinwohl »Kommunitarismus«. Die vier Forderungen könnte ich unterschreiben, man darf nur nicht die Gefahren dieses Kommunitarismus übersehen: Er hat eine Tendenz zum Sich-Abschotten. In den Vereinigten Staaten ist das Engagement einer Kommune für ihre Schulen ungleich größer als in Deutschland. Eltern geben ihr Geld und wirken mit. Das ist sehr schön, aber der Nachteil ist, daß es in einem reichen Stadtbezirk gute Schulen gibt und in einem armen Stadtbezirk die Schule verrottet, weil sich dort niemand kümmert. Die übergreifende Solidarität darf dabei nicht verlorengehen, die Betonung der konkreten Mitwirkung darf nicht zur Mißachtung aller derjenigen Strukturen in Europa führen, in denen Solidarität auf die gesamtgesellschaftliche Ebene gehoben wurde. Beim Beispiel Gewerkschaften, das Sie zitierten, ist es klar: Wenn sich Gewerkschaften nur noch für das Wohlergehen und den Tariflohn derjenigen interessieren, die noch in Arbeit sind, und die letzten Arbeitslosen aus dem Auge verlieren, und das bei einer Sockelarbeitslosigkeit von sechs Millionen, dann degeneriert die Gewerkschaft zur Interessenvertretung einer Minderheit und verpaßt damit ihre Aufgaben; ähnlich ist das bei der Feministinnenbewegung. Wenn die familienfeindlich wird, verfehlt sie ihre eigentliche Aufgabe, die darin besteht, in solidarischer Verantwortung die Chancen und die Gleichberechtigung der Frauen durchzusetzen.

MG In Amerika hat sich in der Tradition des großen Trecks die Solidarität auf Gemeindeebene zwischen den Bürgern organisiert, bei uns in Deutschland ist vieles staatlich geregelt worden. Was am Sozialstaat soll man aufgeben?

JR Das, was mit Bismarck anfing und in den fünfziger Jahren weiterbetrieben wurde, finde ich richtig. Wenn dieser Sozialstaat Schwächen hat, sollte man sie nicht beheben, indem man ihn zerschlägt, sondern indem man die neuen Ungerechtigkeiten im Rahmen des guten Ansatzes beseitigt.

MG Wo sind die größten Ungerechtigkeiten, wo sollte der Sozialstaat schlanker werden?

JR Ungerecht ist, daß die Fürsorge für Kinder, die Versorgung von Kindern, insbesondere bei erziehenden Frauen, nicht mit ausreichenden Anwartschaften für das Alter belohnt wird. Schlanker könnte der Sozialstaat werden, wenn er die zahlreichen Leistungen (zum Beispiel Sozialhilfe, Wohngeld, Bafög und so weiter) mit der Steuer verrechnet und dadurch den ganzen Prozeß vereinfacht.

MG Abgesehen von den Kosten: Wo ist der bürokratisierte Sozialstaat zu weit gegangen; zerstört er nicht sogar an manchen Stellen gesellschaftliche, gemeinschaftliche Strukturen?

JR Sozialstaatliche Regelungen können die persönliche Verantwortlichkeit stören – wenn zum Beispiel ein Leistungsempfänger, im Vorruhestand etwa, Teilarbeit, Teilzuarbeit voll abgezogen bekommt und damit natürlich vollständig demotiviert wird, eine solche Arbeit aufzunehmen.

KA In unserer Vereinigungskrise gibt es die Schwierigkeit, daß fast alle Bevölkerungsteile sich abstrakt über die Notwendigkeit von Einsparungen und Opfern im klaren sind. Den eigenen Beitrag will man dann in der Regel aber nicht gerne leisten. Das heißt dann etwas kurzschlüssig »Opfer ja, Sonderopfer nein«.

JR Daß Opfer mit einer gewissen Knurrigkeit ertragen werden, denke ich, ist nicht schlimm. Wenn gesichert ist, daß alle mit anfassen müssen, kann man den Widerstand vernachlässigen. Dann ist das ein Grummeln, das eben da ist, wenn man eine unangenehme Sache erledigen muß. Das Problem bei all diesen Opfern und Solidarpakten ist, daß die Betroffenen der positiven Überzeugung sind, daß nur sie betroffen sind und die anderen unterrepräsentiert. Da gehört es zur Kreativität einer politischen Klasse, jeden deutlich zur Kasse zu bitten und sichtbar zur Kasse bitten.

MG Wie sehen Sie in dem Zusammenhang den vergangenen Solidarpakt? Und was wäre noch nötig?

JR Der Solidarpakt war ein Finanzausgleich zwischen den

Ländern und hat die eigentlichen Solidaritätsansprüche nicht erfaßt.

MG Biedenkopf und andere haben gesagt, im Sparen liege auch eine Chance, bestimmte Strukturen zu verändern. Ist das mehr als schöne Rhetorik? Sehen Sie gesellschaftliche Felder, wo man wirklich mit Sparen was verbessern kann?

JR Ja. Ein Beispiel fällt mir ein: in der medizinischen Diagnostik. Es gibt Verfahren und Verordnungen und Regeln, die erzwingen zum Beispiel, daß die gleiche diagnostische Maßnahme, Blutentnahme oder Röntgenuntersuchung, wiederholt werden muß, wenn der Patient aus dem ambulanten in den stationären Bereich kommt, obwohl das medizinisch gar nicht notwendig wäre. Da könnte gespart und der Patient entlastet werden.

MG Es heißt jetzt schon: Das muß ein Ende haben, irgendwann müssen die im Osten doch auf eigenen Beinen gehen ...

JR Das stimmt ja auch. Irgendwann müssen die im Osten auf eigenen Beinen gehen, aber das ist noch nicht erreicht.

MG Aber die deutsche Einheit ist ja nur das eine. Das andere ist, was mit dem Schlagwort »Standort Deutschland« bezeichnet wird: Deutschlands Lage unter verschärften Weltmarkt-Konkurrenzbedingungen, bei steigenden ökologischen Kosten und Arbeitslosigkeit in einem entgrenzten Wirtschaftsraum. Die Arbeitslosigkeit wird weiter wachsen. Es gibt ja inzwischen Stimmen wie die von Ralf Dahrendorf, die sagen: Entweder wir verteilen die Arbeit um, so daß jeder welche hat, oder wir laufen auf eine Gesellschaft zu, in der es wieder Dienstboten geben wird.

JR Das ist schlecht allgemein zu beantworten. Schon die Bezeichnung »Dienstboten« bewertet gewisse Arbeiten als edel, als Herrenarbeit, und andre als schlecht, als Dienstbotenarbeit. Tatsache ist, daß nach jeder Rezession 600 000 Arbeitslose mehr da sind. Dieser Prozeß wird sich, so lassen die Gutachten vermuten, eher verschärfen. Es geht, von allen kurzfristigen Maßnahmen wie ABM einmal abgesehen, darum, die Illusion aufzugeben, daß jeder einen klassischen Vollarbeitsplatz hat – und braucht.

Der Begriff der Lebenstätigkeit, der kreativen Tätigkeit eines Menschen, der scheint mir zu eng zu sein, wenn wir es nur unter diesem Arbeitsbegriff sehen, der aus der Zeit eines rasant wachsenden Kapitalismus stammt. Die Basis dafür ist geschwunden, und der Weg in die weitere Kapitalisierung etwa der Dienstleistungen ist auch gar nicht wünschenswert. Hausarbeit, Erziehungsarbeit, Aufräumarbeit, Gärtnerarbeit gehören zum Menschenleben und in die Gesellschaft. Von dieser Sorte Arbeit gibt es unendlich viel – die ist nicht profitabel, und die Aufgabe der Gesellschaft ist, das trotzdem in Gang zu setzen und zu finanzieren. Wir haben solche Situationen gehabt, die »Trümmerfrauengeneration« nach 1945 war von diesem Standpunkt in einer vergleichbaren Situation: Vorhandensein von Arbeit, überall mußte etwas gemacht werden, und es ist geschehen, spontan und durch staatliche Organisation. Aber es war auch eine Bereitschaft der einzelnen da, Steine zu klopfen.

Analog ist jetzt wieder: Wenn man durch den Osten fährt, dann staunt man, wieviel Arbeit da ist. Diesen Abstraktionismus, daß die Arbeit nicht gemacht werden kann, weil sie nicht finanzierbar ist, und gleichzeitig am Tresen Arbeitslose herumlungern, kann ich nicht begreifen. Daß die einen am Tresen stehen und saufen, während offensichtlich der Park beispielsweise völlig verwildert. Das ist das offensichtlichste Beispiel, und ein einfaches. Aber ich will nicht glauben, daß es unmöglich ist, bei überwältigend vorhandener Arbeit und einem Sockel an Arbeitslosen von 1,5 Millionen im Osten und 3,5 Millionen im Westen Menschen kreativ zu beschäftigen. Wir müssen es versuchen, nicht nur weil die Arbeitslosigkeit immer schwerer zu finanzieren ist, sondern weil die Gesellschaft sonst auseinanderfällt. Dieser Sockel an Elend, wie immer alimentiert, diese Menschenmassen ohne Tätigkeit und Perspektive, alkoholisiert gar oder analphabetisch, fallen als Staatsbürger aus.

MG Wenn der Staat das anfassen würde und die Arbeitslosen in Parkhüter und Kindergärtnerinnen verwandeln würde, würden alle brüllen »Arbeitsdienst«. Wer soll das anfassen und wie?

JR Die Regierung muß diese Dinge anschieben, fördern und Ausgleich herstellen.

In der Schorfheide, im Biosphärengebiet, gibt es keine Aufsicht. Die Dichte von Naturwächtern oder Förstern in Bayern ist drei- oder viermal so hoch wie in Brandenburg. Und ich sehe Leute, die mit dem Auto bis direkt an einen See fahren, dort zelten, obwohl es verboten ist, wo niemand ist, der sie freundlich darauf aufmerksam macht, daß das so nicht geht. Gleichzeitig gibt es eineinhalb Millionen Arbeitslose in der ehemaligen DDR und die Arbeitslosenunterstützung. Es will nicht in meinen Kopf, daß es nicht möglich ist, die so auszustatten, daß diese Aufgabe – ich kann das immer nur konkret sehen – des Aufpassens, Sorgens, Aufklärens in der Schorfheide zum Beispiel erfüllt wird.

MG Eine Frage zur Verfassungsreform: Es hat ja den Versuch der Bürgerbewegung gegeben, es hat im Zusammenspiel mit der Bundestagskommission Verfassungsreformbestrebungen gegeben – Stichwort Paulskirchenkongreß –, bestimmte neue soziale Grundrechte, sozialstaatliche Überlegungen neuer Art, zukunftsbezogene Staatsziele in die Verfassung neu aufzunehmen nach der Einheit. Konkret: Arbeit, Wohnung, Bürgerbeteiligung, Umwelt. Das alles ist gescheitert. Wie soll das wieder in Gang kommen?

JR Mit dem Scheitern finde ich mich noch nicht ab. In der Volkskammer wurde der Entwurf des Runden Tisches aufs schmählichste niedergebügelt, und der Auftrag gemäß Artikel 146, eine neue Verfassung neu zu verabschieden, ist also im Verfassungsausschuß versickert, aber die kleinen Retuschen haben fast nichts gebracht außer einem Bekenntnis zur Gleichberechtigung der Frauen. Es fehlt völlig der Impuls, das Grundgesetz an ein neues Zeitalter anzupassen. An die Ergebnisse der Revolutionen im Osten, an die Aufbauaufgaben im Osten Deutschlands: nichts über diese Jahrhundertaufgabe steht bis jetzt im Grundgesetz, konnte auch nicht drinstehen, nicht über die Herstellung gleicher Lebenschancen in Ost und West oder die Vollendung der inneren Einheit. Es steht weiter nichts drin über die staatlichen Aufgaben und Bürgerpflichten, um die Zerstörung der Lebensgrundlagen abzuwenden, die vor vierzig Jahren noch nicht so aktuell waren. Es steht nichts drin, wie wir den Nationalstaat neu konstituieren und gleichzeitig überwinden in Europa, nichts, um Kriterien zu geben für ein neues Verständnis der Weltpolitik. Die Stellung der Frau ist ungenügend akzentuiert. Sicherungsmechanismen für die Demokratie fehlen dort, Kontrollen gegen die Übermacht der Exekutive, gegen unkontrollierte Macht der Parteien, es werden keine Lehren gezogen aus den Erfahrungen der Bürgerinitiativen im Westen, der Bürgerbewegung im Osten. Es fehlt an Mitwirkungsrechten im Grundgesetz, die zum Teil in den Landesverfassungen enthalten sind, es fehlt an Aussagen, wie man den Menschen Arbeit geben kann, wie man der Wirtschaft Vorgaben machen kann, so daß sie nicht die Natur zerstört, es steht nichts drin über unsere Pflicht, Entwicklungshilfe zu leisten. Es wird immer wieder polemisiert, man könne Staatsziele nicht in eine Verfassung schreiben, weil sie nicht einklagbar sind. Aber es gibt im Grundgesetz Staatsziele, etwa die Sozialpflichtigkeit des Eigentums oder die Sozialstaatlichkeit der BRD, die nicht einklagbar sind in diesem formal-positivistisch-juristischen Sinn und die trotzdem – nicht genug – der Politik Vorgaben machen. Ich denke, daß wir neue Grundrechte brauchen, die übergehen in soziale Rechte, Staatsziele. Wie gesagt, Staatsziele sind nicht einklagbar, aber das Gesetz und die Rechtsprechung werden sich dann nach dem Verfassungsstand zu richten haben. Es wird einen Tendenzschub in die erwünschte Richtung geben. Ich glaube, daß das Grundgesetz ganz grundlegend durchgeforstet werden muß, daß, noch ein Beispiel, Minderheitenschutz und die Gleichberechtigung von Minderheiten in klaren Sätzen formuliert ins Grundgesetz eingetragen werden müssen. Dann muß das neue Grundgesetz meiner Meinung nach vom Volk selbst ratifiziert werden – Artikel 146. Es muß ein Weg gefunden werden, vielleicht über eine konstituierende Versammlung, die dieses Grundgesetz wirklich als Willensbekundung des deutschen Volkes und nicht als mehr oder weniger indirekt entstandenes Gesetzeswerk legitimiert.

MG Eine der Änderungen, die in Frankfurt in der Paulskirchenversammlung 1992 vorgeschlagen wurde, war die Umbenennung des Souveräns: vom »Volk« zu den »Bürgern der BRD, die sich diese Verfassung geben«, also die Auflösung des alten Begriffs der blutgestützten nationalen Identität, der uns im Augenblick im Zusammenhang mit dem Ausländerproblem so viele Wege versperrt.

JR Den schwammigen Begriff des Volkes würde ich gerne ersetzt sehen durch die Gemeinschaft derer, die auf diesem Stück Erde leben, Bürger des Staatswesens und der Gemeinschaft sind und die in gegenseitiger Respektierung der Freiheit und der Gesetze unter dieser Verfassung leben wollen. Damit meine ich einen positiven Akt des Sich-zusammen-mit-den-anderen-in-Gemeinschaft-Identifizierens und nicht irgendein Hineingeboren-Sein.

KA Aber diesen positiven Akt hat doch keiner von uns – weder Sie noch ich – vollzogen.

JR Ich würde einem wirklich neugestalteten und in breitem Konsens angenommenen Grundgesetz gern meine Stimme geben und sagen: »Da stehe ich dahinter.« Das ist mein Grundgesetz, zu dem habe ich ja gesagt. Ein solcher Weg ist ja auch im Artikel 146 vorgeschrieben.

KA Das wäre aber ein Akt, der alle paar Jahre neu vollzogen werden müßte, wenn tatsächlich die Identifikationsleistung zustande kommen sollte, die Sie sich davon versprechen.

JR Das müßte man wahrscheinlich von Epoche zu Epoche ändern, nicht jedes Jahr oder jede Woche, aber von Generation zu Generation. So wie jetzt nach den erheblichen ge-

schichtlichen Umwälzungen müßte das rendiert und erneuert werden.
Daß 1989/90 ein welthistorischer Einschnitt war, der eine Überarbeitung der Verfassung notwendig macht, ist evident. Und dazu kommt eine ganze Liste völlig neuer Gegebenheiten, die aus historischen Gründen nicht im Grundgesetz ausreichend berücksichtigt sein können.

MG Ich habe Sie so verstanden, daß Sie für die Aufnahme der Grundrechte auf Arbeit, Umwelt, Wohnen wären.

JR Ein Grundrecht ist ein Abwehrrecht gegen staatlichen Eingriff, gegen die Verletzung von Würde oder Leben. Das kann ich einklagen, während das Recht des Menschen, eine Behausung zu haben, nicht einklagbar ist. Das geht nicht, darüber ist sich auch jeder einig. Das muß ein Auftrag an die Gesellschaft sein, dafür dringend, mit einem gewissen Vorrang etwas zu tun, daß jeder diesen Anspruch auf ein Dach über dem Kopf zu verwirklichen in der Lage ist. Daß jeder die Chance hat, es bezahlen zu können, das muß irgendwie gesichert werden.

MG Was hält eine Gesellschaft, einen Staat zusammen? Unsere um Integrationen besorgten Denker sagen, daß Verfassungspatriotismus nicht reicht. Es müsse schon mehr sein. Was könnte dieses Mehr sein? Wenn nicht die Abstammung? Könnte nicht ein guter Katalog von Staatszielen dieses Stück Patriotismus, dieses Stück inhaltlicher Verbundenheit, diese gemeinsamen Zukunftsprojekte und Verpflichtungen definieren, die das Gemeinwesen zusammenhalten?

JR Das Recht auf Selbstverwirklichung in einer kreativen Tätigkeit, was Arbeit heißt, das Recht, ein Dach über dem Kopf zu haben – das sind materielle Voraussetzungen, um als Bürger in dieser Gemeinschaft ein Leben führen zu können. Aber das rein Materielle reicht nicht aus. Das ist zwar notwendig, aber nicht hinreichend, um Menschen das Gefühl zu geben, in diesem Staat, in dieser Gemeinschaft zu Hause zu sein. So wie das Materielle nicht ausreicht, um eine Familie zu konstituieren. Dazu gehört schon mehr. Nur, dieses Mehr kann man nicht in die Verfassung schreiben, und es läßt sich nicht mit Proklamationen erzeugen. Da gehören tausend Jahre gemeinsamer Kultur dazu, das Leben in derselben Landschaft, die Sprache, die Weimarer Klassik, der Buchenwald und die jüngste Geschichte.

MG Aber was ist das Gemeinsame an der Gesellschaft, die demnächst 20 Prozent »Ausländer« hat und wo in Sindelfingen von Türken die Weimarer Klassik gelesen und von Häberles die Pizza gegessen wird, wo Michael Jackson aus der Wartburg dröhnt? Was ist da noch Identität?

JR Da kommen Sie, wenn Sie es institutionell meinen, nicht um den Verfassungspatriotismus herum. Das ist das, was uns materiell aneinander bindet und auch diejenigen, die hier einwandern, binden sollte. Und der große Rest, dies Gefühl der Verbundenheit, das können Sie nicht in Gesetze gießen.

MG Ist für Sie das Wort »europäischer Bürger« eine intellektuelle Spinnerei?

JR Nein, überhaupt nicht. Ich bin europäischer Bürger und Deutscher. Das meint nichts Pathetisches, nichts irgendwie Werthohes, sondern es ist eine Feststellung.

KA »Nationalbewußtsein«, sagt Richard Schröder, »ist nichts Besonderes, aber etwas Bestimmtes.«

JR Etwas Bestimmtes. Alle halten mich sofort für einen Deutschen, ordnen mich in diese Vergangenheit ein, erwarten von mir das und das, sind überrascht, wenn ich mich anders verhalte. Es ist ähnlich wie in einer Familie. Ich gehöre eben hinein, das ist nichts Besseres als die andere Familie, aber es ist etwas Bestimmtes. Ich bevorzuge bestimmte Werte, bestimmte Beziehungen gegenüber anderen, aber ich kann mich nicht abkapseln. Deshalb halte ich die Meinung für verfehlt, daß es eine Spinnerei sei, ein europäischer Bürger zu sein. Wir sind doch seit tausend Jahren europäische Bürger! Wir haben auch seit tausend Jahren 25 Prozent Einwanderer hier, legen Sie die Zahl nicht auf die Goldwaage. Wenn man sich das Telefonbuch von Bottrop oder von Berlin ansieht und sieht, wieviel Familiennamen ukrainischen und polnischen Ursprungs drinstehen, von Leuten, die oft gar nicht mehr ahnen, daß sie erst seit zwei Generationen Deutsche geworden sind. In den Kirchen im Ruhrgebiet wurde noch lange Polnisch gepredigt, die Polen dort haben also auch eine lange Integration durchgemacht, ohne daß ihnen ihre Identität weggenommen wurde. Ähnlich war es auch mit den Hugenotten. Wir haben seit Jahrtausenden diese Einwanderungsbewegungen und leider auch die Austreibungsbewegungen, wie die Vertreibung der jüdischen Kultur des Mittelalters aus Worms und Köln in den Osten. Wir sind im Guten wie im Bösen seit tausend Jahren eine europäische Gesellschaft. Wir waren es in den Glanzzeiten des ersten Deutschen Reiches unter den Staufern, da wurde Deutsch gesprochen, da war Walther von der Vogelweide, da war deutsche Kultur, und andererseits war es eine europäische, eine lateinische Gesellschaft. Das ist nichts Neues und schon gar nichts Versponnenes.

KA Der Hugenotte, der seine Heimat verließ, oder auch der Pole, um ins Ruhrgebiet oder nach Berlin zu ziehen, wußte nicht nur, was er verließ, sondern auch, wohin er ging und warum. Er suchte nicht nur Arbeit, sondern auch seine Glaubensgenossen. Wie sieht das heute aus bei den Menschen, die nach Deutschland kommen?

JR Es ist nicht anders. Wir haben Leute, die aus dringender persönlicher Not, wir haben Leute, die aus politischer Verfolgung kommen. Es gibt aber auch solche, die einfach unser Gemeinwesen vorziehen, die hier in Deutschland oder überhaupt in Europa ihr Leben führen wollen. Das sind Einwanderer. Zu sortieren, was politische Flucht, was wirtschaftliche Not, was ungezwungene Entscheidung oder Vorteilssuche ist, das ist letztendlich beckmesserisch. Viele kommen aus einer ganzen Zahl von Motiven, und eigentlich gibt es kein gutes Argument, sie draußen zu halten. Das ist ein ganz schwieriges Gebiet, weil natürlich sofort das quantitative Argument kommt: Willst du zwei Milliarden einladen?

Natürlich nicht. Aber es geht hier nicht um die Definition von Einwanderungsrechten, die die einen haben und die anderen nicht. Es geht nur darum, es so zu regeln, daß es sozial verständlich und verträglich und finanzierbar bleibt. Entscheidend ist diese Grundunterscheidung, ob man die Zugbrücke hochzieht oder ob man nach Möglichkeiten sucht, die Zugbrücke herunterzulassen. Wie immer man dann den einzelnen und wie vielen den Durchmarsch über die Zugbrücke gestatten mag.

MG Das heißt erstens, eine klare Asylregel und nicht diese Trickserei mit den Drittländern, und zweitens ein Einwanderungsgesetz mit anständigen Quoten, über die man von vier Jahren zu vier Jahren entscheiden kann.

JR Und eine Flüchtlingsregelung, die diejenigen menschenwürdig einen Aufenthalt gewährt, die bereit sind, wieder zurückzugehen, wenn die Völkergemeinschaft dort wieder Frieden hergestellt hat.

KA Wie setzt man die Rückkehr durch? Es sind viele nach Deutschland gekommen in der sehr ehrenwerten Absicht, hier Fähigkeiten zu erlernen, die sie dann später einmal in ihren Ursprungsländern zum Vorteil der dort lebenden Menschen einsetzen können. Soweit ich sehe, hat nur ein Bruchteil derer, die das versprochen haben, das Versprechen auch eingelöst.

JR Ja. Da kann es viele Gründe geben. Es kann sein, daß einer hier die Geliebte gefunden hat. Es kann sein, daß die Bedingungen in der Heimat so sind, daß man sich dort nicht mehr sehen lassen darf.

Und da könnten wir natürlich einiges tun. Um mal wieder ein Modell zu entwerfen: Wenn wir hier Leute aus fremden Ländern ausbilden, dann gehört auch dazu, daß wir Konzepte haben, wie wir in diesen Ländern wirksam werden, so daß die hier Ausgebildeten dort auch gebraucht werden. Daß einer, der zum Beispiel hier Germanistik studiert hat, nach Indien zurückgeht und dort Wirkungsmöglichkeiten bekommt. Er kann Hindu und kennt die deutsche Kultur, spricht Deutsch, wäre also ein idealer Kandidat für ein Institut. Das muß aber dann vorhanden sein. Es müßte dann eben etwas wie eine deutsche Universität in Rumänien geben oder ein Netz von Goethe- und anderen Gesellschaften. Wir könnten dann mit viel mehr Recht jemandem sagen: »Bleib bitte dort«, wenn wir gleichzeitig in seinem Lande mitwirken, um Bedingungen zu schaffen, die es für ihn, mit seiner Qualifikation, sinnvoll machen, dortzubleiben. Das ist ein moralisches und ein praktisches Argument dafür, zu sagen: »Bitte bleibe in Afrika, wir brauchen dich dort.«

KA Wäre das die neue Form von Realpolitik, um dieses etwas belastete Wort noch einmal aufzugreifen?

JR Im Umgang mit den Afrikanern, die an der Tür stehen und hierherwollen, wäre es eine schöne Form, ihnen zu sagen: »Du kannst eine Ausbildung hier haben, einen Übergang, dann aber brauchen wir dich in Ghana. Da haben wir nämlich das und das vor, und da bist du richtig, weil du dich dort zurechtfindest.«

KA Das heißt, Realpolitik soll nicht ausschließlich in wirtschaftlichen Kategorien oder gar in militärischen Begriffen steckenbleiben, sondern soll solche humanitäre, kulturelle Überlegung von vornherein in die Rechnung mit einbeziehen?

JR Wer ein Stipendium bekommt, um an einer unserer Universitäten Molekularbiologie zu studieren, für den muß ein Anreiz bestehen, nachher Dozent in Afrika zu werden. Er muß ja nicht in den Busch zurück, sondern könnte dort vielleicht ein Labor eingerichtet bekommen, oder es muß ein Vertrag abgeschlossen werden mit seiner Universität, daß er zurückgenommen wird. Da könnte eine aktive Entwicklungspolitik das Problem angehen, das wir jetzt haben, wenn aus einem solchen Land Millionen als Wirtschaftsflüchtlinge kommen und nicht zurückwollen.

MG Deutsche Universitäten in Rumänien, der Hamburger Tabakfabrikant, der in der Ukraine mit Hilfe von zurückgekehrten Russen eine Fabrik aufbaut, Ghanesen im Dienste der Gesellschaft für Technische Zusammenarbeit – was für eine Weltordnung entsteht da, was für eine Art von freundlichem Imperialismus ist das?

JR Das ist eine Art von Weltkommunitarismus. Da muß nicht alles durch die Röhre der staatlichen und politischen Beziehungen durch, sondern da sollte sich unterhalb der staatlichen Beziehungen ein Netzwerk bilden, in dem Verbindungen gestiftet werden und Menschen die gegenseitige Fremdheit überwinden können.

MG Sie haben das eben gesagt: »Du kannst nicht hierbleiben, du mußt zurück nach Ghana, weil wir dich dort brauchen«: Impliziert dieses »wir« nicht eine Identität, mit der Normalbürger überfordert sind?

JR Das mag sein, daß der Normalbürger Schwierigkeiten hat. Ich will deutlich sagen, daß auch ich mit manchen kulturellen Verschiedenheiten Schwierigkeiten habe. Der Krach, den eine bosnische Gemeinschaft bei uns im Hinterhof entfachen kann, ist mir auch nicht Balsam auf der Seele. Daß es da Reibungen und Spannungen gibt und daß der Normalbürger – wer ist das eigentlich? – sagt, »damit möchte ich nichts zu tun haben«, das kann ich verstehen. Das darf nur nicht zur Leitlinie der Gestaltung der Politik, insbesondere der Politik der Zukunft, werden.
Und manche Sachen muß man lernen, weil sie nicht verschwinden. Insofern müßte kreative Politik immer auch Lust aufs scheinbar Unabänderliche machen.

Jens Reich
Was heißt schon »politisch«?

In der Asylfrage haben die Deutschen ein schlechtes Gewissen. Ich weiß, wovon ich rede. Ich habe selber eins.
Die Mehrheit unter uns bekennt sich zum christlichen Glauben, zumindest zu seinen ethischen Prinzipien und moralischen Geboten. Vater und Mutter ehren, des Nächsten Weib, Hab und Gut nicht begehren, nicht töten, nicht stehlen – alles unterschrieben. Auch die Aufforderung zur Mitmenschlichkeit wird anerkannt, vielleicht

nicht in der etwas barocken Formulierung der Nächstenliebe, aber als Richtschnur, für das tägliche Verhalten, an die Politik, an die Öffentlichkeit, an jeden von uns.
Mit der Einhaltung ist es nicht gut bestellt, aber zumindest das Prinzip steht. Man erkennt an untrüglichen Zeichen, daß der Impuls in unserem Verhaltens- und Reflexkostüm eingebaut ist, zum Beispiel an so absonderlichen Anzeichen wie dem, daß die halbe Welt Anteil nimmt an der Qual einer Ente, die sich in der Plasteschlinge einer Bierdose verfangen hat. Tiere und Pflanzen sind ebenso wie die Menschen unsere Gefährten. Wir sind bereit, ihnen Gutes zu erweisen, wenn wir in gelassener Stimmung sind, nicht gereizt, nicht in Panik, nicht von Habgier benebelt, nicht in kreatürlicher Angst um uns oder unsere Nächsten, Angehörigen und Freunde.
Im Umgang mit fremden Menschen zeigt sich die Zwiespältigkeit unseres Verhaltens»apparates«. Angst und Faszination existieren gleichzeitig. Die emotionalen und kognitiven Prozesse in unseren Hirnen können keine eindeutigen Signale ermitteln. Das fremde Kind mit den dunklen Augen, den krausen Locken und dem unbefangenen Lächeln spricht unsere Reflexe an: Mütterlichkeit, Ritterlichkeit, Schutzbereitschaft. Der Vater, der daneben steht, mag uns unsicher, mißtrauisch, ängstlich machen, mag Abwehr auslösen. Niemand braucht stolz zu sein auf die zuerst genannten Emotionen, niemand muß sich für die Stachelabwehr schämen – das wird aus tiefsitzenden Prozessen unserer Kreatürlichkeit gespeist und ist rationalen Eingriffen nur bedingt zugänglich. Die Vernunft ist hier unseren biologischen Reflexen untertan. Ein eindrucksvolles Beispiel für die Ambivalenz dieser Vorgänge kennen wir alle aus den Kinderbüchern: das Verhalten des Indianerstammes, wenn er einen Fremden gefangen hat. Es steht genau auf der Kippe zwischen Zuwendung und Abneigung. Die Entscheidung wird an den Häuptling delegiert: Marterpfahl oder Friedenspfeife.
In der Asylpolitik wird die Entscheidung auch delegiert: auf die Gewählten. Ihrem Urteilsspruch wird gefolgt, vielleicht mit Murren. So wie der Häuptling haben auch sie eine angemessene Frist des Nachdenkens, aber dann müssen sie eindeutige und unmißverständliche Handlungsanweisungen ausgeben. In der Asylfrage senden sie deutliche Signale der Unsicherheit, Signale zur Ablenkung.
Jesus von Nazareth, dessen gestiftete Religion unseren Kulturkreis bis in die feinsten Zweige (auch da, wo die Menschen sich von ihr abwenden) gestaltet hat, verschiebt die beschriebene Ambivalenz in Richtung Nächstenliebe, Mitmenschlichkeit, Opferbereitschaft,

und zwar in einer Unbedingtheit, die nur schwer zu erfüllen ist, wie wir alle zugeben, wenn wir in uns hineinschauen. Matthäus 5,39: Der euch Böses antut, leistet keinen Widerstand, haltet ihm die andere Wange hin, wenn er auf die rechte schlägt. In Matthäus, 5,43 erweitert er das mosaische Nächstenliebegebot (Levitikus 19,18) ausdrücklich auf die Feinde. Und auf die Anfrage, wer denn dieser Nächste sei, antwortet er (Lukas 10,30) mit dem Samaritergleichnis: Ein Reisender, zwischen Jerusalem und Jericho unter die Räuber gefallen, ausgeplündert, blutiggeschlagen und halbtot am Wege liegend. Ein Priester kam des Weges, sah und ging weiter. Ein Levit kam, sah und ging weiter. Ein Fremder aus Samaria half ihm, verband die Wunden und verschaffte ihm Asyl. Ja, Asyl, in einer Herberge. Sorge für ihn, sagte er zum Wirt, ich werde bezahlen, wenn ich wiederkomme. Und die Moral: Geh und handle ebenso.
Auch für den Fall, daß nicht nur ein einzelner Reisender, sondern viele unter die Räuber gefallen sind, ist die Handlungsmaxime eindeutig (Matthäus 19,21 und 24): Verkaufe deinen Besitz und gib das Geld den Armen. Eher geht ein Kamel durch ein Nadelöhr, als daß ein Reicher in das Reich Gottes gelangt.
Ich schreibe alle diese Zitate auf, die sicher manchem Leser ärgerlich predigend vorkommen, um zu belegen, daß die moralische Richtschnur, zu der sich die Mehrheit der Deutschen direkt oder in säkularisierter Form bekennt, die Aufnahme von in Not geratenen fremden »Reisenden« fordert. Zugespitzt formuliert: Solange in meiner Wohnung noch keine Romafamilie Zuflucht gefunden hat, habe ich kein Recht, »aufenthaltsbeendende« oder »einreiseverhindernde« Maßnahmen zu fordern. Eine Provokation ist das, zweifellos. Wir weisen sie heftig ab und behalten ein schlechtes Gewissen.
Um unser Unbehagen zu besänftigen, entwickeln wir rationale Konstruktionen. Die wichtigste davon ist im Artikel 16 des Grundgesetzes formuliert: Politisch Verfolgte genießen Asylrecht. Nicht alle Verfolgten, nicht jeder blutende Reisende aus dem Samaritergleichnis, sondern die politisch Verfolgten, also solche, die sich artikulieren können und das in ihrer Heimat getan haben. Von ihnen unterscheiden wir Flüchtlinge, die nur aus zeitweiliger Not Einlaß begehren, für eine Nacht sozusagen, sowie diejenigen, die nur aus Habgier kommen, die Wirtschaftsflüchtlinge. Wir, die in der DDR gelebt haben, erinnern uns daran, welche Hoffnung und Stütze das Asylrecht der Bundesrepublik (auf das wir nicht nur wegen Artikel 16, sondern als Deutsche Anspruch hatten) für alle gewesen ist, die es nicht mehr aushielten oder gestrauchelt waren. Wie jeder DDR-

Mensch weiß auch ich aus Hunderten von Fällen aus der eigenen Lebenswelt, daß die Flucht aus der Heimat niemals eindeutig politisch oder unpolitisch motiviert war: Es war stets eine Mischung aus politischem Protest, aus Resignation, aus Trauer um den Verlust der Tradition, um die deutsche Spaltung, aus Angst um die Zukunft der Kinder, aus Wut über die Hemmung der kreativen oder unternehmerischen Entfaltung, auch aus erwartungsvoller Konsumfreude, aus Freiheitsdrang und Lebenshunger.

Es ist unmöglich, das auseinanderzusortieren und danach ein »politisches« Asyl zu vergeben. So mancher Familien- und Freundeskreis ist über die Beurteilung eines Ausreisewillens und seiner kompromißlosen Verfolgung zerbrochen; viele Dissidentengruppen wurden gesprengt durch die gegenseitigen Vorwürfe von Dableibern und Ausreisern (Anpassung gegen Konsumgier). Wir kennen den vielbesprochenen Mißbrauch des Asylrechts aus eigener Erfahrung; auch für uns gab es Schlepperbanden, gab es zwielichtige Angebote, gab es Sonderrechte auf einen Platz auf gewissen Listen, gab es die gezielte politische Provokation, um nur schnell hinauszukommen, gab es Strategien, sich systematisch der Gemeinschaft zu verweigern. Um überflüssig, »ausreisefähig« zu werden, hat es sogar Menschen gegeben, die nicht davor zurückschreckten, sich mit der Waffe den Weg über die Mauer freizuschießen. Mißbrauch kann ein Recht nicht einschränken, und seine Möglichkeit darf Hilfsbereitschaft nicht dämpfen; wir wissen, auch unter den Elenden und Bettlern gibt es Gauner.

Wenn es also etwas an Artikel 16, Absatz 2, Satz 2 zu streichen gibt, dann ist es das Wort »politisch«. Entweder ist das Wort überflüssig oder der ganze Satz. So wie er steht, erzeugt er ein unauflösbares Dilemma, über das früher mit großzügigen Gesten hinweggegangen werden konnte, das jetzt aber (seit zwei Jahrzehnten übrigens und nicht erst seit der deutschen Einigung) zu schweren sozialen Spannungen führt.

Vor mir liegt der Gesetzentwurf zur Änderung der Grundgesetzartikel 16 und 18, eingericht von Wolfgang Schäuble, Wolfgang Bötsch, Hans-Ulrich Klose, Otto Solms, jeweils mit Fraktionen. Er schlägt vor, den Satz »Politisch Verfolgte genießen Asylrecht« aus dem Grundgesetz zu streichen und dafür den Satz »Politisch Verfolgte genießen Asylrecht« neu einzusetzen, allerdings mit etwa zwei DIN-A4-Seiten Erläuterung. Diese Erläuterung hat es in sich. Von ihr trieft förmlich der Schweiß monatelangen Ringens um einen tragfähigen Kompromiß. In verquastem Juristendeutsch wird da zunächst einmal festgestellt, daß auf ein Grundrecht sich nicht berufen kann, wer einen unpassenden Einreiseweg gewählt hat. Da ist von »aufenthaltsbeendenden Maßnahmen unabhängig von einem hiergegen eingelegten Rechtsbehelf« die Rede, was sofort den Zweifel weckt, ob der Vollzug eines Urteils, bevor es rechtskräftig ist, auch nur formal Bestand haben kann. Da wird ins Grundgesetz die akribische Unterscheidung zwischen Anträgen eingeführt, die »offensichtlich unbegründet sind oder als offensichtlich unbegründet gelten«. Da macht sich das deutsche Grundgesetz zum Beckmesser für die ganze Welt, indem es ausdrücklich Listen dekretiert, auf denen Staaten bestimmt werden, in denen Rechtsordnung und verfolgungsfreie politische Verhältnisse herrschen.

Dann kommt noch ein Wortgebirge: »Die Absätze 1 und 4 stehen völkerrechtlichen Verträgen von Mitgliedstaaten der Europäischen Gemeinschaften untereinander und mit dritten Staaten nicht entgegen, die unter Beachtung der Verpflichtungen aus dem Abkommen über die Rechtsstellung der Flüchtlinge und der Konvention zum Schutze der Menschenrechte und Grundfreiheiten, deren Anwendung in den Vertragsstaaten sichergestellt sein muß, Zuständigkeitsregelungen für die Prüfung von Asylbegehren einschließlich der gegenseitigen Anerkennung von Asylentscheidungen treffen.« Diesen Satz sollte man laut und zügig aus einem Atemzug vorlesen (falls die Lunge noch soviel Luft aufnimmt) und sich anschließend in die Rolle eines Gemeinschaftkundelehrers versetzen, der einer Klasse von aufstöhnenden Jugendlichen die Grundrechte erklären muß. Offensichtlich soll dieser Passus die Ratifizierung der Verträge von Schengen und Dublin sicherstellen. Jedoch: Entweder sind diese Abkommen verfassungsgerecht; dann kann der Bundestag sie auch so absegnen, und der Absatz ist überflüssig. Oder sie sind es nicht; dann wird die Phrase ihnen auch keinen Bestand verleihen.

Der Grundrechtekatalog im Grundgesetz ist an den meisten Stellen ein Beispiel für klare, knappe deutsche Sprache. Er muß es sein, denn er ist für jeden Leser formuliert und nicht für eine Kaste mit Spezialjargon. Der vorgeschlagene Zusatz ist im Kontrast dazu, mit Verlaub, ein bürokratisches Brechmittel. Er ist das Buchstabe gewordene Unbehagen darüber, daß Artikel 16 Absatz 2, Satz 2 einen eingebauten Widerspruch enthält und daß wir nicht bereit sind, ihn seiner Logik nach auf alle Verfolgten auszudehnen. Es gleicht dem Unbehagen desjenigen, der einen lästigen Bettler in weitem Bogen umgeht.

Mein Fazit? Ich will zuerst bekennen, daß ich mich genauso unbehaglich fühle wie offensichtlich die Verfasser des Gesetzesantrages. Ich will auch denjenigen keine Predigt halten, die sich in den Kommunen und Aufnahmestellen mit Verfahrensfragen, Unterbringungen und Sozialhilfe abmühen. Ich habe die heftigen Konflikte noch gut in Erinnerung, nachdem 1944 in die elterliche Wohnung in Halberstadt eine ausgebombte vielköpfige Familie aus dem Rheinland und dann 1945 eine Flüchtlingsfamilie aus Oberschlesien eingewiesen wurde. Mit Emigranten vom Balkan oder Osteuropa würde es noch schwieriger werden.

Aber es gibt doch einiges, über das man sich verständigen können müßte. Zum Beispiel das Grundgesetz nicht zum Ausstellungsplatz von Formelkompromissen zu entwerten. Die Legislative soll Anweisungen an die Exekutive und Festlegungen für die Judikative wie üblich als Gesetze und Entschließungen formulieren. Das Parlament könnte festlegen, daß ein gewichtiger Anteil unseres Sozialproduktes (kein Almosen, wenn schon nicht aller Besitz, wie im 19. Matthäus-Kapitel gefordert) für die Hilfe von Verfolgten ausgegeben wird, es könnte den Anteil per Gesetz festlegen und seinen Ausbau zum Staatswillen erklären. Es könnte verbindlich feststellen, daß unter uns Millionen ehemals Fremde leben, denen wir Gastrecht und Einbürgerungsrecht gewähren wollen – auch hier kann der Umfang festgestellt werden. Es könnte auch den Willen erklären, gegen Mißbrauch energisch einzuschreiten, und entsprechenden diplomatischen und wirtschaftlichen Druck auf Nachbarländer ausüben, die ihn dulden. Vor allem aber könnten wir alle Energie und alles Gewicht einsetzen, über das ein Land in der Mitte der nordwestlichen reichen Welt verfügt, um die Ursachen am Entstehungsort bekämpfen zu helfen. Solange Deutschland als Großhändler von Waffen und Munition, Panzern, U-Booten und anderen Vernichtungsmaschinen auftritt, kann es nicht beanspruchen, seinen Anteil zur Bekämpfung beizutragen.

Ins Grundgesetz würde ich, hätte ich den Auftrag, schreiben: »Notleidenden und Verfolgten wird Asyl gewährt; langfristig in Deutschland Lebende können Deutsche werden. Das Nähere regeln Gesetze.« Meinetwegen auch in von Juristen korrigierter Form. Aber es müßte für einen Laien unmittelbar verständlich bleiben. Ich halte den Zusatz »politisch« für nicht abgrenzbar – man muß ihn großzügig auslegen. Ich denke, daß auch ein Grundrecht eine von Zeit zu Zeit anzupassende gesetzliche Präzisierung verträgt. Daß mit dem Mißbrauchsargument nicht das Grundrecht ausgehöhlt wird, dafür zu sorgen ist eine politische Aufgabe der Öffentlichkeit, für die

Mehrheiten geworben werden müssen. Ist die Bevölkerung dazu nicht bereit (was keineswegs feststeht), dann müssen wir uns ins Gewissen reden und an unsere moralischen Prinzipien appellieren – formal mit dem Verfassungshebel kann man Menschlichkeit und Hilfsbereitschaft nicht eintreiben. (1993)

MG Noch mal zum Thema: Deutschland und Europa. Weimar und Florenz: Fliegt Ihr Herz stärker bei Gretchen als bei Laura? Wie verhält sich die deutsche Familie zur europäischen Großfamilie?

JR Das mit dem Herzen ist mal so, mal so. Wie das so ist, wenn es um Frauen geht. Faust und Gretchen und Goethe, das ist mir am nächsten. Aber sich nur mit deutschen Gedichten, deutscher Sprache oder deutscher Romantik, deutscher Dramatik zu befassen wäre doch sofort eine Einengung, dann brauche ich Petrarca oder die »Göttliche Komödie«, um zu sehen, wie es anders geht. Mich reizen die Differenzen. Es kann mir kulturell gesprochen nur Spaß machen, daß ich Deutscher bin, wenn ich es auf die Gesamtheit all dessen abbilden kann, was nicht deutsch ist. Das darf nicht nur ein grauer Hintergrund sein, es muß genauso leuchten.

MG Was ist für Sie Europa? Gibt es da eine Einheit?

JR Ich bin uraltmodisch. Mein Ideal von Europa ist das lateinische Mittelalter mit Völkern, Landsmannschaften in Gegenden mit eigener Tradition, geeint durch die lateinische, christliche Kultur des Hochmittelalters. An einer gotischen Kirche in Rostock oder Stralsund sehe ich, daß sie deutsch und mecklenburgisch ist, aber trotzdem ist das eine universelle Kultur mit einer wunderbaren Einheit von Dingen, die man unvereinbar zu denken geneigt ist. Das Gemeinsame von Chartres und dem Dom in Meißen – das Gemeinsame, aber auch das Grundverschiedene an den Auffassungen, der Gestalt, da erlebe ich Deutsch-Sein und Europäisch-Sein unmittelbar. Es paßt zusammen, gerade weil es verschiedene Dinge sind.

MG Und politisch?

JR Politisch habe ich vierzig Jahre lang als Europäer mit einer Mauer um mich herum gelebt. Ich habe bis an die psychische Existenzgrenze die Mauerkrankheit gehabt. Alles, was die Grenzen durchlässig macht und uns – Osten und Westen in Europa – zusammenbringt, finde ich herrlich. Es ist herrlich, nach Frankreich oder nach Irland zu fahren, aber es muß auch herrlich sein, nach Bulgarien oder nach Moskau zu fahren.

MG Wo hört Europa auf?

JR Europa hat keine festen Grenzen. Da kommt auch der Nahe Osten mit in den Blick und Nordafrika.

MG Welche kulturelle Rolle soll Deutschland in Europa spielen? Westlich eingebunden oder Mittellage?

JR Ein großes Theatertreffen. Eine Gemäldegalerie. Marktplatz. Treffpunkt.

KA Solange sie bestanden, haben sich die sozialistischen Staaten jede Mahnung und jeden Einspruch westlicher Seite mit dem geheiligten Prinzip »Nichteinmischung in innere Angelegenheiten« verbeten. Aber im Grunde genommen war es doch die Entschlossenheit des Westens, dieses Prinzip nicht zu achten, dem viele der Oppositionsgruppen – Charta 77 – ihre Existenz und ihren Schutz verdanken. Was bedeutet denn das Nichteinmischungsprinzip für die Zukunft der deutschen Politik? Wieweit kann und muß man es achten, und wieweit muß man es – im Hinblick auf den Somalia-Einsatz etwa – bewußt zurückstellen?

JR Das ist ein sehr schmerzhafter Punkt. Es ist leicht zu sagen, wir können nicht gleichgültig bleiben, wo universelle Menschenrechte brutal verletzt werden. Hinter diesem Prinzip stehe ich. Die Gleichgültigkeit vieler Länder gegenüber den Flüchtlingen, die der Nationalsozialismus vertrieben hat, war sündhaft und unerträglich. Heute sind wir uns im klaren, daß mehr hätte getan werden müssen. Wir müssen die Lehren daraus ziehen. Gleichzeitig stößt man in der Durchsetzung dieses Prinzips an ein Paradoxon, das darin besteht, Gewalt mit Gewalt zu beenden. Um die Menschenrechte durchzusetzen, verletze ich andere Menschenrechte. In dieser Lage gibt es nichts anderes als realpolitische Entschlüsse und Kompromisse. Und das Prinzip, die militärische Präsenz ganz nach unten auf die Prioritätenliste zu setzen. Wir müssen versuchen, die Vorgeschichte solcher Konflikte besser zu managen. Es darf zum Beispiel nicht passieren, daß ein Verbrecher Waffen in Deutschland, in Europa kauft und wir dann eingreifen, wenn er im Begriff ist, sie einzusetzen, wie das im Irak der Fall war.

KA Die Kunst der Politik besteht darin, für solche Konfliktfälle formale Lösungen anzubieten. Innenpolitisch zum Beispiel den Grundsatz: »Die Mehrheit entscheidet«. Gibt es solche Grundsätze auch in der Außenpolitik?

JR Da ist eine Übereinstimmung in der UNO gefragt. Zum absoluten Entscheidungskriterium würde ich das angesichts des Zustandes, in dem sich die Völkergemeinschaft gerade befindet, allerdings nicht machen. Den Ruf »Wir sind der UNO beigetreten und müssen nun alles machen, was dort die Mehrheit beschließt und uns zuweist« unterstütze ich nicht.

MG Muß die UNO zum Weltpolizisten werden? Wer sonst?

JR Zum Weltpolizisten? Den Polizist, den wir in unserer Gesellschaft auf der Straße sehen, akzeptiere ich. Er ist ein Schutzmann, und er imponiert mir nicht, wenn er ständig mit der Waffe in der Hand herumfuchtelt. Die Waffe ist das allerletzte Mittel. Da gibt es ein ganzes Spektrum von Handlungen und von Anforderungen an einen Weltpolizisten, das reicht von Sozialarbeit bis zum bewaffneten Eingriff.

KA Sollte Deutschland versuchen, einen stärkeren Einfluß auf die Politik der UNO zu nehmen?

JR Ja.

KA Bis hin zum Sitz im Sicherheitsrat?

JR Der Sitz im Sicherheitsrat stimmt mich zurückhaltend.

MG Also eher für einen europäischen Sitz im Sicherheitsrat eintreten?

JR Diese Sicherheitsratskonstruktion mit den vergangenen Großmächten und Vetorecht ist überholungsbedürftig. Hätten Frankreich, England, Deutschland gemeinsam ein Veto im Sicherheitsrat, das hätte mehr Gewicht als die ehemaligen Kolonialmächte. Deutschland allein oder mit Japan unter Hintanstellung von Ländern wie Brasilien, Nigeria, Indonesien halte ich nicht für wünschenswert und machbar.

MG Sie haben eben gesagt, der Waffenhandel muß unterbunden werden, so daß kein afrikanischer Bandenchef sich mehr aus deutschen oder tschechischen Waffen bedient. Das ist eine dieser Forderungen, die als naiv abqualifiziert werden?

JR Das ist nicht naiv.

MG Wie soll das durchsetzbar sein? Zur Zeit sind wir zum drittgrößten Exporteur geworden durch die Gnade der Umstände.

JR Es ist ein Prinzip der deutschen Politik, »Waffen nicht in Krisengebiete« zu schaffen. Wenn man Krisengebiete streng verstünde, dann bedeutete das, mit Waffenexport überhaupt aufzuhören.

MG Menschenketten um die Waffenfabrik von Heckler und Koch?

JR Ich weiß nicht, ob das was nützen wird. Es hat soziale Folgerungen, wenn diese Betriebe und Regionen umstrukturiert werden müssen. Das durchzusetzen ist mit einer Straßendemonstration bestenfalls anzustoßen. Aber im Prinzip – warum stellen wir nicht etwas anderes her? Daran kann der Wohlstand Deutschlands nicht hängen.

MG Ein internationales Kartell der waffenproduzierenden Nationen für Exportverbote, das hat noch nicht einmal jemand versucht.

JR Aber sie werden sich schwer gegen das Argument wehren können, daß das eigentlich notwendig wäre, wenn wir wirklich ernst machen mit dem, was wir an Weltinnenethos predigen. Es gehört zu den teuflischen Entwicklungen in Böhmen, daß sie es nicht schaffen, vom Status einer großen

Waffenexportmacht herunterzukommen; aber bevor ich Kritik dahin sende, richte ich sie lieber an das viel reichere und potentere Deutschland.

MG Wie würden Sie heute, 200 Jahre nach Condorcet, »Fortschritt« definieren?

JR Ich habe eine Antipathie gegen den Begriff.

MG Er scheint aber unverzichtbar zu sein.

JR Ökologischer Fortschritt zum Beispiel bedeutet in Wirklichkeit Rückkehr. Rückkehr in ein lebbares Gleichgewicht zwischen Natur und Gesellschaft. Das ist jetzt durchbrochen und muß so geändert werden, daß man im stabilen Bereich bleibt und nicht in wildes Gewässer kommt. Da bin ich vielleicht altmodisch. Ich weiß gar nicht recht, was Fortschritt ist. Der lineare Fortschrittsbegriff ist nicht meiner.

MG Wir kommen zur Zeit – Sie haben es mal am Auto exemplifiziert – überall in Engpässe, die nicht durch kleinere Korrekturen verlassen werden können, nur durch größere Umstellungen in unserem Gehirn, in unserer Lebensweise. Der Staat ist relativ erstarrt – was wäre denn die Leitinstitution einer solchen Veränderung? Können die Universitäten dabei eine Rolle spielen, und welche?

JR Spontan sähe ich es gerne, daß die Universitäten wieder die Geltung bekämen, die sie hatten. Aber das ist verlorengegangen. Es scheint heute unvorstellbar, daß die feine Gesellschaft Preußens, aus welchen Motiven auch immer, in Hegels Vorlesungen gegangen ist oder daß Einstein in den zwanziger Jahren öffentliche Vorträge gehalten hat vor vielen hundert Leuten im großen Senatssaal der Humboldt-Universität. Offenbar ist die Brücke nicht mehr da zwischen Akademie und Publikum, zwischen den Kulturen. Einstein wäre nicht mehr in der Lage, den Leuten etwas zu erzählen, ohne daß er sie aus dem Hörsaal triebe. In jeder Talk-Show sieht man, daß die Weltdeutungen nicht mehr von den Wissenschaftlern kommen, daß sie außerhalb der Mitte der kulturellen Entwicklung stehen. Ich kann eine ganze Reihe von Änderungen nennen, die an den Universitäten greifen müßten, damit der Weg

wieder offen ist zu einem Begriff von Universität und Bildung.
Zum Beispiel müßte diese absolute Prävalenz von Forschungsqualität über Lehrqualität bei der Berufung in den Universitäten einmal gebrochen werden. Ich erlebe gerade, daß es zumeist nur um die Qualität und die Quantität der Veröffentlichungen geht und niemand auf die Idee kommt, zu fragen, was der für Vorträge oder Seminare zu halten imstande ist. Und wenn schon die Studenten diesen Dialog mit der Wissenschaft vermissen, wie ist es dann mit der Gesellschaft?
Es gibt nur wenig Akademiker, die in der Lage sind, in der Öffentlichkeit mit interessanten Gedanken und Thesen aufzutreten. Das trifft auch auf den Westen zu. Man müßte – das wäre ein erster Schritt – solche Fähigkeiten prämieren.

MG Nach der Wiedervereinigung – so heißt es von rechts – sind wir wieder auf dem Wege, eine »normale Nation« zu werden. Damit kann man Auschwitz, wie es heißt, »einordnen«.

JR Das klingt nach Registratur. Da revoltiert alles in mir.

KA Wie ist es mit dem Begriff »Tabus aufbrechen«?

JR Ich weiß nicht, was die Rede von der Normalität eigentlich soll. Heißt das: 1990 ist die Spaltung Deutschlands zu Ende gegangen? Das trifft selbstverständlich zu. Das wäre aber etwas anderes, als den hypothetischen »Normalbürger« über den Nationalsozialismus oder die deutsche Vergangenheit zu Worte kommen lassen zu wollen. Ich habe mein ganzes Leben nachgedacht, über das Erste und Zweite Reich, die erste Republik, das Dritte Reich. Dieses Nachdenken kann ich nicht beenden, nur weil jemand sagt, die Nachkriegszeit sei zu Ende gegangen. Wer den Nationalsozialismus wegordnen will, der kann gleich auch Goethe und Martin Luther und Walther von der Vogelweide wegordnen. Das ist ein Gesamtprozeß, aus dem man sich nicht das, was einem nicht paßt, herausschneiden kann.
Genau das wurde in der DDR gemacht. Geschichte wurde

betrieben, indem sie sich nur die Kuchenstücke auf den Teller taten, die ihnen an der deutschen Geschichte, der Arbeiterbewegung, der internationalen Geschichte paßten. Das geht nicht. Wer deutsche Geschichte betreibt, um seine deutsche Identität wiederzufinden und zu befestigen, der muß auch darüber nachdenken, weshalb Auschwitz möglich war oder wie es in Deutschland zur Vernichtung der Demokratie kam. In dem Land, mit dem er sich identifiziert. Das ist wichtig, nicht um sich ständig zu kasteien, sondern um daraus zu lernen und um zu verstehen, wie wir entstanden sind und wo die Gefahren drohen. Die Geschichte wiederholt sich nicht, aber Konstellationen und Mentalitäten haben eine längere Dauer.

MG Verstehen Sie den Wunsch und die Intensität dieses Wunsches, eine »ganz normale Nation« zu sein, der ja dahintersteckt?

JR Was ist denn eine »normale Nation«? Island? Portugal? Ägypten? Wir sind keine normale Nation im Sinne von Allerweltsnation, wir werden auch nie eine werden, sondern wir sind ein sehr großes Land in der Mitte Europas, mit Dutzenden von Nachbarn. Wir sind eine von diesen Nationen, nicht eine »normale«.

KA Aber der Begriff des »Normalen« muß vor dem Hintergrund der Debatte um den deutschen Sonderweg gesehen werden, den Deutschland spätestens mit der Reichsgründung durch Bismarck und einem für europäische Maßstäbe ungewöhnlichen Gang des wirtschaftlichen Aufbaus, der Innenpolitik, der auswärtigen Beziehungen eingeschlagen hat, der dann mit der doppelten Katastrophe des Ersten und des Zweiten Weltkriegs in den Abgrund führte. Wer dafür plädiert, daß die Deutschen als eine normale Nation betrachtet werden, will im Zweifelsfall wohl sagen, daß dieser spezifisch deutsche Sonderweg jetzt 1989 ein natürliches Ende gefunden hat.

JR Dieses Ende kann man nicht durch Beschluß selbst herstellen. Man muß sich all der Tendenzen bewußt sein, die den Sonderweg erzeugt haben, und diese Tendenzen wiedererkennen und daraus lernen und ihre Fortsetzung verhindern. Zum

Sonderweg Deutschlands gehört, daß auch heute noch – und das ist mit 1990 eben nicht verschwunden – Leute in Springerstiefeln mit der Hakenkreuzfahne oder der Reichskriegsflagge herumlaufen und sehr »wirksam« an die Vergangenheit anknüpfen. Die sind weder dafür, daß Deutschland eine normale Nation wird, noch sind sie dafür, daß der deutsche Sonderweg zu Ende ist, und berufen sich also auf eine Vergangenheit, die uns gegenwärtig bleiben muß.

MG Es gibt ja das Wort vom »linken Alarmismus«. Müssen wir aufmerksamer sein als andere, als die Franzosen, als die Engländer, als die Italiener, als die Amerikaner in bezug auf Autorität und nationalistische Tendenzen?

JR Wir müssen wegen unserer Erfahrungen aufmerksam sein. Es gibt auch außerhalb Deutschlands Rassismus und Ausländerhaß. Aber ein vergleichender Wettbewerb mit anderen ist unpassend.

MG Ist dieser Extremismus wirklich noch ein Erbe der Vergangenheit? Oder ist er nicht eine merkwürdige Mischung aus auch durch die Wiedervereinigung provoziertem Modernisierungsschock und dem sicheren Gespür von Halbwüchsigen, wie sie ihre Eltern am besten provozieren können?

JR All das spielt eine Rolle. Auf jeden Fall ist dieser ganze Brei weniger expansiv, als er in den dreißiger Jahren gewesen ist, eher defensiv. Es geht nicht mehr um die Eroberung von Lebensraum und die Unterjochung anderer Völker, sondern es ist eine Aggressivität, die sagt: »Bleibt uns vom Halse, wir wollen mit uns selbst identisch sein.« Aber auch das ist nichts Neues. Die Nationalsozialisten hatten ja immer dieses »nationale, sozialistische« Programm. Und so sind die jetzigen Protest-Extrem-Rechten auch gegen die europäische Integration, gegen die Arbeitslosigkeit. Auch das ist in den Nationalsozialismus hineingeflossen und in die Gewalttätigkeit, die er letzten Endes hervorgebracht hat. Das gibt mir alles zu denken. Wir sind nicht in Weimar, aber wir müssen achtgeben und sehr, sehr genau registrieren, wie es mit Weimar gekommen ist. Wir sind deshalb nicht in Weimar, weil die Mehrheit der Bürger heute hinter dem Grundgesetz und hinter der parlamentarischen Demokratie steht. Das ist der prinzipielle Unterschied zu Weimar. Daher kommt auch die Hoffnung, daß der Rechtsradikalismus eindämmbar ist. Da bin ich viel optimistischer als zum Beispiel in bezug auf die ökologische Bedrohung.

MG Die Konservativen versuchen heute der Unordnung, in der wir leben und die wir auf uns zukommen sehen, durch Rekurs auf – wie es in der Wertediskussion heißt – traditionelle Werte und traditionelle Formen der Sittlichkeit zu begegnen. Die Familie muß wieder heil werden, die Lehrer müssen die richtigen Werte vermitteln, dann wird die Sache schon in Ordnung kommen! Ist das nicht der Versuch, Normen durchzusetzen, für die die Fundamente nicht mehr da sind?

JR Die Schwierigkeit ist das Verlangen nach Vereinfachung. Es soll einfach in ein paar Sätzen zu beschreiben sein, wie die politische, die gesellschaftliche Welt aussieht und wie man sie ändern kann. Das geht nicht, dazu ist sie zu komplex. Aber ich halte den Wunsch, das ganz klar gesagt zu bekommen, für berechtigt. Das ist der Widerspruch zwischen einem berechtigten Wunsch und der Unmöglichkeit, ihn zu erfüllen.

KA Ganz unmöglich ist er ja nicht. Das Grundgesetz hat mit den Artikeln 1 bis 20 immerhin einen beachtenswerten Versuch in diese Richtung unternommen. Das müßte doch eigentlich ein Katalog sein von Werten und Wertvorstellungen, auf den sich jedermann verstehen könnte.

JR Der typische Verlauf der weiteren Grundgesetzentwicklung ist, daß zu diesen einfachen Punkten überall als Ergänzung dann ein unverständliches Durcheinander hinzugefügt worden ist. Zuletzt zum Asylparagraphen. Einige von den Grundrechten stehen noch glasklar und golden so da, wie sie formuliert worden sind, und andere sind durch eine Fülle von 1a-, 1b-, 1c-Artikeln in der Komplexität ihrer Durchführung im Grundgesetz festgelegt. Ich bin voll Ihrer Meinung, daß ein Grundgesetz so formuliert sein sollte, daß jeder, der der deutschen Sprache mächtig ist und bereit ist, über Politik nachzudenken, sich darüber klar ist, was mit jedem Artikel gemeint ist. Kein juristisches Konstrukt, sondern eine Sammlung von Grundprinzipien des Zusammenlebens in der Bürgergesellschaft.

KA Aber Wertekonsens meint doch eigentlich etwas mehr. Zum Beispiel Artikel 6 des Grundgesetzes: Da ist von Ehe und Familie die Rede, nicht aus einer irgendwie willkürlichen Entscheidung für eine bestimmte Lebensform, sondern in der Einsicht, daß sie eine selbstverständliche Voraussetzung des Lebens überhaupt dargestellt. Deshalb bedarf es auch keiner näheren Erläuterung. Solche selbstverständlichen Voraussetzungen, über die man gar nicht erst zu reden braucht, weil sie von allen akzeptiert werden, sind fraglich geworden. Insofern ist doch richtig, was der Verfassungsrichter Böckenförde immer sagt: Der säkularisierte Staat lebt von Voraussetzungen, die er selbst nicht garantieren kann. Die Frage ist: Was tut der Staat dafür, solche Voraussetzungen zu garantieren? Kann er überhaupt etwas dafür tun?

JR Es ist klar, daß Institutionen des menschlichen Zusammenlebens, die die Fähigkeit zur Solidarität in einer kleinen Gruppe herstellen, vom Staat unterstützt und gefördert werden müssen. Allerdings zeigt die gegenwärtige Diskussion, daß Ehe und Familie nicht mehr die einzigen allgemein anerkannten Formen partnerschaftlichen Zusammenlebens sind. Da halte ich es für selbstverständlich, das auch in der Verfassung zu beachten. Und wenn der Strukturwandel in der Steuerpolitik zu Schieflagen führt, müssen die korrigiert werden. In dem Moment, in dem Partnerschaft, Ehe und Familie nicht mehr notwendig aufeinanderfolgen, muß man sich natürlich fragen, ob die Partnerschaft oder die Ehe zu zweit noch dieselbe Förderungswürdigkeit hat wie eine Ehe mit Kindern, also eine Familie. Die Förderung von Familie und die Kranken-, Sozial-, Rentengesetzgebung hat dazu geführt, daß diejenigen am besten dran sind, die sich als Ehepaar zusammentun und keine Kinder bekommen. Die haben jetzt die meisten Vorteile und auch später die höchste Rente. Man muß das korrigieren. Wenn eine Ehe in vielen Fällen nur noch das Zweckbündnis zweier Singles ist, dann ist die privilegierte Stellung im Steuersystem sicher nicht mehr gerechtfertigt. Ich sehe die Steuerpräferenzen zum Beispiel für Familien als Chancen- und Lastenausgleich, nicht als Beeinflussung. Nicht um Normen zu setzen und eine wünschenswerte Familienreform zu propagieren, sondern um Chancen auszugleichen und Hindernisse zu beseitigen. Das Gleichheitsprinzip soll Ungleichheiten abbauen und Chancen ausgleichen, nicht dekretorisch Uniformitäten setzen.

MG Gilt, was für die Familie gilt, auch für andere grundgesetzlich geschützte Dinge, zum Beispiel für Wissenschaftsfreiheit und Pressefreiheit? Ist das Grundgesetz nicht auch hier für eine ganz andere Realität konzipiert? Die Wissenschaftsfreiheit für den Wissenschaftler, der in seinem Labor vor sich hin forscht und staatliche oder kirchliche Dogmen umstürzt? Und die Pressefreiheit war sicher nicht auf die Produktion von Pornographie bezogen. Muß man nicht auch hier an eine zeitgemäße Weiterentwicklung dieser Grundrechte denken?

JR Die Forschungsfreiheit ist ursprünglich konzipiert als verteidigungsfähiges Menschenrecht: daß man jemandem nicht verbieten kann, eine Sache zu untersuchen. Sie stammt noch aus dem Geist des vorigen Jahrhunderts. Nun hat sich die Wissenschaft zu einer Industrie entwickelt, zu einer gesamtgesellschaftlichen Unternehmung mit immer größeren Konsequenzen, und deshalb entwickelt die Gesellschaft das Bedürfnis, Auswirkungen und Folgen der Forschung zu kontrollieren. Zumal die Wissenschaft ja nicht mehr das Privatvergnügen des Botanisierers ist, sondern massiv gefördert sein will. In diesem Licht bekommt die Freiheit der Forschung einen anderen Geschmack als zu Zeiten von Professor Virchow.

Das Recht auf Presse- und Meinungsfreiheit bekommt natürlich in dieser modernen TV- und Massenkommunikationsgesellschaft, das ist völlig klar, auch einen anderen Sinn. Auch das gehört überarbeitet, und zur Not müssen Zusatzgesetze zur Verfassung gemacht werden. Zum Beispiel, um den Schutz des Grundgesetzes einzuschränken, wenn das Ganze aus rein geschäftlichen Gründen entartet und jeden ethischen Rahmen sprengt, zu Gewaltverherrlichung, Pornographie und ähnlichem führt.

MG Wissenschaftsfreiheit und Pressefreiheit waren die Abwehrrechte des Individuums gegen einen absolutistischen Staat. Müssen sie unter den jetzigen Bedingungen – der ungeheuren Macht der Medien einerseits und der Lizenz der Weltveränderung durch die Wissenschaft andererseits – durch Staatszielbestimmungen balanciert werden oder ähnliches? Wissenschaftsfreiheit heute, hieße das nicht Technikfolgen-Abschätzung? Müßte neben Pressefreiheit nicht eine Idee von Öffentlichkeit treten und garantiert werden? Sind hier nicht neue Institutionen nötig geworden?

JR Das ist für mich eine Qualifizierung, keine Einschränkung eines Verfassungsrechts. Die Technikfolgen-Abschätzung bedarf keiner neuen Institution, aber sie muß in den Prozeß der Wissenschaftsentwicklung integriert werden. Das könnte auch – die Engländer haben hier die Royal Commissions – bei einer vierten Gewalt angesiedelt sein, etwa beim Bundespräsidenten. Ebenso wie die Eindämmung der enthemmten Öffentlichkeitsarbeit – Stichwort Gewaltverherrlichung durch Fernsehspots.

KA Die Sache steht in einem etwas größeren Zusammenhang. Die öffentliche Debatte tendiert in der letzten Zeit dahin, die individuellen Freiheitsrechte auf Kosten des Gemeinsinns auszuweiten. Die Freiheitsrechte waren eine Zeitlang nützlich, haben dem einzelnen und der Gesellschaft sicherlich Gewinne gebracht, aber inzwischen überwiegen die Kosten. Biedenkopf hat gesagt, die Grundrechte seien zu einer Magna Charta des Egoismus geworden.

JR Es ist zu keiner Zeit strittig gewesen, daß die Freiheit da aufhört, wo sie zur Unfreiheit der Nebenstehenden wird. Die Grundrechte sollten das Individuum gegen die Oppression durch eine übermächtige Obrigkeit schützen. Die Grenzen dieses Schutzes liegen dort, wo ich mich auf Kosten der Gesellschaft bereichere, auf Kosten der Nachbarn, auf Kosten der Nachkommen, auf Kosten der Weltgemeinschaft.

KA Könnte man für ein solches Denken mehr Resonanz in der Öffentlichkeit schaffen? Ich denke an Ihren Vater, an Sie selbst. Als wir Sie fragten, warum Sie nicht aus der DDR weggegangen seien, wiesen Sie auf Ihr Pflichtgefühl hin.

JR Das war weniger Pflicht als Bindung.

KA Worin besteht da der Unterschied?

JR Ich revoltiere gegen das Heteronome, von außen Kommende, das bei Pflicht mitklingt. Bestimmte Entscheidungen kommen aus mir, aber nicht aus abstrakten Prinzipien heraus, sondern weil ich nicht anders kann. Auch bei meinem Vater war das nicht preußisches Pflichtgefühl, sondern auch eine gewisse Lust an der Ausübung der Pflicht.

MG Lust am Gemeinwesen?

JR Lust, angesehen zu sein, auf der Straße von den Patienten gegrüßt zu werden. Das setzt sich in Alltagslust und Fröhlichkeit um. Man kann das Pflicht nennen, für mich ist es eher eine Vermittlung von Pflichtgefühl, Egoismus und von individuellem Erleben dieser Gemeinschaft, in der man lebt.

MG Was Sie von Ihrem Vater erzählten, ist für mich ein Beispiel dafür, wie die moderne Gesellschaft von den Beständen lebt, die vorher da waren: Tradition, Landsmannschaft, Familie. Die Grundmuster unserer Gesellschaft – Konsum, Mobilität, Tempo usw. – zerstören diese Bedingungen des Gemeinwesens, in dem jeder weiß, was das Ganze ist, was er für das Ganze tun muß, was das Ganze für ihn tut. Kann der Staat überhaupt noch eine Rolle dabei spielen, dieses Gemeinwesen spürbar zu machen?

JR Das ist zunächst nicht Aufgabe des Staates, sondern der Bürgergesellschaft. Wenn wir – bei der Erziehung oder bei politischen Entscheidungen – klarmachen, was uns wirklich wichtig ist, und zwar nicht dozierend, sondern als alltägliche Lebensweise, so wie dieser Arzt, der nicht aus der DDR weggegangen ist, obwohl es ihm im Westen hätte wesentlich besser gehen können, also durch das natürliche, unprätentiöse, unplakative Handeln –, wenn das alle lernen und tun und es der neuen Generation zeigen, dann kann das funktionieren. Der Staat kann das nur unterstützen und gewisse Gesetze erlassen, die in die Richtung wirken. Aber die Bürgergesellschaft muß sich aus den Bürgern im individuellen Leben, in ihrem privaten Kreis konstituieren.

MG Da sagt eine Sechzehnjährige: »Ich bin für ein soziales Pflichtjahr, weil ich denke, daß es ganz gut wäre, damit ich und meine Altersgenossen lernen, was der Staat eigentlich ist.« Von der Müllabfuhr bis zur Ökologie. Von der Verwaltung bis zum Verkehr. Was tut der Staat für dieses Bedürfnis?

JR Es geht ja nicht nur darum, zu lernen, was der Staat ist, sondern wie die Gesellschaft funktioniert und wie sie konkret aussieht – im Krankenhaus, in der städtischen Reinigung, in der Straßenbahn, ganz besonders eben auch in der Zuwendung an Menschen, die krank oder hilflos oder hilfsbedürftig sind. Das kann ein Studium der Staatslehre nicht vermitteln. Es scheinen viele Jugendliche zu sein, die den Wunsch haben, den Vater Staat im konkreten Alltag funktionieren zu sehen. Und mitzumachen. Ich finde die Idee verfolgenswert.
Aber ich halte es für egal, ob das soziale Jahr bei einer staatlichen Organisation oder bei der Wohlfahrt, der Caritas oder im Krankenhaus geleistet wird. Ob so ein Sozialjahr als Frust erfahren wird wegen Bürokratie und Nichtzuwendung oder als menschlich bereichernde Erfahrung, hängt nicht davon ab, ob es privat oder staatlich ist.

MG Wie kommt es, daß Politiker auf dieses Vermissungserlebnis der Jugendlichen so wenig reagieren?

JR Das kann ich mir auch nicht erklären. Der unter der Jugend weit verbreitete Wunsch, konkret etwas zu tun, anstatt abstrakt zu verhandeln, das ist vielleicht ein Stück von der kleinen Umwälzung, auf die ich hoffe. Offenbar ist die junge Generation anders gestrickt, als wir es waren. Meine Tochter hat, bevor die Asylbewerberheime von der Polizei beschützt wurden, mit einer Gruppe anderer in Schicht vor dem Heim Wache geschoben. In Vier-Stunden-Schichten saßen sie vor dem Heim und spielten Canasta mit den Asylanten, sind dabeigewesen und hätten im Gefahrenfall Hilfe holen können. Der Impuls hat ein ganzes Studienjahr erfaßt, und eine Weile hat es funktioniert. Auf so etwas wäre ich nicht gekommen, da ist die junge Generation offenbar der Realität und dem Handeln näher, als wir es waren, als wir jung waren.

MG Die Lichterketten haben gezeigt, daß das Unbehagen, aber auch der Wunsch, etwas zu verändern, diese Gesellschaft humaner zu gestalten, sehr groß ist, aber daß es schwer Form gewinnt. Braucht das Volk Wortführer?

JR Es schwingt der Vorwurf mit, daß die Kerzendemonstration nur eine emotionale Aufwallung ist und nichts Konkretes bringt. Der Meinung bin ich nicht. Natürlich kann die Kerzendemonstration nicht unmittelbar das Abbrennen eines Hauses verhindern. Aber sie bringt auf jeden Fall Zuwendung gegenüber den Emigranten, die rings um mich herum leben. Das geht mit einem freundlichen Lächeln, einem Gespräch, einer Einladung. Ich glaube, daß da einiges durch die Lichterketten in Gang gekommen ist. Und Wortführer – wer ist Wortführer? Das kann eine Rockgruppe sein, die sich eindeutig festlegt gegen Rassismus. Die ein Beispiel gibt. Wortführer und Tatführer, das gehört mit dazu. Ein Sportler, der ganz deutlich sagt: »Ich finde das furchtbar, ich finde das unerträglich, ich will nicht als Deutscher mit so etwas konfrontiert werden«, der ist so ein Wortführer. Er riskiert einiges, zum Beispiel den Popularitätsverlust oder Anwürfe zu bekommen. Wer sich so bekennt oder bei einem Benefizkonzert auftritt, wird Wortführer.

MG Ist das nicht das Stück Normalität, das wir wiedergewinnen müssen nach dem Nationalsozialismus?

JR Wir merken ja, daß ich – und Sie sicher auch – bei dem

Begriff »Wortführer« mit dem Nebenklang des Rattenfängers sofort vorsichtig werde, weil wir schlechte Erfahrungen mit der Gewalt des unterhalb der Ratio eindringenden Wortes gemacht haben.

MG Das ist ein Stück schlimmes Nazi-Erbe. Wir haben Probleme, gesellschaftliche Arbeit zu organisieren, weil dann sofort jemand ruft: Arbeitsdienst; wir haben mit dem Nachbarn Probleme, der sich um die Mülltonne kümmert, wir denken: »Blockwart«. Alles das steht immer noch wie ein Block.

JR Das sind Beispiele dafür, weshalb diese Nachkriegs- und Vorkriegszeit eben nicht zu Ende ist. Das lebt alles in uns weiter. Es gibt pathetischere und härtere Beispiele, in der Eugenikdebatte etwa.
Das geht bis hin zum Problem der militanten Tierschutzbewegung oder der Antigentechnikbewegung, die auch mit unserer Vergangenheit zusammenhängen. Da reagiert jeder vorsichtig. Und wenn Sie sagen, es muß ein begeisternder Wortführer kommen, der die Massen mit Reden mitreißt, dann denken wir »Führer« und zittern in Abwehr – und haben recht damit.

MG Welche Institution in der gewählten Gesellschaft ist zuständig, um dem ganz normalen Arbeitnehmer klarzumachen, daß er auf ein Stück Wohlstand verzichten muß, weil wir um dieses Welteuropa und seinen Lebensstandard keine Mauern bauen können? Hilft da Information?

JR Eine Erweckungspredigt wird es nicht geben. Die Forderung, sich einzuschränken, widerspricht der unmittelbaren täglichen Erfahrung, die beruht auf einer längerfristigen Prognose ganz undeutlich sichtbarer Trends, die eigentlich nur mit einer begrifflichen, statistischen Bearbeitung deutlich dargestellt werden können.

KA Nicht in allem. Man kann das Schwinden der Gletscher auch mit bloßem Auge feststellen. Man kann gegenwärtig sehen, daß die Allergien deutlich zunehmen. Das sind ja alles deutliche Zeichen, die seinerzeit Hans Jonas zu der

Vorstellung von einer Heuristik der Furcht geführt haben. Nicht, wie Sie sagten, als Propaganda, als Erweckungspredigt – nein, dadurch, daß man sagt: Seht euch das an und zieht daraus eure Konsequenzen.

JR Es geht ja nicht ohne die Vermittlung durch sinnliche Erfahrung. Diese Vereinfachung komplexer Zusammenhänge ist ehrlich und moralisch gerechtfertigt – Hautkrankheiten, Waldsterben sind gute Beispiele. Das mit etwas holzschnittartigen Methoden in einer populären Zeitung zu illustrieren, halte ich für richtig und notwendig. Das kommt auch an. Die Gefahr ist lediglich die der Panikerzeugung. Es hat keinen Zweck, Gefahren, die uns drohen, in die Bevölkerung hineinzubringen und dann nicht zu wissen, was zu tun ist.

KA Also keine Schocktherapie?

JR Eine Angsttherapie.

MG Wie würde ein Bundespräsident Reich mit Militärformationen umgehen?

JR Den Ausdruck »Militärformation« verwenden Generäle. Sie fragen mich auch nicht, wie würden Sie mit Universitäts- oder Fabrikformationen umgehen.

MG Ich habe Schwierigkeiten, Sie mir beim Abschreiten einer Ehrenkompanie vorzustellen.

JR Diese Schwierigkeiten habe ich auch. Ein moderner, zukunftsträchtiger Umgang mit Ehrenformation müßte zu so etwas wie einer Begegnung zwischen Menschen führen, das Abmarschieren einer Zinnsoldatenkompanie ist für alle entwürdigend. Ich stelle mir vor, daß ich auf die Soldaten zugehe und ihnen guten Tag sage.

KA Wenn man der Ansicht ist, und da spricht einiges dafür, daß das Militär nur ein Ausdruck und Symbol der Macht eines Staates ist, wie sollte man dann Staatsempfänge so aufziehen, daß sie besser zum Ausdruck bringen, was das Gewicht eines Staates ausmacht? Seine wirtschaftliche Potenz, seine wissenschaftliche Kapazität: Wie kann man diese Dinge, die doch heute viel mehr zählen als Militär, anschaulich sichtbar machen?

JR Ich könnte mir vorstellen, daß ein Bundespräsident eine Art kreativer Gruppe zusammenruft mit dem Auftrag, genau diese Frage zu beantworten. Was kann man machen, um ein Land mit dem, was es wirklich wert ist, international darzustellen, ohne läppisch zu werden? Da könnten Künstler, Kinder, Frauen, Schulen, Universitäten mitwirken und Vorschläge machen. Wir schicken ja Theatergruppen – wie Pina Bausch – ins Ausland genau aus dem Grunde, daß es andere anspricht, etwas Typisches darstellt und eine bedeutende Leistung ist. Das zeigen wir. Genauso ist es mit Sportleistungen, da gibt es vieles, durch das man die Präsentation von Soldaten ersetzen könnte. Das Strammstehen, Stahlhelmtragen und Kinnstraffen ist eine Form der Repräsentation, hinter der nicht mehr die Mehrheit der Bevölkerung steht.
Es gibt ja andere Dinge, die auch aus alten Zeiten stammen und den feierlichen Charakter akquiriert haben, wie zum Beispiel ein Orchesterkonzert. Das stammt ja auch aus anderen Zeiten.

MG Also: Präsident Clinton landet, und vor dem Palais Schaumburg steht nicht die Marine, sondern Anne-Sophie Mutter?

JR Wenn das Wetter paßt, warum nicht? Warum soll das nicht eine Form der Begrüßung eines Gastes sein, daß ein deutscher Pianist oder eine deutsche Geigerin etwas wirklich hervorragend spielt, nicht in harmlosen privaten Formen des Musizierens?

MG Das wäre eine kleine Revolution im Protokoll!

JR Ich weiß nicht, warum Deutschland nicht anfangen könnte, das Protokoll etwas aufzulockern. Es würde uns guttun, da bin ich sicher.

MG Jeder neue Bundespräsident oder jede neue Bundespräsidentin wird, zumal wenn er oder sie symbolisch denken, mit einem ersten Besuch ein Zeichen setzen wollen, zum Beispiel, welche deutsche Tradition als die eigene betrachtet wird und welche nicht. Was wäre denn der erste Ort, den Sie, Herr Reich, besuchen würden? Die erste Institution?

JR Außen Prag oder Moskau. Und im Innern würde ich als erstes nach Osten gehen, an einen nichtpompösen Ort. Etwas ganz Bescheidenes, Armes. Ein Dorf oder eine kleine Stadt in Mecklenburg.

Jens Reich

Altweibersommer

»Du Arsch, du bist mit dem Westmuster gestrickt! Komm doch raus aus deiner Wanne, daß ick der die Fresse polier!«

Die Stimme überschlägt sich ins Heisere. Es sieht erst nach Gewalt aus, dann aber bleibt es bei Aggressionsabfuhr mit starken Worten. Der Lkw-Fahrer hoch auf seinem Sitz dreht das Fenster hoch, drückt gelassen den Türschloßknopf, damit der Schreihals nicht an ihn herankommt, und schaut gleichmütig heraus.

Genreszene in Berlin-Pankow 1993. Der Lastwagen steht mitten in der schmalen, beiderseits dicht beparkten Straße. Bauarbeiter (schwarze Schnauzbärte, Verkehrssprache Türkisch) laden die schweren Holzbretter und Metallstangen für die Einrüstung des Mietshauses ab. Es wird eine halbe Stunde dauern, wenigstens. Der nächstgelegene Fleck, auf dem der haltende Lastwagen den Verkehr nicht mehr verstopfen würde, ist zweihundert Meter entfernt, um die Ecke: unzumutbar. Die gestauten Autos können nicht vorwärts und (wegen der Einbahnstraße weiter hinten) nicht rückwärts. Dem ersten in der Autoschlange ist der Geduldsfaden gerissen. Er hat das Duell eröffnet, in dem ein lautes Wort das andere gab und dessen Höhepunkt der Vorschlag zum Fressepolieren ist. Für das Berliner Ohr allerdings ist die seltsam barocke Formulierung mit dem Weststrickmuster viel beleidigender als die derbe Einleitung dazu. Ein Arsch ist jeder ringsum, potentiell, aber das Strickmuster hat nur der Pinsel auf dem Fahrersitz der Westberliner Baufirma, der hier den Aufschwung Ost mit Wohnfassade versehen soll.

Das Wortgefecht ist typisch für die gereizte Stimmung in Ostberlin: Die Schuld an jeder Lebenskrise hat der Westen. Die sind einfach hier einmarschiert, wissen überhaupt nicht, was wir alles schon hinter uns haben, tun sich wichtig und verstopfen die Straße. Früher war hier Einbahnstraße, jetzt diese doofe Verkehrsberuhigung, bringen Türken her und nehmen uns die Arbeit weg und tun dann so, als ob sie taub wären, wenn man mit ihnen mal Tacheles redet.

Die Firma ist deutsch, die Arbeits-»Brigade« besteht fast vollständig aus Türken. Ich frage den türkischen Chef der Gruppe, eine eindrucksvolle Macherpersönlichkeit im mittleren Alter, warum keine Ostler einen Teilauftrag haben. »Die Ossis können nicht richtig arbeiten«, sagte er, »montags sind sie krank, Feierabend ist pünktlich, ganz egal, was anliegt. Und wenn irgendwas nicht klappt, dann warten sie, bis einer auftaucht, der zuständig ist.«

Zur Abwechslung Leipzig: Ein frustrierter Heidelberger erzählt mir ein Gespräch mit dem Taxifahrer. Während der Fahrt fragt er ihn unverbindlich nach seinen Lebensumständen, wie man so Konversation macht: »Es wär' besser, wenn ihr alle wieder abziehen würdet!« und auf einen bescheidenen Antwortversuch hin: »Sie haben mich nach meiner Meinung gefragt, und ich habe sie Ihnen gesagt!«
Sendepause

Warten auf Godot, im Aufwind Ost. Gespräch zweier Kundinnen in der Käuferschlange. Standort: Wochenmarkt von Berlin-Pankow.
»Also schrecklich, dieset Wetter, finden Sie nich' ooch? Wer da kreislaufkrank is', der hält das doch nich' aus!
So'n Wetter, hatt'n wer ja noch nie!
Nee, noch nie! Erst die Hitze, jetze dauernd Rejen. Wenn die man nich' da dran jedreht ham. Man sieht ja, für Jeld mach'n die allet!
Ja, es jeht nur noch um's Jeld! Da kann man jar nischt mach'n.
Da kannst de noch so viel Müll sortieren!
Ja, erst mußten se SERO kaputtmachen, und jetzt soll'n wir den Dreck aussortier'n.
Da zeijen se doch nu' allet je'n Am'nd im Fernsehen – und keener macht wat!
Nee, keener, dabei ham'se alle Kinder un' Enkel!
Nee, da kannst jar nischt machen – es jeht nur ums Jeld. Alles mach'n se platt – so schlecht war'et doch vor der Wende ooch wieder nich'!
Die behandeln ein' reinewech, als ob wer blöd wär'n. Dabei ham'se selber von nischt keene Ahnung!
Hier, Frollein, ick bin dran; ein Kilo Tomate, aber nur, wenn se aus Buchholz sind! Nich' die aus Holland, die wie jrüne Gurken schmekken! ...«

Im Hessischen Herbst 93. »Als die Einheit kam, bin ich sofort rübergefahren. Ich hab da einen Vetter, der auch beim Tiefbau arbeitet. Wir haben in den Betrieb investiert und Anteile übernommen. Erst

lief alles ausgezeichnet. Wir konnten uns vor Aufträgen nicht retten. Es war nicht einfach. Jedesmal, wenn ich rüberfuhr, habe ich tausend Maschinen und Geräte mitgenommen. Nicht einmal Sauerstoffbomben konnten die herbeischaffen – wir haben alles mitgebracht, bis zur letzten Schraube.
Bald kamen Probleme. Die brachten es fertig, um vier Uhr Feierabend zu machen, obwohl dringende Arbeiten anlagen. Da half kein Zureden, kein Schimpfen. Das Verhältnis wurde schlechter. Schließlich gaben sie mir zu verstehen, daß sie keine Kolonisatoren aus dem Westen brauchen. Da habe ich meine Sachen gepackt, bin aus dem Unternehmen wieder ausgestiegen: Ich bin doch nicht närrisch; komme dahin, um aufbauen zu helfen, und die beschimpfen mich als Eroberer!«

»Da will man mal was für Arbeitsplätze Ost tun und bestellt den neuen Kühlschrank aus dem Osten. Schon am zweiten Tag tropft Wasser und häuft sich Eis an den Kühlflächen an. Der Monteur kommt mißmutig her und sagt, daß sich das noch bessern wird, daß er keine Aggregate zum Auswechseln hat. Ein andermal weiß ich besser, wo ich zu kaufen habe«, sagt die alte Frau.

Heiratsanzeige West, aus einer überregionalen Zeitung: Einmal noch auflodern vor dem Verglühn! Noch einmal die rasende Lust des Vergehens! Erfolgreicher Arzt und Psychoanalytiker (47, 191, 83) sucht liebes- und eheerfahrene Unternehmerin / Freiberuflerin / Selfmadefrau mit viel Sinn fürs gehobene Wohnambiente, für geschmackvollen Hedonismus, für das Gespräch mit geistvollen Partnern. Sie soll sein: gutsituiert, attraktiv, von unauffälliger Eleganz ... Spaß an Golf in der Provence, an Balis Exotik, am herben Charme der Toskana im Frühjahr.
Heiratsanzeige Ost, aus einer überregionalen Zeitung: Anna, 60 J., Witwe, Näherin, ist eine gutherzige blonde Frau mit blauen Augen und einer sehr schönen Figur. Ihr größter Wunsch ist es, einen netten, einfachen Mann kennenzulernen, sehr gern vom Land, der sich eine liebe Frau für immer wünscht. Sie kocht und backt sehr gern und liebt Wanderungen im Walde.

Osthahn und Westhahn: »Sie sehen ja, die Hühner sind alle DDR-Einheitsrasse, braun, und der Hahn da hinten gehört dazu. Seit der neue Hahn aus dem Westen da ist, sehen Sie, der da links, mit den Sporen und den schönen bunten Schwanzfedern, seitdem legen die

Hühner deutlich besser. Dem Osthahn aber geht es schlecht. Wenn er nur in die Nähe einer Henne kommt, wird er weggehackt. Er tut mir leid. Ich werde ihn schlachten müssen.«

Aus einer Rede des Vorsitzenden des Industrieverbandes ABC: »Es muß an dieser Stelle einmal nachdrücklich festgestellt werden, daß in den alten Bundesländern vor der Wende die Produktionskapazitäten ausreichten, um jeder Nachfrage im In- und Ausland gerecht zu werden.

In der ehemaligen DDR waren die Kapazitäten auf den eigenen Bedarf und den des Ostblocks ausgerichtet. Da die Ostmärkte als Abnehmer ausgefallen sind, kommt es zu Unterbeschäftigungen, die durch teure arbeitspolitische Maßnahmen reguliert werden.

Investitionen in die neuen Bundesländer haben jedoch nur dann Sinn, wenn sie an echter lokaler Nachfrage orientiert sind. Es kann nicht Sinn des ›Aufschwungs Ost‹ sein, mit Transfer-Geldern, die aus unseren Steuerleistungen erbracht oder durch Kreditaufnahmen finanziert werden, Überkapazitäten zu Lasten der vorhandenen Kapazitäten in den alten Bundesländern zu schaffen.

Wenn die Treuhand ständig Wettbewerbsverzerrungen ohne Rücksicht auf diese Marktgegebenheiten finanziert, wenn sie zuläßt und sogar dazu ermuntert, daß Unternehmen ihrer ›Obhut‹ rücksichtslos mit Preisen auf den Markt drängen, die in keiner Weise betriebswirtschaftlich nachvollziehbar sind, dann wird das Arbeitsplätze in mittelständischen Unternehmen der alten Bundesländer zur Disposition stellen. Als Unternehmensverband wollen wir eindringlich vor dieser selbstmörderischen Politik gewarnt haben.«

30 Krisen hageln auf uns ein: Ökologische Krise – Bevölkerungskrise weltweit – Kulturkrise – Zivilisationskrise – Überlebenskrise der Menscheit – Krise der CDU – Krise der F.D.P – Krise der Regierungskoalition – Krise der SPD – Krise der Parteiendemokratie und des parlamentarischen Systems – Krise durch das Scheinasylantentum – Sicherheitskrise (wegen entgangener Kernwaffensysteme) – Energiekrise – Klimakrise – Krise des EWS – Pfundkrise – Dollarkrise – Konjunkturkrise – Finanzkrise – Automobilkrise – Computerkrise – Stahlkrise, rhythmisch – Krise der sozialen Sicherung – Bildungskrise – Krisenszenario ehemaliges Jugoslawien – Krise der ehemaligen Sowjetunion – Identitätskrise – Krise des überkommenen sozialen Weltbildes – Existentielle Krise – Bewußtwerdungskrise

38 Befindlichkeiten Ost: resignativ – depressiv – larmoyant – weinerlich – aggressiv – emotions- oder gefühlsgestaut – innerlich gelähmt – melancholisch – elegisch – nostalgisch – lethargisch – plattgemacht – entmündigt – übergestülpt – demotiviert – hysterisch – panisch – trübsinnig – duckmäuserisch – neuanpaßlerisch – devot – beflissen – provinziell – bequem – eskapistisch – schockparalysiert – verbittert – apathisch – entwurzelt – verdrossen – identitätsberaubt – untergebuttert – frustriert – entfremdet – klagsam – querulatorisch – nörglerisch – anspruchsüberzogen

Rentenbescheid Mitte 1992 für Rentnerehepaar (beide 85 Jahre): 1527 DM monatlich. Miete warm für 3-Zimmer-Wohnung, Ort mittlerer Größe: 798 DM.
Wohngeldempfänger war im Hauptberuf Arzt, von 1933 bis 1945 Sanitätsoffizier bei der Wehrmacht, dann Gefangenschaft, von 1948 bis 1973 Chefarzt des Kreiskrankenhauses. Sein bester Freund ist vor 35 Jahren in den Westen gegangen und hat ihn seitdem aufgefordert hinüberzukommen. Er ist nicht gegangen: »Das ist doch auch Deutschland hier, da geht man nicht freiwillig fort!«
Der beste Freund hat 4500 DM Pension und eigenes Haus. »Das war bisher kein Neidproblem bei mir. Ich hatte die 800 DM Intelligenzrente und dazu die Mindestrente für uns zwei. Meine Frau hat nicht gearbeitet und hat es leider versäumt, weiter in der Rentenversicherung zu bleiben. Das wäre mit kurzer Berufstätigkeit möglich gewesen, wenn wir das geahnt hätten! Mit 1200 bis 1300 DM kamen wir zu DDR-Zeiten bei einer Miete von 80 DM ganz gut aus. Dann war da noch das unangemeldete Sparkonto im Westen, aus alten Zeiten, 20000 Mark. Ich bekam immer etwa 1200 DM Zinsen; davon haben wir uns dann den Luxus im Intershop geleistet. Die Enkelkinder waren ganz närrisch vor Freude, wenn man ihnen einen West-50er schenkte. Seit der Währungsunion ist es mit dem Luxus aus. Ich muß im Monat mehrere 100 Mark dazunehmen, wir kommen mit den 800 nicht aus, die nach der Miete bleiben. Ich habe noch 10000. Das wird noch zwei Jahre reichen, wenn wir uns einschränken. Wer weiß, wie lange ich lebe.
Natürlich hätte ich im Osten sparen können und hätte auch ein Haus erwerben können. Aber wozu? In der DDR mußte man kein Haus haben. Es hätte nur Ärger gebracht, die ewigen Reparaturen und keine Handwerker. Wie sollte ich denn ahnen, daß ich alter Mann länger leben werde als die DDR? Aber es ist bitteres Unrecht, das Deutschland an mir verübt. Erst die Knochen in Weltkrieg und Ge-

fangenschaft hinhalten, dann 25 Jahre lang als Arzt gearbeitet, und jetzt muß ich bei der Sozialhilfe 800 DM Wohngeld abholen! Ich schäme mich. Aber es ist zu spät, noch etwas zu unternehmen.«

Kontrastbild: ein anderes Rentnerehepaar. Er beschwert sich beim Arzt: »Herr Doktor, das ist doch unerhört – ich soll jetzt zu den Medikamenten zuzahlen. Das haben wir doch noch nie gehabt; was die sich alles erlauben mit uns! Ham so viel Geld, daß sie hier in Dresden alle Immobilien aufkaufen, aber uns nehmen sie das Geld für die Medizin aus der Tasche. Früher war das alles besser!«
Der Arzt weist ihn auf die Gebührenbefreiung hin und will ihm beim Ausfüllen des Antrages helfen. Da stellt sich heraus, daß er zusammen mit seiner Frau über der Befreiungsgrenze von 2250 DM liegt, nominell das Dreifache der Rente von 1988 und reell sicher ein Mehrfaches davon bezieht.
Der Arzt schlägt ihm den übernächsten Donnerstag für die nächste Konsultation vor. »Geht leider nicht, da sind wir auf Urlaub in Kreta!« Wohin ihn vor fünf Jahren nicht einmal die Träume verschlagen hätten.

»Weißt du, ich bin richtig erschrocken. Zum ersten Mal seit fünfzig Jahren habe ich unlängst auf der Straße wieder so eine blonde Bestie gesehen. Die ganze DDR-Zeit hindurch ist mir das nicht passiert. Wie diese Menschen wohl getarnt waren? Ein junger Mann: wie er lief, diese Haltung, dieser herrische Gesichtsausdruck! Nicht etwa auffällige Abzeichen, Hakenkreuz oder dergleichen: Er wird sich hüten! Die Kleidung war eher unauffällig, schwarz. Keine Glatze etwa, nein, der Scheitel im abgemessenen Abstand von der Mitte, genau wie damals. Dann dieser harte Blick, den wir ›stahlblau‹ nannten. Er muß das eingeübt haben, nach alten Filmen und Fotografien. Es war ganz echt. Wie ein Déjà-vu für mich: die gleiche Angst wie damals, als ich zuerst nach Reichsdeutschland kam.«
Ausländerfeindlichkeit gibt es in zwei Sorten; die gewalttätige und die angstflatternde. Die Gewalttätigen trinken sich in der Kneipe voll und »klatschen Fidschis«. Den Ängstlichen rutscht das Herz in die Hose, wenn eine »Zigeunerin« an der Tür klingelt und Sommerkleider verkaufen will. »Das ist sicher nur ein Vorwand, um auszukundschaften, wie man bei uns einbrechen kann. Es ist unglaublich, daß die Regierung das ganze Kroppzeug ins Land läßt und auch noch unser Geld als Sozialhilfe hinterher wirft! Und wenn man die Polizei

ruft, dann ist sie damit beschäftigt, Strafzettel für die Falschparker auszufüllen.«
Beide Varianten verstärkten sich symbiotisch und sind weitgehend aufklärungsresistent. Der Versuch, darüber in ruhigem Ton zu reden, löst bestenfalls verstocktes Schweigen aus. Der Verdruß an Wirtschaft und nationaler Einheit hat die Tabus beseitigt, die früher die offene Artikulation von feindseligen Emotionen und Vorurteilen verhinderten. Ein gebrochenes Tabu kann man nicht wiederherstellen.

Das Unerwartete ist eingetreten: Die äußere Einigung Deutschlands hat geklappt wie am Schnürchen, während die innere Einheit in die Krise gekommen ist, wirtschaftlich, politisch, sozial, vor allem aber psychologisch, mental. Die hochgestimmten Erwartungen sind verflogen und haben einem Katzenjammer Platz gemacht. Die Deutschen vertragen sich nicht und schieben einander von West nach Ost, von Ost nach West, die Schuld für diese Entwicklung zu. Es sieht im nachhinein so aus, als wäre eine längere Verlobungszeit, als wären mehr Hindernisse segensreich gewesen. Die Rahmenbedingungen hätten besser gestaltet werden können, und wir hätten das Gefühl gehabt, ein Ziel unter Mühen erkämpft zu haben. So kam es als unerwartetes Geschenk, und alle begannen zu mäkeln und wollen jetzt die Pflichten nicht auf sich nehmen, die mit der Einheit einhergingen.
Helmut Kohl wird der Vorwurf gemacht, er sei davor zurückgeschreckt, den Deutschen die Opfer klar vor Augen zu führen. Er sei hinter Winston Churchill zurückgeblieben, der England mit einer Blut-Schweiß-und-Tränen-Rede auf die kommenden Entbehrungen eingestimmt habe.
Die Hoffnungen, daß der Integrationsprozeß spontan Fahrt gewinnen könnte, haben sich als verfehlt oder verfrüht erwiesen. Für die wirtschaftliche Entwicklung ist das durch die Reibung zwischen politischen und ökonomischen Zwängen erklärlich. Der soziale Konflikt, den die Auflösung der DDR-Wirtschaft bewirkt, ist so bedrohlich, daß gewaltige Transfermittel in die Stützung des Konsums fließen anstatt in die Reparatur von Infrastruktur; zukunftsträchtige Investition steht noch weiter zurück. Jede Mark Kapitalinvestition erfolgt gegen zwei mächtige Gegentrends: Arbeitskraft ist bei vergleichbaren Standortbedingungen weit billiger in Böhmen oder Ungarn zu haben, und kapitalintensive Risikoinvestitionen in die Zukunft trägt man besser im Westen, wo die Infrastruktur intakt und

ausgebaut ist. Im Wettlauf mit Japan ist eine neue Robotergeneration an der Rheinschiene sinnvoller als die Reparatur einer brüchigen Autobahnbrücke in der Uckermark. Volkswirtschaftliche Grundgesetze kann man nicht mit patriotischem Engagement aushebeln. Einschneidender noch als die Wirtschaftskrise ist die gespaltene Mentalität der Deutschen. Wie viele andere in meiner Umgebung empfinde ich die Entfremdung vom Gemeinwesen sehr intensiv. Die Menschen reagieren klagend oder gleichgültig abweisend, daß sie das Gemeinwesen nichts angehe und sie mit dem Problemen der öffentlichen Sphäre nichts zu tun haben wollen. Das hat vielfältige Ursachen. An erster Stelle ist sicher alte Gewohnheit zu nennen: Der Datscha-Besitzer polierte den Rasen auf Wimbledon-Niveau und schüttete den Müll über den Zaun oder in den Wald, in Honeckers Reich. Weitere Entfremdungsursachen wurden mit dem Einigungsvertrag von 1990 eingeführt. Bekanntlich bestand bei der Ausarbeitung des Vertrages der Regel-Ausnahme-Konflikt hinsichtlich des Grundprinzips der im Osten einzuführenden Rechtsordnung. Eine Denkschule argumentierte, daß im wesentlichen DDR-Recht weiterbestehen sollte und diejenigen Gesetze der Bundesrepublik, die sofort gelten sollten, ausdrücklich aufgezählt würden. Die Gegenseite wollte es umgekehrt: Überall sofort Bundesrecht einführen – mit aufgezählten Übergangsbestimmungen, wo das nicht durchführbar wäre. Wolfgang Schäuble beschreibt im 10. Kapitel seines Buches *Der Vertrag* diese Auseinandersetzung und ihren Ausgang. Er selbst neigte (mit dem Innenministerium) der ersten Lösung zu, mit pragmatischen Argumenten: Die Rechtsanwender sollten genau wissen, welche neuen Gesetze unbedingt zu beachten wären und sich nicht in einem Netz feingesponnenen BRD-Rechts verheddern. Die Gegenseite hatte eher ideologische (»prinzipielle«) Argumente: Das Unrechts-Recht muß radikal ausgerottet werden und darf nicht weiterbestehen. Es wurde auch gesagt, daß das DDR-Recht nicht hinreichend kodifiziert sei, mehr aus Gewohnheitsrecht (mit willkürlichen Auslegungen) bestehe und deshalb nicht feststellbar oder durchführbar sei. Seltsamerweise schwenkte (so schreibt Schäuble) die DDR-Seite auf diese Position ein und entschied damit das Tauziehen.

Dieses Vorherrschen der pragmatisch-administrativen und der prinzipiell-ideologischen Argumente ist typisch für den ganzen Einigungsprozeß. Kaum berücksichtigt wurde im Juristenstreit die verheerende Auswirkung der gewählten Lösung auf die Stimmung

einer Bevölkerung, deren alltägliche Rechts- und Lebensordnung, deren Lebenserfahrung von einem Tag auf den anderen umgekrempelt würde. Alles Gewohnte der täglichen Lebensgestaltung wurde schwankend, als das gesamte zivile Recht, Schuldrecht, Familienrecht, Erbrecht, Mietrecht, Eigentums- und Vermögensordnung, die soziale Verfassung (Ausbildung, Erziehung, Berufsordnung, Gesundheitsfürsorge, Rentenrecht und Altersvorsorge) schlagartig ausgewechselt wurde, wobei die Menschen weder die neue Ordnung kannten, noch auch nur ihre spezifische Verwaltungssprache verstanden, also zu sekundären Analphabeten in ihrem Gemeinwesen wurden. Wenn ich nur daran denke, daß eine gute Bekannte aus Dessau Mitte 1990 mehrere Tage Urlaub nehmen mußte und kostenaufwendig nach Hannover reiste, um sich für die erwogene Ehescheidung von einem Rechtsanwalt gründlich über die Konsequenzen beraten zu lassen, alles, weil niemand ihr zu Hause über das neue Recht verbindlich Auskunft zu geben wußte. Oder an den Schock, wenn bei versehentlichem Mietrückstand von mehr als einem Monat die fristlose Kündigung der Wohnung nach § 554 BGB ins Haus flattert und nach sofortiger Bezahlung zwar die Kündigung (beim ersten Vorkommen) unwirksam ist, anschließend aber der Rechtsanwalt des Hauseigentümers die bei der Einleitung des Räumungsverfahrens entstandenen Schriftsätze mit 2500 DM berechnet und eintreibt. Zu DDR-Zeiten hätte es mindestens zwei Mahnungen gegeben.
Ein besonders krasses Beispiel für die Dominanz prinzipieller Erwägungen ohne Rücksicht auf praktische Durchführbarkeit im Alltagsleben ist die umstrittene Eigentumsregelung »Restitution vor Entschädigung«, an der nun seit drei Jahren herumgedoktert wird. Das ist dann der Hausvater, der die Freizeit seines halben Lebens geopfert hat, um sich bei Berlin eigenhändig und unter großen Mühen ein Häuschen zu bauen. Da in der DDR gewöhnlich nicht der Boden übereignet, sondern nur die Baugenehmigung erteilt wurde, ist er jetzt im Prinzip sein Eigentum an den Bodeneigentümer los (mühselige administrative Gegensteuerung durch Sonderregelungen).
Was offenbar bei allem Grundsatzstreit überhaupt nicht in den Blick kam, war der sehr häufige Fall, daß die DDR in Verachtung bürgerlicher Eigentumsordnung die Grundbucheintragungen so willkürlich handhabte und die Grundbücher soweit verschimmeln ließ, daß in unzähligen Fällen der Eigentümer gar nicht oder nur nach jahrelangem Rechtsstreit feststellbar ist. Dieser unselige Schwebezustand hat für die Reparatur von Immobilien und Produktionsanlagen und

für Investitionen in die Zukunft verheerende Bremswirkung verursacht.

Von erheblicher Langzeitwirkung ist auch, daß die Zukunftsvorsorge der Generation der über Vierzigjährigen zusammengebrochen ist. Vermögens- oder Kapitalbildung war nicht möglich; die auf DDR-Verhältnisse zugeschnittene Altersversorgung ist wertlos. Solcher Verlust von sozialer Kompetenz und Stellung im bürgerlichen Leben läßt sich ebensowenig durch gutes Zureden beheben wie die oben erwähnten ökonomischen Kontrafaktoren und wird von den Betroffenen als unverschuldetes Unrecht empfunden.

Die Beschreibung solcher Befunde soll die endlose Schuldzuweisungsdebatte nicht verlängern. Ich bin mir selbstverständlich im klaren darüber, daß die Bevölkerung der DDR das Crash-Konkursverfahren 1990 mehrheitlich und eindeutig als gewollt bestätigt hat. Es ist auch schwer, im nachhinein erfolgversprechende Alternativen zu entwickeln. Ich will hier nur die behauptete, oft tiefgreifende Entfremdung mit Beispielen belegen. Sie besteht letzten Endes darin, daß für einen über Vierzigjährigen schlagartig die Lebenserfahrung erlischt, sein geistiges Kapital davonschwimmt. Materielles Kapital hat ohnehin kaum jemand. Als sozialer Befund läßt sich das ebensowenig durch gutes Zureden beheben wie die oben erwähnten ökonomischen Kontrafaktoren, die »patriotische« Investitionen behindern.

Die Deutschen im Westen müssen solche schockartigen Radikaltransformationen in der Regel nicht durchmachen. Sie erleben die ersten Jahre der Vereinigung zwar als zusätzliche Belastung des Staatswesens in einer weltweiten Konjunkturkrise. Hinzu kommt noch, daß das Klima von Zivilität und Individualität bedroht ist, das die gesellschaftliche Entwicklung der Bundesrepublik in den letzten zwei Jahrzehnten geprägt hat. So kommt es, daß »die Linken« und Reformer von gestern die Konservativen von heute werden und Nostalgie nach »ihrer« alten BRD und ihrer Liberalität entwickeln, die sie früher nicht müde wurden, prinzipiell und immanent zu kritisieren. Nicht nur der Wohlstand, sondern auch die zivile Lebensart sind bedroht, und die Reaktion ist ein öffentliches Klima der reizbaren Verstimmung, die sich offen gegen die anspruchsvollen, ewig nörgelnden »Ossis« richtet, die erst einmal Ärmel aufkrempeln und die Anstrengungen der fünfziger Jahre und die Demokratisierung der siebziger Jahre nachholen sollen, bevor sie Forderungen stellen, die »ihre« DDR auch nicht im entferntesten erfüllt hätte. Gleichwohl ist

die Unzufriedenheit eher an der Oberfläche. Im Osten sitzt der Konflikt viel tiefer und erzeugt eine Art von kollektiver Neurose, von der man sich in der täglichen Erfahrung leicht überzeugen kann.
Die Einigung kam als administrative Glanzleistung und hat gerade dadurch die Passivität der DDR-Bürger wiederbelebt, die ein altes Erbteil der DDR-Zeit war, nur kurz unterbrochen durch den Herbst 1989. Sie ist angereichert mit einer Anspruchshaltung, die von Staat und Politik die Abstellung aller Übel einfordert, bevor eigenes Engagement einsetzen könne. Erst die blühenden Landschaften, bitte schön, und danach beweisen wir (vielleicht!) dem Kohl seine andere Vorhersage, daß nämlich ein unglaublich motiviertes und angeblich über Jahrzehnte brutal gehemmtes Volk zu ihm gestoßen sei, das darauf brenne, die Ärmel aufzukrempeln und im Stil der fünfziger Jahre anzupacken.
Was zu einer Spirale nach oben hätte werden können, sich mit jeder Drehung an Elan verstärkend, das droht jetzt ein Teufelskreis nach unten zu werden. Demotivierung, Abschwung und Entindustrialisierung als aufeinander rückgekoppelte Faktoren, die sich gegenseitig verstärken. Wie in der Regelungstechnik kann der gleiche Kreis positiver Rückkopplungen sich unter der einen Bedingung aufschaukeln, unter anderen Umständen auf Null dämpfen. Wir sind im falschen Parametertal gelandet.
Die völlig durcheinandergedrehten Realitätserfahrungen bilden sich als ebenso konfuse Mentalitätsbrüche ab. So entsteht eine abstrakte, störrische Animosität gegen die »Westler«, obwohl das in vielen Fällen gar nicht durch unmittelbares Erlebnis gedeckt ist. Im Dorf der Nach-LPG-Epoche geht der mentale Riß mitten durch die Dorfgemeinschaft: Die »roten Socken«, die die Nachfolgeeinrichtung führen, verweigern den aus der LPG Ausgeschiedenen die dringend benötigte Entschädigung für die 1961 eingebrachten beweglichen Einlagen (Vieh, Geräte usw.), indem sie »ihre Bilanzen frisieren« (so der Vorwurf), damit sie nicht zahlen müssen. Die »roten Socken« verweisen auf Guthabensperrung durch die Treuhand und erklären sich für zahlungsunfähig. So prozessieren sie mit Rechtsvertretern gegeneinander, aber Schuld an der Misere sind für beide »die Wessis«, denen sie konkret selten begegnen.

Den italienischen Kollegen, mit dem ich am Rande einer kleinen Heidelberger Tagung Kaffee trinke, beeindruckt meine Suada überhaupt nicht. »Was rennst du denn gegen den Wind, das ist doch alles selbstverständlich und gar nicht zu ändern. Ich kann dir sagen, es wird mehr als hundert Jahre dauern! Wir hatten die Vereinigung im Jahre 1870, sie war genauso konfus wie eure, und solche Geschichten zwischen Ost und West kannst du bei uns noch heute jeden Tag erleben. Palermo, Reggio nell'Emilia, Neapel auf der einen Seite, Mailand, Turin auf der anderen. Wenn nicht Rom genau in der Mitte läge, hätten wir uns schon längst wieder getrennt.«

Andrew aus Glasgow: »Das ist wie mit dem Kampf zwischen Schotten und Engländern, ihn wird es so lange geben, wie Schottland arm ist. Das heißt also: immer! Wenn keine Bomben explodieren wie in Derry, ist das alles noch harmlos. Don't worry, relax!«

Was geschieht, wenn wir die Überspannung zwischen Anspruch und Realität aufgeben? Wenn wir aussprechen, daß die Angleichung des Lebensstandards nicht möglich ist, daß es Verlierer der Einheit geben wird, daß wir uns mit strukturschwachen Regionen in Ostelbien abfinden müssen, daß wir dort zwar kein Kalabrien entstehen lassen, diese Regionen nicht verkommen dürfen, daß aber ein Aufschwung sich nicht erzwingen läßt? Deutschland ist reich genug, Sozialausgleich zu bezahlen und Natur und kulturelle Schätze in diesen Regionen zu bewahren, aber als großindustrielle Gebiete sind sie nicht zu retten. Es wird Abwanderungen geben, das war immer so, im 19. Jahrhundert, im 20. Jahrhundert, zu DDR-Zeiten – immer die Migrationsströme nach Westen. Wir müssen die sozialen Auswirkungen lindern, verhindern können wir sie nicht.

So offen die Situation zu beschreiben hätte segensreiche Auswirkungen, indem sie den neurotischen Aufholzwang lösen würde, der darin besteht, daß alles schlecht ist, wenn es nicht so gut ist wie in den alten Bundesländern, bei gleichzeitiger Einsicht, daß das Gute in den alten Bundesländern von den Betroffenen als gar nicht so herrlich empfunden wird, daß die Aufholjagd im Stile der fünfziger Jahre ein Ziel ins Auge faßt, das schon vorab als schal erkannt ist. Daß die durchgestylte Natur und Gesellschaft in Westdeutschland ein ebenso fragwürdiges wie unerreichbares Endziel ist, müßte dem Ostdeutschen klarwerden, wenn er seine Ferienreise nach Frankreich oder Italien unternimmt und erkennt, daß es durchaus gesunde Landstriche gibt, in denen nicht jede Fassade in den letzten zehn Jahren hochglanzweiß gestaltet, nicht jedes alte Sprossenfenster herausgebrochen und nicht jede Hausöffnung mit Geranien endverziert ist. Auch über die ökologische Gesundung und die lebensweltliche Beruhigung des entstehenden »Zonenrandgebiets« könnte ein vernünftiger Diskurs geführt werden.

Gleichzeitig hätte die offene Darlegung, daß der Aufschwung eine

Sache von Jahrzehnten ist, erhebliche Nebenwirkungen. Wenn Ostdeutschland öffentlich als mittelfristig hoffungslos aufgegeben wird, ist automatisch das Schicksal jedes Konfliktes vom Typ Bischofferode vorentschieden: Saniert wird im Westen, abgewickelt im Osten, alle Transfers können auf Subsistenzminimum heruntergefahren werden. Die Arbeitslosigkeit würde sich verdoppeln, soziale Unruhe, Unsicherheit und politischer Extremismus zunehmen. Es drohte der Endsieg der ungebremsten Marktwirtschaft und der regionalen Interessen, die nach Bevölkerungszahl, politischem und wirtschaftlichem Gewicht 5:1 im Übergewicht sind und alles andere niederbügeln könnten.
Vor diesen Konsequenzen schrecken alle außer einigen Verfechtern von Reagonomics zurück. Es wird also bei dem klaffenden Widerspruch von Anspruch und Realität bleiben, und die beschriebenen Mentalitätsbrüche werden sich auf längere Zeit festsetzen. Wir werden lernen müssen, mit ihnen zu leben.

Es besteht eine merkwürdige Hemmung, erfreuliche Beobachtungen auszusprechen. Was alles schiefgelaufen ist mit der deutschen Einheit, geht mir leicht von der Zunge. Es ist auch noch einfach zu sagen, daß ich nicht in das Jahr 1988 zurückmöchte.
Aber nehmen wir die Aussage: Die Telefonkultur hat einen Quantensprung gemacht. Ich kann ganz leicht Kanada anwählen und habe die Stimme des Partners kristallklar am Ohr. Ich lebe ohne jene nervenzehrende Verbindungen und dazwischenredende Fremdteilnehmer, wenn ich tagsüber einen Dienstanruf in Berlin erledige.
Wenn ich das ausspreche, denke ich sofort den Vorwurf des Privilegiertseins dazu: »Ja, du hast gut reden – du hast ein Telefon! Ich aber warte weiter wie eh und je.« Oder: »Kanada! Sehr humoristisch! Wähle mal am Vormittag, wenn es regnet, Weimar oder Halberstadt an! Da kannst du deine Nostalgie nach dem Leben von 1988 voll ausleben!«
Die gleiche Hemmung, wenn ich mich freue, daß ein Brief aus München am nächsten Tag in Berlin ankam. Eine besonders erfreuliche Spitzenleistung, selbstverständlich, der Normalfall dauert länger. Aber warum wird mir die Freude sofort vergällt?
Für einen erschwinglichen Preis kann ich Texte in jedem Papiergeschäft als Fax versenden, kann mir zu erschwinglichem Preis einen Laptop-PC anschaffen, dessen Leistung noch vor 10, 20 Jahren für ganze wissenschaftliche Institute unerreichbar war.
Auf den Straßen sind nahezu alle Trabanten verschwunden. Statt

dessen Totalverstopfung durch fast neue Autos. Sind die Besitzer hochverschuldete Arbeitslose? Zahlreiche teure Limousinen am Straßenrand – alles Abzocker und Kriegsgewinnler?
Die Atemluft ist sauberer geworden. Wodurch ist diese Freude getrübt? Eine unglaubliche Dreckschleuder (Lederfabrik) in Berlin-Pankow wurde zugemacht. Mit der S-Bahn fahre ich am toten Fabrikgebäude vorbei. Eine schwarze Fahne hängt seit Monaten auf Halbmast, Arbeitslose waren der letzte Ausstoß der Fabrik ...
Mir ist klar, warum ich gehemmt bin, neben den vielen Klagen auch Erfreuliches auszusprechen: weil es sofort nach »Neuem Deutschland« von 1985 klingt, nach Propaganda, nach Schönreden, nach Reportagen im Vorfeld des x-ten Parteitages. Wes Brot du ißt, des Lied du singst. Aller Ansatz zum Wohlstand ist vom Westen finanziert, höre ich als Einwand von der anderen Seite. Du bist Subventionsnehmer, zeig dich erkenntlich, sei nicht undankbar.
So kommt es, daß die Meckerecke argumentativ am sichersten ist. Der Katastrophenruf hat die Wahrheit hinter sich – wer will das bei 15 % offenbarer und 40 % verdeckter Arbeitslosigkeit und all den anderen Miseren auch bestreiten? Er ist allerdings die Wahrheit der sich selbst erfüllenden Prophetie: Wer sich für tot erklärt, wird zu Recht beerdigt. Wer die Sache für gescheitert erklärt, darf sich nicht wundern, wenn sie gescheitert ist. Man kann sich die tödliche Depression als Teufelskreis selbst erzeugen.

Es hängt von der eigenen historischen Philosophie ab, ob man es als tröstlich oder beängstigend empfindet, daß auch nach der Reichseinigung von 1871 eine schwere wirtschaftliche Krise mit sozialen und kulturellen Konflikten folgte. Wir haben für alle Fehler und Ungeschicklichkeiten historische Vorbilder. Die Proklamation von Versailles wurde von großen Teilen der deutschen Bevölkerung als Veranstaltung von oben aufgefaßt, als Hegemonie Preußens, und das erzeugte Gegenreaktionen. Es gab heftige Auseinandersetzungen um liberale Wirtschaftsordnung und Schutzzölle, im Kulturkampf um Kirchenpolitik, mit dem Sozialistengesetz gegen die Arbeiterbewegung. Der Liberalismus als starke politische Bewegung des zweiten Jahrhundertdrittels wurde vom Nationalismus an die Wand gedrückt. Der kapitalistische Modernisierungsschub mündete in den imperialen Wahn und schließlich in den Ersten Weltkrieg. Obgleich Thomas Nipperdey recht hat damit, daß man die Kaiserzeit nicht immer vom Standpunkt nachher (1914 oder gar 1933) beurteilen sollte – es beunruhigt doch, daß eine so farbige, kontroverse und reiche Kultur wie die europäische vor dem Weltkrieg die Widerstandskraft nicht aufbrachte, die Katastrophe von 1914 zu verhindern. Ist das ein Omen für uns in ähnlicher Lage?

Nipperdey beschreibt, wie nach der Reichsgründung ein auf Einigung hoffendes und strebendes älteres Nationalgefühl in erfolgreichen Nationalismus umschlug. Es stellte sich heraus, daß mit der Erfüllung die Radikalität und Dynamik wuchs und nicht etwa gesättigt war. Die Nation gründete sich nicht auf einheitsstaatliche Tradition, auch nicht auf gelebte Bürgerdemokratie, sondern auf Herkunft, gemeinsames Schicksal, Kultur und Sprache. Diese Begründung hatte Schwachpunkte, vor allem durch ihren gewaltsamen Charakter und durch den Ausschluß der Deutschen in der Habsburger Monarchie, die ebenso auf die historischen Gemeinsamkeiten von Kultur und Herkunft verweisen konnten. Deshalb fehlte dem neuen Nationalgefühl das Entspannte, die Gelassenheit. Die »innere« Reichsgründung lief als nervöser Prozeß, mit Denunziation aller politischen Kontrahenten als »Reichsfeinde«: zuerst die Katholiken, dann die nationalen Minderheiten, Polen, Dänen, Elsässer, Lothringer, später die Juden und vor allem die Sozialdemokraten.

Patriotismus schaltete um von »links« nach »rechts«, von einer emanzipatorischen Bewegung zur Herrschaftsideologie. Er wurde illiberal, indem er das Individuum der Gemeinschaft unterordnete. Er wurde mit einer militärischen Gewaltideologie unterfüttert. Aus Patriotismus wurde so ein Nationalismus, der die bisher eher unpolitischen kleinbürgerlichen und bäuerlichen Massen erfaßte, in zunehmendem Maße sogar die Arbeiterbewegung. Am Rande entstand ein aggressiver Chauvinismus, in dynamischer Form als radikaler Imperialismus.

Die Parallelen zur heutigen Einigung sind lehrreich. Auch hier der Kontrast zwischen formaler Einigung und prekärer innerer Einheit. Auch hier die heftigen Beschwerden des Zusammenwachsens, bis hin zur ökonomischen Krise. Deutschland ist ebenso eine lokal dominierende Macht geworden, die bei den Nachbarn Befürchtungen hervorruft. Auch hier Kulturkämpfe und ideologische Brüche. Auch hier Millionen »Fremde« im Lande, allerdings nicht erobert, sondern freiwillig eingewandert, gleichwohl von vielen als unliebsame Konkurrenten abgelehnt. Die ganze Vorgeschichte wird »siegesdeutsch angestrichen«, so schrieb Jacob Burckhardt damals – auch heute behaupten viele im Westen, nie etwas mit der Entspannungspolitik zu tun gehabt zu haben, gibt es Neu-Konservative im Osten, die »immer Bildungsbürger, nie DDR-Bürger« gewesen zu sein beanspruchen.

Und doch wirkt das Nachdenken über die Analogien auf mich beruhigend. Die sozialen Spannungen waren damals weit gefährlicher als heute. Im Vergleich zu damals kann von einem überzogenen Hurra-Nationalismus keine Rede sein. Die Ablehnung von Ausländern erfaßt nicht die schweigende Mehrheit, nur Minderheiten, und sie ist nicht expansiv, nicht offensiv, sondern xenophobisch, defensiv. »Laßt und allein!« ist die Stimmungslage, nicht aggressive Eroberungslust. Die Armee dürfte sich schwerlich für Invasionen und Kanonenbootdiplomatie verwenden lassen, die politische Klasse bei aller Zwiespältigkeit auch nicht. Die schrecklichen Gewalttaten werden heimlich begangen, die Täter sind feige. Die Brandflasche durchs Fenster werfen, anstatt mit dem Schwert dem Vaterland dienen, Kinder und Greise verbrennen, anstatt sich »mannhaft dem Feind zum Kampfe stellen«. Der deutsche Gruß und das Hakenkreuz werden zu Karikaturen verfremdet, gerade soviel, daß der Richter die Paragraphen nicht anwenden kann. Die Sympathisanten betonen beflissen ihre Ausländerfreundlichkeit. Die heldische Attitüde einer militanten Randgruppe ist kaum populär, und der ganze Auftritt sollte folgenlos bleiben, wenn die Exekutive ihre Aufgaben erfüllte und die Bevölkerung sie dabei unterstützte.

Es mag sein, daß sich im Deutschland aus dem Vereinigungsfrust schroff voneinander abgesetzte Mentalitäten entwickeln. Hier in Berlin sind deutliche Anzeichen dafür zu bemerken. Zu ihnen zählt die nach wie vor geringfügige Durchmischung der Populationen Ost und West. In der Medienlandschaft ist der Graben unübersehbar: Es gibt Tageszeitungen Ost und Tageszeitungen West, kaum Überlappung. Radioprogramme widerspiegeln den Unterschied bis in die Diktion von Sprechern. Das Wochenendleben der Westberliner spielt sich immer noch »innerhalb der Mauer« ab, eine Entwicklung, die wir ganz anders erwartet, sogar als drohende Überschwemmung befürchtet hatten. Nichts dergleichen. Daß die Öl-Wasser-Scheidung auch die Jugend erfaßt hat, ist ein vielsagendes Symptom.
Im Unterschied zu anderen Beobachtern kann ich diese Tendenzen aber nicht bedrohlich finden. Mir ist das chaotische Nebeneinander von Ostkultur und Westkultur, von Ost-Lebensweise und West-Lifestyle sogar angenehm. Nur keinen Harmonieschleim darüberschmieren.

Das Berliner Hohenzollern-Schloß als grandiose Illusionskulisse aus Stoff und Spiegelung mitten in die Stadt zu stellen war eine geniale

Idee. Die einen sehen ihr Schloß, die anderen ihren Palast, der sinnliche Eindruck ist leicht zuckrig verfremdet, es wird heftig gestritten, aber niemand ernsthaft gekränkt, und preiswert ist es auch noch. Ein schönes Symbol für die Vorläufigkeit der inneren Einheit, die heitere Komponente ist dabei auch ein Beispiel, wie die Konflikte ausgetragen werden können, ohne bitterernst zu werden.

Wie sagte Theo Waigel doch so launig nach einer dreitägigen Radtour durch Thüringen? »Die Stimmung bei den normalen Leuten ist besser als die Stimmung bei vielen Politikern!« Bei den Normalen. Er hat Sinn für Pointen. Ob er durch Bischofferode geradelt ist?
Die Malaise der Deutschen ist doppelt, zueinander komplementär. Dem großen Klaus ist die komfortable, wohlbehütete Weltläufigkeit abhanden gekommen, dem kleinen Klaus die miefige, verhaßte, provinzielle Geborgenheit. Beide haben Lampenfieber vor dem Sprung in die Zukunft. Sie werden ihn tun müssen; es gibt kein Zurück in die Zeit vor 1989. (1993)

MG – KA Eine letzte Frage: Was verabscheuen Sie am meisten?

JR Geiz und humorlosen Bierernst.

MG – KA Was ist Ihre Lieblingstugend?

JR Mut zur Hoffnung.

Nachweise

Notgemeinschaft Deutsche Wissenschaft (Ein Notopfer für die Forschung)
In: Die Zeit, Nr. 42, 9. Oktober 1992.

Osteuropa als Herausforderung und Chance
In: Tagesspiegel, Nr. 13870, 12. Mai 1991.

Meine Bibliothek ist obsolet geworden
In: Frankfurter Allgemeine Zeitung, 1. Oktober 1992.

Waren wir alle gelähmt?
In: Frankfurter Allgemeine Zeitung, 11. Juli 1992.

Was heißt schon »politisch«?
In: Die Zeit, Nr. 15, 9. April 1993.

Altweibersommer. Deutschland im Jahre '93
In: Lettre International, Herbst '93, Heft 22, S. 4–8.

Timothy Garton Ash
Im Namen Europas
Deutschland und der geteilte Kontinent
1993. 856 Seiten. Gebunden

»Timothy Garton Ash ist ein großes Buch gelungen, das viele Diskussionen auslösen wird.«

Die Woche

»Die umfangreichste und gründlichste Auseinandersetzung mit der Bonner Ostpolitik, im Niveau weit über dem meisten angelegt, was hierzulande an Kritik zu Papier gebracht wurde.«

Die Zeit

»... ein intellektuelles Feuerwerk. Timothy Garton Ash hat eine hochkomplexe Studie vorgelegt, die man zur Lektüre nur empfehlen kann.«

Süddeutsche Zeitung

»Ein Kabinettstück moderner Zeitgeschichtsschreibung: umfassend dokumentiert, blendend geschrieben, ausgewogen im Urteil.«

Frankfurter Rundschau

»Timothy Garton Ash hat ein großes Buch geschrieben. Man wird künftig über die vierzigjährige Teilung des Kontinents nicht mehr kompetent sprechen können, ohne seine Darstellung heranzuziehen.«

Wochenpost

»Timothy Garton Ashs monumentales Werk – jawohl, endlich ein Buch, das diese Bezeichnung verdient – kann unumwunden als das wichtigste politische Buch dieses Jahres bezeichnet werden.«

Der Tagesspiegel